金融法学文库

刘志云 主编

本专著是山东政法学院和山东省经济法学
重点学科建设项目资助成果

混业经营趋势下
金融监管协调
机制研究

仙慧 著

FINANCIAL
LAW

法律出版社 LAW PRESS·CHINA

总 序

金融作为现代经济的核心,具有优化资源配置,调节经济运行之功效,其资本运作良善与否甚至关乎社会稳定的实现。基于此,金融业的发展成为各国政府关注的重中之重,而通过制度供给促进金融业的良好发展也成为普遍并可行的路径。在此背景下,金融法研究乘势而起,成为近世之显学。兴起虽晚,却生机勃勃,在深入汲取相关部门法的理论积淀的同时,也广泛容纳各种跨学科知识与方法,并探求自身内省性之品格,最终成就如今的这个底蕴深厚、逻辑自洽的新兴学科体系。

我国金融法的产生和发展伴生于改革开放的推进,经济体制转型的既有进路,型构了中国金融法制变迁之现实。虽然西方先验逻辑提供的立法技术素不匮乏,但我们真正所要面对的,却是如何让成熟的技术真正地契合本国的现实国情,发挥其应有的功效。内生金融交易秩序的制度根基的缺乏,曾使中国金融法制在本土化复归的路途中一再迷失。同时在另一方面,全球化的推进,又敦促着中国必须及时完成经济转型,早日实现我国金融市场与国际金融市场的有效对接,从而更是加剧了国内金融法制的发展困境。对于从事金融法研究的学者而言,任务艰巨如斯,前路漫漫,任重而道远。当然,恰逢这一转型之历史路口的吾辈,能直面历史之转折,兢兢业业,矢志科研;鉴前世之兴衰,考当今之得失;博观而约取,厚积而薄发。显然,从另一个视角观之,这是一种幸运。

"千淘万漉虽辛苦,吹尽狂沙始到金。"厦门大学法学院是全国较早开展金融法教学和科研的单位之一。早在2005年,便开始挂靠其他专业博士点招收"金融法"方向的博士研究生;2006年,在厦门大学获得法学一级学科硕士、博士学位授予权的基础上,设立经济法博士点,金融法研究成为主要招生方向之一;2010年12月,厦门大学法学院正式成立金融法研究中心。近年来,金融研究中心的学术团队承担了大量的国家级与省部级科研项目,并相继出版与发表大量的学术专著与专业论文,在国内开始产生一定的影响。而今,金融法研究中心日益壮大,已经形成一支老中青相结合的优秀学术团队,并成为我国金融法高层次专门人才的重要培养基地之一。

"非学无以广才,非志无以成学。"为了进一步推动金融法研究中心的学科建设以及促进国内金融法研究的繁荣,我们于2014年起决定编辑出版连续性的《厦门大学金融法学文库》。期以"前沿意识、精品理念"为指导,以系列学术专著、译著的形式,集中展现我国金融法领域的专题研究成果,促进学术繁荣和理论争鸣。"盖文章,经国之大业,不朽之盛事。年寿有时而尽,荣乐止乎其身,二者必至之常期,未若文章之无穷。是以古之作者,寄身于翰墨,见意于篇籍,不假良史之名,不托飞驰之势,而声名自传于后。"诚如斯言,我们期以本文库作为思想传播之媒介,学术交流之平台,博学审问,慎思笃行,自由争辩,自察自省,通过严肃认真的学术讨论和学术批评,推动金融法研究的不断创新。

在法律出版社的支持下,2016年伊始,《厦门大学金融法学文库》正式更名为包容性更大的《金融法学文库》。本文库稿件来源不限于金融法研究中心的学者、校友,而以最大的诚意广泛征集海内外金融法专著、译著。当然,我们亦知,就整个金融法学研究而言,本文库仅为沧海一粟。庙廊之才,非一木之枝,希望能与学界同仁相濡相闻,砥砺共进。

是为序。

刘志云

2016年7月22日

缩略语表

缩写语	英文全称	中文全称
ACCC	Australian Competition and Consumer Commission	澳大利亚竞争与消费者委员会
APRA	Australian Prudential Regulation Authority	澳大利亚审慎监管局
ASIC	Australian Securities and Investments Commission	澳大利亚证券及投资委员会
BCBS	Basel Committee on Banking Supervision	巴塞尔银行监管委员会
BCCI	Bank of Credit and Commerce International	国际信贷商业银行
BHC	Bank Holding Company	银行控股公司
BHCA	Bank Holding Company Act	《银行控股公司法》
BOE	Bank of England	英国央行
CDS	Credit Default Swap	信用违约互换
CFPB	Consumer Financial Protection Bureau	消费者金融保护局
CFR	Council of Financial Regulators	金融监管理事会
CFTC	Commodity Futures Trading Commission	商品期货委员会
EBA	European Banking Authority	欧洲银行业管理局
EEO	Examiner Education Office	金融检查者教育办公室
EIOPA	European Insurance and Occupational Pensions Authority	欧洲保险和职业养老金管理局
EMMOU	Enhanced Multilateral Memorandum of Understanding Concerning Consultation and Cooperation and the Exchange of Information	加强磋商、合作和信息交流的多边备忘录
EMIR	European Market Infrastructure Regulation	《欧洲市场基础设施监管规则》

续表

缩写语	英文全称	中文全称
ESMA	European Securities and Market Authority	欧洲证券和市场管理局
FCA	Financial Conduct Authority	金融市场行为监管局
FDIC	Federal Deposit Insurance Corporation	联邦存款保险公司
FFIEC	Federal Financial Institutions Examinations Council	联邦金融机构检查委员会
FIO	Federal Insurance Office	联邦保险办公室
FSA	Financial Service Authority	英国金融服务管理局
FSAP	Financial Sector Assessment Program	金融部门评估规划
FSB	Financial Stability Board	金融稳定理事会
FSMA	Financial Services and Markets Act	《金融服务与市场法》
FSOC	Financial Stability Oversight Council	金融稳定监管委员会
GATS	General Agreement on Trade in Services	《服务贸易总协定》
GDP	Gross Domestic Product	国内生产总值
GLEIF	Global LEI Foundation	全球 LEI 系统基金会
G20	The Group of Twenty Finance Ministers and Bank Governors	二十国集团
GSIB	Global Systemically Important Bank	世界系统重要性银行
IAIS	International Association of Insurance Supervisors	国际保险监督官协会
IMF	International Monetary Fund	国际货币基金组织
IOSCO	International Organization of Securities Commissions	国际证监会组织
LEI	Legal Entity Identifier	法人识别代码
MMOU	Multilateral Memorandum of Understanding Concerning Consultation and Cooperation and the Exchange of information	《关于协商、合作和信息交流的多边谅解备忘录》
NAFTA	North American Free Trade Area	北美自由贸易区
OCC	Office of Comptroller of Currency	美国货币监理署
OFR	Office of Financial Research	金融研究办公室

续表

缩写语	英文全称	中文全称
OTS	Office of Thrift Supervision	美国储蓄机构管理局
PRA	Prudential Regulation Authority	英国审慎监管局
RBA	Reserve Bank of Australia	澳大利亚储备银行
SEC	Securities and Exchange Commission	美国证券交易委员会
SRR	Special Resolution Regime	特别处理机制
TPP	Trans-Pacific Partnership Agreement	《跨太平洋伙伴关系协定》
TTIP	Transatlantic Trade and Investment Partnership	《跨大西洋贸易和投资伙伴协定》
WTO	World Trade Organization	世界贸易组织
WB	World Bank	世界银行

目 录

绪　论

一、背景与意义

2008 年金融危机的爆发，进一步凸显了金融全球化和金融监管本土化之间的矛盾，特别是金融监管国际协调不力的问题。而在我国，混业经营渐趋成为金融机构拓展生存空间、提高市场竞争力的普遍选择。但与之对应的分业监管体制基础上的金融监管协调机制，却实质发展缓慢。金融监管国际协调与国内金融监管一体两面。如何在金融全球化和混业经营趋势下，完善我国国际和国内层面的金融监管协调机制，以防范系统性金融风险是完善我国宏观审慎监管、推动金融市场健康发展的重要议题。

（一）背景

作为上层建筑的金融监管体制的选择，往往取决于经济现实社会中的金融业经营模式和发育水平。除此之外，金融监管体制还受制于社会整体经济的发展阶段（尤其是金融业的发达程度）、政府管理模式的路径依赖、金融监管人才储备的质量与数量、金融业从业人员的素养、金融科技的运用和保障水平等。因此，不同历史时期、不同国家或地区呈现出不同的监管体制样态。

而与之对应的金融监管协调机制,也各有千秋。因此,从根源上讲,金融监管协调机制取决于金融业经营模式,二者之间存在着动态博弈的关系。籍此,本书的主要背景有如下三个方面:

首先,在2008年金融危机和金融全球化进程中,所凸显的金融监管国际协调不力问题,成为国际金融发展的桎梏。金融业,作为社会经济运行的命脉,一旦发生金融危机,就往往容易演变成经济危机。肇始于2007年下半年的美国金融次贷危机,本来是一国由其占全球债务不足1%的次级贷款不良额引发的危机。但是由于美国和美元支付的地位,很快蔓延至全球成为世界性的经济危机。至今9年已过,世界经济还未完全复苏。这次危机让世界各国深刻认识到金融监管国际协调的必要性和重要性。同时这次危机也显现了金融全球化给以微观审慎监管为着眼点的国际金融监管指导原则,带来的新的挑战,以巴塞尔协议Ⅱ为例。本次金融危机在一定程度上表明,强调市场机制的巴塞尔协议Ⅱ存在放纵金融自由化、忽略系统性风险等缺陷。由该协议引致的监管套利、信贷收缩、亲经济周期等作用叠加,成为本次金融危机爆发的导火索,同时促成了金融危机向实体经济的传染。①金融危机是把“双刃剑”,是危险的同时,也是机遇。金融危机推动了金融监管国际协调机制的新发展。例如,各国纷纷采取联合降息、禁止“裸卖空”等举措,增加市场流动性。在国际组织层面,巴塞尔银行监管委员会推出巴塞尔协议Ⅲ,G20峰会召集各国首脑和金融监管人士共商全球金融稳定和经济复苏大计,新成立的金融稳定理事会(FSB)致力于推进金融稳定的监管政策,以解决金融脆弱性等问题。金融危机为各国金融监管博弈加入了新元素,推动了“合作,合作”共赢策略的达成。②

而金融监管协调的国内与国外两个层次紧密关联,一体两面。这可以从软法与硬法两个角度,予以观瞻。就硬法角度而言,如欧盟、WTO等系根据国际条约设立的政府间国际组织,其主导下的金融监管国际协调,多表现为通过的金融监管决议、金融监管决定。这些金融监管文件,在国际法意义

---

① 参见黄宪、王露璐:《反思金融危机中的巴塞尔协议——基于金融理论界长期批判的跟踪》,载《国际金融研究》2009年第9期。

② 参见赵然:《金融危机背景下的金融监管国际合作》,河南人民出版社2013年版,第151~153页。

上对成员国具有拘束力,因而此类金融监管协调的实效毋庸赘言。如 WTO 通过经贸制裁不守条约者,包括《服务贸易总协议》(GATS)及其两附件,对金融服务进行了特别规定。但其局限性在于此类国际组织的专业针对性不强,仅有部分职能涉及金融监管。① 就软法而言,通过借助市场约束和声誉等促进国际金融监管法律的协调,主要形式包括示范法,谅解备忘录和原则、建议、指引等,具有较强的灵活性。例如,巴塞资本尔协议推崇金融监管的"最佳做法",实现每个国家规范和准则的一致性和和谐化。相较之下,软法由于其灵活性和非强制性,接受度较高。而鉴于金融主权、金融发育水平和法治能力建设的差异性,硬法在规制国际金融监管协调方面僵硬而低效。

对于我国而言,金融危机创造了新兴经济体参与金融监管国际协调的有利时机,同时我国金融国际化的发展需求也要求参与金融监管国际协调,维护金融利益。随着金砖银行、上海自贸区、亚洲基础设施投资银行、丝绸基金等金融项目的运行,越来越多的金融机构走出去,我国金融版图渐次展开。同时,作为全球第二大经济体、全球最大贸易国和第二大投资国的我国,对世界金融市场的外溢效应也愈加显现。如何在金融全球化和人民币国际化的进程中,以硬法和软法形式参与金融监管国际协调,满足我国金融发展需求的同时,维系我国乃至全球金融体系的稳定,是我国面临的重大课题。金融监管协调,既包括发生在不同国家或地区之间或者国际组织开展的监管协调,即金融监管国际协调;也包括发生在一国之内的银行业、证券业、保险业等不同金融行业之间的监管协调。

其次,迅猛发展的混业经营,给我国金融监管协调机制带来了新的挑战和发展契机。金融作为现代经济运转的核心,通过资本的跨时间、跨空间交换,创造了巨大的价值。在当今社会,金融业已成为衡量一国经济现代化水平的重要指标。然而,金融监管在应对金融市场失灵、规范金融体系运行同时,可能存在未能与时俱进的缺憾。近年来,我国混业经营趋势迅猛,交叉性金融产品、金融业务纷纷涌现,银证合作、银保合作、金融控股公司等不

---

① 参见王宝杰:《论金融监管的国际合作及我国的法律应对》,载《政治与法律》2009 年第 6 期。

断涉足不同业务领域的活动,突破了分业经营的限制。这就不可避免地造成金融经营模式与金融监管模式的不相匹配。

20世纪70年代以来,随着经济一体化、金融自由化进程的不断加深,金融业的国际竞争也日益激烈,全球金融业呈现多样化和综合化的趋势。特别是1999年美国通过的《金融服务现代法案》,标志着世界金融业步入了混业经营的新时代,成为国际金融业发展的潮流。[①] 混业经营具有金融信息集中、风险分散、规模经济、服务项目多元化、金融创新空间大等优点。外资金融机构的竞争和示范效应,同时也有国内金融机构追求效率,市场需求多元化的推动,这是我国混业经营的发展动因。经过十几年的发展探索,根据银监会副主席王兆星的总结,我国的混业经营发展形式大致可以分为以下三类:(1)横向业务合作,包括交叉销售、托管业务合作和各类委托合作。(2)股权交叉投资。2003年我国银行方面相关的法律规定被修改后,交叉投资的范围得到进一步的扩大,不仅包括了非银行机构之间,而且银行金融机构也可以以股权投资于非银行金融机构。[②] 截至2013年年中,总计14家银行的混业经营是以此方式进行的,囊括的非银行金融机构有多个种类,如基金、金融租赁和消费金融。当下,4种股权交叉初露端倪,即银行形式、非银行形式、控股公司、产业和金融结合形式。(3)业务交叉经营的业务领域,包括信托和债券。关于前者的业务范围,证监会分别于2003年、2007年发布的《证券公司客户资产管理业务试行办法》(已失效)、[③]《基金管理公司特定客户资产管理业务试点办法》(已失效)、[④]2013年保监会发布《关于保险资产管理公司开展资产管理产品业务试点有关问题的通

① 参见尹洪波、熊海斌:《混业经营过渡时期金融监管的成本—收益分析》,载《上海立信会计学院学报(双月刊)》2008年第1期。

② 《商业银行法》第43条:"商业银行在中华人民共和国境内不得从事信托投资和证券经营业务,不得向非自用不动产投资或者向非银行金融机构和企业投资,但国家另有规定的除外。"

③ 参见证监会:《证券公司客户资产管理业务试行办法》,载 http://www.csrc.gov.cn/pub/zjhpublic/zjh/200804/t20080418_14517.htm,2016年3月14日访问。

④ 参见国务院:《证监会公布"基金公司特定客户资产管理试点办法"》,载 http://www.gov.cn/gzdt/2007-11/30/content_822038.htm,2016年3月14日访问。

知》,[①]授权证券公司开展客户资产管理业务,基金管理公司和保险资产管理公司随后,导致分业限制"名存实亡"。截至当下,许多金融机构,包括银行、信托公司等非证券类机构涉足券商承销"势力范围",已被授权可以承销各类债券。[②]

在市场化环境下,混业经营更加有效地连接了资本的供需方,提高了资源的配置效率。但同时也给金融监管协调带来了新的挑战和发展契机。金融控股公司和大量金融衍生产品,横跨银行业、证券业、保险业等行业的界限,冲击了我国以机构监管为导向、以微观审慎监管为着眼点的金融监管体制。在监管职权分工与制衡方面,存在监管重复和监管空白,导致监管套利,例如,对金融机构控股股东的监管缺位。在监管信息的征集与共享方面,各个监管部门就金融信息征集方面基本上各自为政,共享机制尚未建立。在监管行动一致性方面,缺乏监管政策协调,综合并表监管体系尚未搭建或刚刚搭建,联合行动更是罕有实施。如何在发挥金融为社会融通资本,推动社会进步发展作用的同时,坚守防范系统性金融风险、维系金融稳定的底线,是金融监管始终要面临的衡平抉择。因此,金融混业经营发展的实践需要金融协调的回应,进而实现金融稳定的维护和金融资源高效配置。

最后,相较域外国家,我国的金融监管协调机制起步较晚,需要摸索完善,以回应混业金融的现实发展需求。回溯我国金融监管体制和混业经营的历史,我国金融监管协调的发展脉络清晰可见。

2000 年 9 月,中国人民银行、证券监督管理委员会和保险监督管理委员会建立了三方联席会议机制,旨在充分发挥金融监管部门的职能作用,协调研究银行业、证券业和保险业领域监管中的重大问题,交流监管信息,同时协调分业监管中的对外开放及监管政策。而彼时我国还未完全建立金融分业监管体制(银行业监督委员会尚未成立)。2004 年 6 月,银监会、证监会和保监会签订了《中国银行业监督管理委员会、中国证券监督管理委员会、中国保险监督管理委员会在金融监管方面分工合作的备忘录》(以下简

① 参见保监会:《关于保险资产管理公司开展资产管理产品业务试点有关问题的通知》,载 http://www.circ.gov.cn/web/site0/tab5225/info236232.htm,2016 年 3 月 14 日访问。

② 参见王兆星:《金融综合经营与分业监管变革——银行监管改革探索之五》,载《中国金融》2014 年第 23 期。

称《金融监管分工合作备忘录》),该指导原则所涉范围较广,就三大金融行业监管事项的分工与合作,给出了初步的方向性意见。其一,规定了三大监督管理委员会的分工与配合的原职。在职权分工方面,主要是进一步明晰各个监管部门的监管权力界限。① 而在监管职权的配合方面,则主要体现在对金融控股公司的主监管机制运作层面,对控股母公司依据其主要业务性质确定监管机构,而对其子公司则以其业务性质为判断基点,仍由相应的监管机构实施分业监管。其二,规定了三大金融行业监管方面的数据征集与共享事宜,包括信息汇总、报表整合和公布要求。由三家机构分别向其监管对象收集信息与数据,并负责统一汇总、编制报表,并予以公布。其三,工作机制,即监管联席会议制度和经常联席制度(讨论、协商具体专业监管问题)。② 2008 年 8 月,国务院批准了《中国人民银行主要职责内设机构和人员编制规定》(以下简称"三定方案"),该方案规定中国人民银行会同银监会、证监会、保监会建立金融监管协调机制,确立了部际联席会议制度。该机制旨在促进两个层面的协调,一是央行的货币政策职能与监管部门职能之间,二是监管政策、法律法规之间。同时,建立金融信息交流共享制度,防范、化解金融风险,维护国家金融安全,而重大问题提交国务院决定。2013 年 8 月 15 日,国务院批复中国人民银行提交的《关于金融监管协调机制工作方案的请示》,同意建立金融监管协调部际联席会议机制。该机制由央行承担牵头职责,包括三方面内容:一是职责和任务,特别指出金融监管政策、法律法规之间的协调,还有协调跨金融市场的产品或业务创新,同时包括协调监管信息的全面统计系统与共享事宜。二是参与单位具有弹性,除了三会和外汇局之外,在某些情况下,可以邀请财政部和发改委等相关政府机构参加。明确联席会议召集人为人民银行行长。三是工作规则和要求,其中的一个定调就是"不改变现行金融监管体制,不替代、不削弱有关部门

---

① 银监会依法负责各银行、信托机构、政策性银行和金融资产管理公司的监管;证监会依法负责全国证券、期货市场的监管,保监会依法负责保险业务的监管。详见《中国银行业监督管理委员会、中国证券监督管理委员会、中国保险监督管理委员会在金融监管方面分工合作备忘录指导原则》。

② 详见《中国银行业监督管理委员会、中国证券监督管理委员会、中国保险监督管理委员会在金融监管方面分工合作备忘录指导原则》。

现行职责分工”,坚持我国当下的监管框架。此外,在监管机构职权分工方面,提及建立简报制度,强调人民银行的牵头作用。① 在首席经济学家连平看来,“金融监管协调机制推出的最大原因在于:目前进入了一个泛资产管理的时代,不仅银行,一些非银行也在向其他行业的边界挺进,另一个重要原因则是通过构建整个金融业宏观审慎的管理制度,降低未来金融业的系统性风险。”②

金融监管协调机制的法律依据,包括《中国人民银行法》《证券法》《商业银行法》《银行业监督管理法》《保险法》《反洗钱法》《证券公司监督管理条例》等。(详见《人民银行法》第 9 条、第 27 条、第 33 条、第 35 条,《银行业监督管理法》第 6 条、第 26 条、第 28 条第 2 款、第 29 条,《证券法》第 179 条、第 185 条,《保险法》第 158 条,《商业银行法》第 76 条、第 77 条,《反洗钱法》、第 8 条、第 9 条、第 14 条、第 21 条、第 31 条、第 32 条,《证券公司监督管理条例》第 7 条。)然而,这些法律法规对我国金融监管协调机制的规制,大都属于原则性的框架安排,缺乏包括监管职权分工、市场准入和监管政策协调、监管争议处理、信息征集与共享机制等具体实施细则。

前述可见,我国现行的分业监管机制下的金融协调机制,仅为框架性的安排,可操作性不强,存在诸多不足,难以满足混业发展形势下的防范系统性风险,维系金融稳定的需求。例如,无法有效监管混业经营机构,分业监管导致市场分割诱发跨市场套利和监管部门彼此竞争,监管冲突难以协调等。③ 庞德曾言:法律应该是稳定的,但不能停止不前。实践总是比法律先行一步,法律与实践交互动态博弈,是人类社会进步机制的常态。2007 年金融危机爆发后,以美英为代表的发达国家,纷纷改革金融监管体制,强调金融监管机构之间的协调,并对监管职权分工与制衡、信息的征集与共享、监管行动的一致性做了安排。G20、WTO 和国际货币组织等综合性国际组

① 参见国务院:《国务院关于同意建立金融监管协调部际联席会议制度的批复》,载 http://www.gov.cn/zwgk/2013-08/20/content_2470225.htm,2014 年 12 月 10 日访问。

② 转引自王涛:《金融监管协调机制获批 混业监管可待?》,载 http://news.xinhuanet.com/fortune/2013-08/21/c_117029012.htm,2014 年 12 月 10 日访问。

③ 参见哈斯:《混业经营趋势下中国金融监管模式创新研究》,载《内蒙古社会科学》(汉文版)2014 年第 1 期。

织,以及巴塞尔银行监管委员会、国际证监会组织和国际保险监督官委员会等专业金融监管组织,也相继采取监管协调举措,呼吁加强国际金融监管协调和宏观审慎监管,以防范全球范围内的系统性金融风险。

本书从金融监管协调三个方面的问题——职权分工与制衡问题、信息的征集与共享问题、监管行动的一致性问题出发,探讨每一问题的产生根源和影响(对金融业和金融监管),同时介绍解决该问题的典型实践,并从建设性和局限性两个角度予以评析。我国的金融法律制度,具有明显的"舶来品"属性。发达国家在金融发展进程中遇到的问题,属于金融后进国家的我国囿于金融发展水平所限也会碰到。因此,发达国家金融监管协调机制,可以为如何完善我国的金融监管协调机制提供启发。具言之,对于我国金融监管协调中的问题,如何追索解决之策,可以通过对发达金融体解决方式背后的法律制度、思想观念、实践效果的分析,对应我国国情,予以揆度。而因社会发展水平、国民思维、文化传统等金融生态差异性导致的制度差异及其问题,则需要创新监管思路,以实践为镜,探寻对策。

(二)意义

本书的基本观点是,维持现有的金融分业监管架构,但同时增强协调的科学性和有效性,进而更好地回应混业经营发展需求。之所以如此定位,鉴于以下考量:

首先,我国金融业混业发展的现实需要金融监管协调予以保驾护航。监管制度的供给如何,取决于经济金融形势变化。目前,我国金融业处于初级混业经营阶段,这主要表现在三个方面:一是各金融机构开始突破分业经营限制,开展混业经营。例如,信贷资产证券化,资产管理业务的竞争主体多样化,包括保险公司、基金、信托、期货公司。① 二是混业合作逐渐增多、

---

① 2014年6月6日,保监会对从2014年5月1日起开始施行的《保险资金运用管理暂行办法》第16条进行修改——"保险集团(控股)公司、保险公司从事保险资金运用应当符合中国保监会相关比例要求,具体规定由中国保监会另行制定。中国保监会可以根据情况调整保险资金运用的投资比例",其意图就在于进一步松绑保险资金投资。详见中国山东网:《险资运用管理新规发布 意在松绑保险资金投资》,载 http://finance. sdchina. com/show/2997387. html,2014年12月5日访问。

形式日趋多样化。如银行和证券公司之间的银证转账、银证通业务。[1] 三是多种类型的金融控股公司涌现,如金融系的中信集团、国企系的山东电力、民营系的新希望。一方面,混业经营的发展需要现行监管体制改革,以提供法律保障。另一方面,总体而言,我国当今金融市场发展程度和配套的法律法规,尚未达到实践混业经营的西方发达国家的市场及法制发展程度。[2] 换言之,混业经营初级阶段和金融监管能力决定了大幅度监管改革必要性和可行性不足。但随混业经营而来的跨行业、跨地区金融风险,需要金融监管协调予以监测和防范。实践表明,我国金融监管各部门已经在积累协调监管经验。

其次,集权式的混业监管体制不适合我国当下监管法制不健全和金融压抑等国情。集权的混业监管容易导致监管俘获,同时,会降低监管竞争和监管监督,未必能提升监管效率。通过对域外国家或地区金融监管协调机制的考量,我国缺乏分权和制衡的社会观念土壤。实行集权监管,单一部门垄断监管权力,若没有配套的外部监督制度和救济制度,容易造成“一权独大”和权力寻租,扰乱公平竞争的金融市场环境。同时,监管合并还有可能导致声誉传染危险,即一个监管部门的监管失败,可能会被解读为整个监管体系的不力,如英国的公平人寿事件。[3] 另有研究表明,集权监管与跨境监管协调是否有正相关性,值得商榷。而“在决定某一机构是否统一监管责任时,一定要仔细制衡利弊,而利弊可能相当”。[4] 此外,我国金融业面临的

---

① 参见余泓、胡甲庆:《混业生态环境下我国金融监管的改革与调适》,载《商业时代》2013年第27期。

② 参见戴典:《我国金融监管体制转型建议及其法律框架——以混业经营趋势为视角》,载《管理评论》2008年第8期。

③ 英国著名寿险公司公平人寿,在1960~1988年销售了大量含有保证年金转换权的高预定利率红养老金保单,但20世纪末,市场利率下降,这给公平人寿造成巨大的财务压力。最终,导致公平人寿在2000年停售新保单,并于2001年2月,被苏格兰银行收购其分红保险业务。此举引发了对保险业监管不力(偿付能力和精算师)乃至整个英国金融监管能力的质疑。公平人寿事件后,英国统一由FSA负责银行、证券和保险等整个金融行业的监管。详见丁昶、商敬国:《英国公平人寿事件剖析》,载《中国金融》2004年第16期。

④ Daniel Hemelt 通过对银行业(资本要求、流动性、控股公司)、证券业(证券公司资本要求)、保险业(全球保险标准的消失)的案例分析,认为与传统认识相反,更多的统一(监管)可能导致更少的跨境协调。Daniel Hemelt. Regulatory Consolidation and Cross-Border Coordination: Challenging the Conventional Wisdom, *Yale Journal on Regulation*. 2011,28(1),p.213.

主要问题是金融压抑,不同于西方国家面临金融过度创新,因而当下对策是在有效防范风险的前提下,更多鼓励金融企业创新,参与市场竞争,实现金融普惠。

最后,完善混业经营趋势下金融监管协调机制,是提高我国金融业竞争力的需要。"我国若仍套用以往的分业监管模式,人为地将资本市场与货币市场,银行与证券、保险市场隔断,将导致金融业的国际竞争力下降。"① 任何一个国家的金融监管,都有两个相同的使命:维护金融市场稳定,同时推动金融业发展。纵观美英等发达国家的金融协调机制的历史变迁,不难看出,维持乃至强化本国金融业的国际竞争力,始终是政策考量的重要基点。我国也不例外,包括打造上海成为国际金融中心,自贸区、沪港通、金砖银行等,就可见一斑。构建科学、合理的金融监管协调机制,能够提升我国金融监管的一致性、权威性和有效性,防范系统性风险,为我国的金融业发展创造良好的金融生态。

二、国内外文献综述及评析

(一)国外文献综述

混业经营,英文中一般表述为 universal banking、mixed operation、cross-sector operation、cross-services,而 combination of financial services 和 consolidation of financial industry 比较少见。金融监管协调则是 coordination of financial supervision and regulation,在相关论文及一些专著中有关于监管协调机制的论述。本书相关的外文文献主要来源于 HeinOnline、Westlaw、Google 等网站、厦门大学图书馆的外文保存书库、厦门大学图书馆法学院分馆。另外,厦门大学图书馆的"馆际互借"也是外文文献的重要渠道,下面对搜索到的外文文献予以综述:

1. 混业经营和金融监管协调的基本认识

巴塞尔银行委员会将混业经营定义为:主要从事金融业务,并至少明显从事银行、证券、保险中的两种以上经营活动的企业集团。混业经营指的是

---

① 和讯网:《金融监管协调机制重启　协调"大金融"发展》,载 http://news.hexun.com/2013-09-02/157638728.html,2014 年 12 月 5 日访问。

发生在金融行业内部的跨行业经营行为。混业组织形式则包括全能银行、金融控股公司和金融集团。

金融监管协调,既包括一国之内银行业、证券业、保险业等不同行业监管部门之间的协调,也包括不同国家或地区之间的监管协调。国外学者对金融监管协调的分析角度较为广泛,从协调论、监管策略、信息社会等不同视角分别对金融监管协调予以深入探究。大多数研究并未集中在泛泛的金融监管协调理论层面,而多是就一国(美国、英国、澳大利亚等国家或地区)金融监管协调机制的运行情况和存在问题,以及国际金融监管协调机制(G20、FSB、IMF 等国际组织)运行机理和缺陷角度,特别是放置于 2008 年金融危机的时代情境,予以分析探究。学者罗伯特 · B. 埃迪艾赫(Robert B. Ahdieh)从协调角度审视监管体制国家的作用机制,提出协调经济学(coordination economy),他认为协调可以理解为市场的作用,是看不见的手,而协调的失败导致危机。对监管协调作用的理解和把握,将减轻金融市场监管中特有的困惑和无力。① 因此,有效的协调是当下金融市场面临的最关键挑战,协调论的关键在于明确对另一方的预期,而非改变动机。埃里克 · J. 潘(Eric J. Pan)论述了监管者在个人策略和公共策略之间的选择,包括监管成本与效益、监管资源约束和外界压力三个方面,而监管策略研究有助于推动跨境监管协调——对金融监管者行为的研究,能够提高金融监管的理论化认知,系促进金融监管者之间合作与协调的第一步。②

透明度理论在金融市场的实践应用包括两个层面。在金融市场中,金融风险的防范和化解主体,既包括监管者,也包括被监管者。在监管者层面,及时准确地把握和分析金融信息,是防范和化解系统性风险的利器;在被监管者层面,依托有效信息支撑,对冲交易风险。因此,金融信息的征集与共享,是提升监管有效性的关键。学者布拉德利(Bradley)指出了信息对监管的重要性——信息是金融市场有效运行的关键,因为金融市场价格风

---

① Robert B. Ahdieh. Visible Hand: Coordination Functions of the Regulatory State, *Minnesota Law Review*, 2010, 95(2).

② Eric J. Pan. Understanding Financial Regulation, *Utah Law Review*, 2012, 2012(4), pp. 1897 - 1947.

险遍布。[①] 宝缇嘉(Bottega)、鲍威尔(Powell)认为金融业是由信息和数据为支撑的,而真实、准确、及时、完整的信息,对于提高金融监管的有效性十分关键。文章探析了法人机构识别编码(LEI)系统应有的独特性,持久性和公开可获得性问题。随着国际金融市场相互关联性的进一步增强,他们主张十分有必要推广该系统。[②] 学者朱莉娅·布莱克(Julia Black)认为,更大范围(金融监管)协调的推进,需要监管者对复杂动态的金融市场系统有一个非常相近的理解——提高信息共享与交流。[③] 而安妮·蒂尔南博士(Dr. Anne Tiernan)在分析澳大利亚政府应对全球金融危机的能力时指出信息共享的突出作用,各部门和监管机构以及独立储备银行的员工共享知识和数据,以保证领导人能够获得一系列稳定的信息和建议。[④] 在布拉德利,宝缇嘉、鲍威尔、布莱克等诸多学者强调加强金融信息征集与共享的同时,也有学者提出须维持金融信息保密性与透明度之间的平衡。例如,安妮特·L. 拿萨勒(Annette L. Nazareth)与玛格丽特·E. 塔西亚(Margaret E. Tahyar)两位学者以《多德—弗兰克华尔街改革和消费者保护法》(Dodd - Frank Wall Street Reform and Consumer Protection Act)(以下简称《多德—弗兰克法案》)为分析对象,通过研析新数据收集体制、FSOC 与 OFR 所收集信息的保密性风险和《多德—弗兰克法案》中关于保密性保护的规定,认为监管者与国会需要构建保密性与透明度之间的平衡。具体包括设定(信息收集和保密)政策范围,更好地契合新金融监管体制,同时总统和法院也要积极发挥协调作用。[⑤]

---

① Bradley C. M. Information Society Challenges to Financial Regulation, *University of Toledo Law Review*, 2006, 37(2), p. 309.

② Bottega J. A., Powell L. F. Powell. Creating a Linchpin for Financial Data: Toward a Universal Legal Entity Identifier, *Journal of Economics and Business*, 2012, 64(1), pp. 105 - 115.

③ Julia Black. *Restructuring Global and EU Financial Regulation: Character, Capacity and Learning. Financial Regulation and Supervision in the New Financial Architecture*, Italy: Taormina, 2010, (5), pp. 1 - 46.

④ Tiernan A M. *Weathering the global Financial Crisis: Reflections on the Capacity of the Institutions of Australian Governance*. http://papers.ssrn.com/sol3/papers.cfm? abstract_id = 1665974, 2015 - 10 - 10.

⑤ Annette L. Nazareth, Margaret E. Tahyar. Transparency and Confidentiality in the Post Financial Crisis World—Where to Strike the Balance?, *Harvard Business Law Review*, 2011, 1(1), pp. 145 - 194.

2. 金融监管国内协调机制

对于金融监管国内协调机制，国外学者们分析了本国监管协调机制的产生根源、影响因素、存在问题、监管文化以及与国际金融监管协调的关系等方面。

乔迪·弗里曼(Jody Freeman)和吉姆·罗西(Jim Rossi)探究了美国(监管)机构间需要共享监管空间的根源，同时分析了协调工具(跨部门的协商、跨部门的协议和联合政策制定工具)等在管理共享监管空间方面的作用，指出协调性提高可能减损而非增加机构决策成本，同时能够促进政策妥协和信息协调(更多常规程序和考量、监督)。[①] 金融监管协调机制作为制度化基础设施，具有强烈的本土性色彩。例如，学者乔纳森·伯克斯(Jonathan Burks)认为对于美国而言，负责金融监管的监管者，其监管职权存在大量职权重复、时有冲突等问题，因而需要通过合理化监管结构提高监管有效性。[②] 而斯塔夫罗斯·盖蒂尼斯(Stavros Gadinis)则从政治和国家竞争力角度，通过分析美国主导地位和强势竞争者的关系，指出政治和国家利益系左右监管协调成功或失败的重要变量，竞争水平和市场进入意愿的博弈决定了市场主体的监管反应，以及国际政策结果和谐与否。[③] 乔治·A. 沃克(Geroge A. Walker)分析了金融危机对英国监管协调政策和法律的冲击，跟随美国重构模式，针对问题银行创立了特别处理机制，同时将(金融监管)机构间关于金融稳定的合作正式化，强调了新合作机制有效性的关键，在于职责、程序和权力清晰，以及行使职能所必需的职员和资源。[④] 而安妮·蒂尔南博士在分析澳大利亚政府应对全球金融危机的能力时，强调了澳大利亚金融监管部门(财政部、储备银行、审慎监管局)之间的协调

---

① Jody Freeman, Jim Rossi. Agency Coordination in Shared Regulatory Space, *Harvard Law Review*, 2012, 125(5), pp. 1131 - 1211.

② Jonathan Burks. Improving International Policy Coordination in the Wake of the Financial Crisis, *Journal of Public and International Affairs*, 2009, 20, pp. 144 - 148.

③ Stavros Gadinis. The Politics of Competition in International Financial Regulation, *Harvard International Law Journal*, 2008, 49(2), pp. 447 - 507.

④ George A. Walker. Financial Crisis-U. K. Policy and Regulatory Response. *International Law*, 2010, 44(2), pp. 752, 779.

文化,使其在危机来临时,不仅行动迅速而且未雨绸缪。①

国内金融监管与金融监管国际协调也有着密不可分的关系。学者查菲(Chaffee)、埃里克(Eric)就以《多德—弗兰克法案》为基点,论述了《多德—弗兰克法案》与双边协调、国际金融监管协调的关系,分析了《多德—弗兰克法案》的不足,包括没有解决网络在金融交易全球化中的角色问题,同时几乎没有涉及美国金融监管的域外适用问题,而对于国际金融监管协调,《多德—弗兰克法案》作用了了。他们认为针对国际金融改革,国会需要一种新的视野来弥补上述不足。②

3. 金融监管国际协调机制

2008 年金融危机后,国际社会普遍认识到金融监管协调的重要性,混业经营和金融全球化的发展,使加强全球范围内的宏观审慎监管变得更加迫切而必要。比如学者马修 · C. 特克(Matthew C. Turk)通过分析国际金融架构的历史发展,指出 2008 年金融危机折射了国际金融架构的无力,同时也使全球金融系统监管成为国际法和世界经济要面临的问题,需要推进全球、区域化的监管协作,或者是监管标准的一致性。③ 学者肯尼斯 · W. 丹姆(Kenneth W. Dam)、皮特森(Peterson)和乔纳森 · 伯克斯(Jonas Burks)。肯尼斯 · W. 丹姆(Kenneth W. Dum)从国际和比较法层面分析了次贷危机和金融监管,认为碎片化监管导致了协调的必要性——美国存在多个监管实体、欧洲每个国家分散监管,而危机蔓延世界的事实,使国际层面解决监管问题和宏观经济问题,更具有迫切性。④ 皮特森则指出自 2008 年金融危机之后,国际层面更为关注国家、地区之间的监管协调与合作,出

① Tiernan A. M. Weathering the global Financial Crisis: Reflections on the Capacity of the Institutions of Australian Governance. http://papers. ssrn. com/sol3/papers. cfm? abstract_id = 1665974,2015 - 10 - 10.

② Chaffee, Eric C., Dodd-Frank Wall Street Reform and Consumer Protection Act: A Failed Vision for Increasing Consumer Protection and Heightening Corporate Responsibility in International Financial Transactions, *The American University Law Review*, 2011, 60(5), pp. 1431 - 1458.

③ Matthew C. Turk. Reframing International Financial Regulation after the Global Financial Crisis: Rational States and Interdependence, not Regulatory Networks and Soft Law, *Michigan Journal of International Law*, 2014, (36), pp. 61, 127.

④ Dam, Kenneth W., Subprime Crisis and Financial Regulation: International and Comparative Perspectives, *Chicago Journal of International Law*, 2010, 10(2), pp. 581 - 637.

现更多的实体监管协调和趋同的转向，其主要动力之一就是危机之后，监管者对监管套利和监管竞争的关注。① 而乔纳森·伯克斯认为2008年的金融危机暴露了国际经济和金融政策协调的不足，同时认为国际经济协调的历史，就是一个国际机构、权限和会员不断进化的历史，FSB的扩张或相似努力，是再一次推动世界经济从危机中复苏，同时防范下一场危机的积极尝试。② 美国堪萨斯大学法学教授约翰·W. 黑德（John W. Head）也有类似观点，他认为本次金融危机彰显了BCBS、IOSCO、IASB和IAIS等多边机构组织，作为（国际金融监管）合作和协调的主要形式，虽然是全球金融系统国际标准制定的核心机构，但其在防范和化解真正的全球性金融危机面前仍显孱弱。同时，本次金融危机也是推动政府协调（金融监管）的最好时刻。③

关于金融监管国际协调根源认识，其产生系碎片化监管与金融全球化不相匹配的矛盾，而共同利益具有一致性，但发展缓慢却是不同国家或地区国情差异性和权力惯性所致。特拉赫特曼（Trachtman）就认为金融监管国际协调旨在解决金融国际化和金融监管国别化不匹配问题，包括监管范围问题、服务行业贸易问题和经济一体化问题，而为了提升金融监管某些方面有效性，需要在全球基础上予以协调或者规划——包括目标普遍性、监管制度可分割性、监管类型、主权认知和相应制度基础设施等。④ 另有学者指出国际金融监管协调之所产生，是因为各国在此问题上利益相同。而当下国际金融监管发展缓慢是由两方面因素所致。一是不同国家在社会和文化传统、政治和经济体制、经济繁荣水平、金融监管系统和能力方面差异甚大。

---

① Peterson R. J. Procedural Versus Substantive Coordination in International Financial Market Oversight. ASIL Annual Meeting Proceedings. *American Society for International Law*, 2012, 106 (1), p. 324.

② Jonathan Burks. Improving International Policy Coordination in the Wake of the Financial Crisis, *Journal of Public and International Affairs*, 2009, 20, pp. 144 – 148.

③ John W. Head. The Global Financial Crisis of 2008 – 2009 in Context-Reflections on International Legal and Institutional Failings, "Fixes", and Fundamentals. *Pacific McGeroge Global Business & Development Law Journal*, 2010, (43), p. 98.

④ Trachtman J. P. Recent Initiatives in International Financial Regulation and Goals of Competitiveness, Effectiveness, Consistency and Cooperation, *Northwestern Journal of International Law & Business*, 1991, 12(2), pp. 310 – 316.

二是在金融监管方面,所有的金融监管者都不愿放弃原有的自由和控制力量。他认为国际金融监管需要平衡好软法和硬法、新体制和旧体制。①

金融监管国际协调与各个国家的金融监管相辅相成,相互依存。当今金融监管国际协调,主要是由发达国家主导推动的,广大的新兴和发展中经济体需要积极参与国际金融监管,以切实维护其金融利益。例如,大卫·扎林(David Zaring)学者分析指出美国和欧洲的管辖权是国际金融监管的来源,同时是最衷心的实践者;其他世界各国要么选择接受"一揽子"规则,要么仍然被拒在现代系统之外。② 一国对集中或分散监管体制模式的选择,也会影响金融监管国际协调。例如,学者丹尼尔·海梅特(Daniel Hemelt)分别以银行业资本要求、证券公司资本要求和全球保险标准进行案例分析,最后得出结论——集中监管自主成本高,集中监管与跨境协调关系未必呈正相关性(集中监管容易产生监管俘获和监管惰性)。同时,他指出国际监管协调的重点在内容而非频率。③ 而就金融监管的国际协调实践而言,大卫·扎林认为金融管辖权已突变为处理跨境决议问题,即破产程序机制的国家针对跨国银行日益复杂的洗钱合作方案,开展一般执法合作的承诺。④

就金融监管国际协调机制的完善而言,有学者提议构建或发展强有力的国际监管主体。例如,埃里克·J. 潘认为建立一个国际行政法主体是解决目前金融市场监管的难题的良策。其依据是现存监管组织包括 WTO、IMF 和 WB 等在处理最近金融危机方面,能力不足。而得当的监管需要提高金融机构预警未来危机和应对危机的能力,因而主张改革国际金融架构,构建一个拥有资源、独立性和处理跨境金融机构监管事务权限的行政法律

---

① Xiaobo Fan. What Will the Financial Order Be in a Decade? *Revue Juridique Themis*,2011,45(3),p.622.

② David Zaring. Finding Legal Principle in Global Financial Regulation, *Virginia Journal of International Law*,2012,52(3),p.721.

③ Daniel Hemelt. Regulatory Consolidation and Cross-Border Coordination: Challenging the Conventional Wisdom, *Yale Journal on Regulation*. 2011,28(1),pp.231 - 249.

④ David Zaring. Finding Legal Principle in Global Financial Regulation, *Virginia Journal of International Law*,2012,52(3),p.720.

主体。[①] 艾伦·M. 泰勒(Alan M. Taylor)通过对主权债务违约危机、银行业和通货危机,以及当下危机的审视,认为需要国际协调,相比之下 IMF 更有力量,或其他权威的新建国际组织。[②]然而,构建统一国际监管主体,不仅在政治上不具有可能性(涉及金融主权和司法主权等),而且囿于各国法治水平、金融发展阶段等现实差异性,此方案也不具有现实可操作性。同时统一的监管标准由于统一的风险关注点,容易导致监管规则过于僵硬而压抑金融创新。学者朱莉娅·布莱克也不赞同此提议。她认为金融监管协调是一个艰难的挑战,因为顶层领导权在政治层面的不可能性,不建议单一的"世界金融监管者"或金融"WTO"。因而全球和欧盟的(金融)监管者仍然需要依赖国家监管当局践行监管,而且许多规则需要具有普遍性,以适应当地的条件和文化。[③]

(二)国内文献综述

国内对相关主题的研究比较多见,在中国期刊网上以"混业经营 + 监管协调"为主题或者篇名或者关键词搜索,期刊有 186 篇(时间截至 2017 年 6 月 8 日,以下搜索时间同此)。在博硕士论文库中,以"混业经营 + 监管协调"为主题或者题名或者关键词搜索,有 105 篇,其中法学类 34 篇(包括 5 篇博士论文,29 篇硕士论文),非法学类 73 篇(包括 9 篇博士论文,64 篇硕士论文)。著作方面,至今未有混业经营趋势下金融协调机制研究方面的专著,散见于"混业经营 + 金融监管"的著述有 5 本。包括肖春海撰写的《金融业混业经营条件下的金融监管》,[④]张忠军撰写的《金融业务融合与监管制度创新》,[⑤]陈雨露和马勇撰写的《现代金融体系下的中国金融业混业

---

① Eric J. Pan. Challenge of International Cooperation and Institutional Design in Financial Supervision: Beyond Trans governmental Networks, *Chicago Journal of International Law*, 2010, 11 (1), pp. 251, 283.

② Alan M. Taylor, Global Financial Stability and the Lessons of History: A Review of Carmen M. Reinhart and Kenneth S. Rogoff's—This Time Is Different: Eight Centuries of Financial Folly, *Journal of Economic Literature*, 2012, 50(4), pp. 1092 – 1105.

③ Julia Black. *Restructuring Global and EU Financial Regulation: Character, Capacity and Learning*. Financial Regulation and Supervision in the New Financial Architecture, Italy: Taormina, 2010, (5), pp. 1 – 46.

④ 肖春海:《金融业混业经营条件下的金融监管》,中国财政经济出版社 2003 年版。

⑤ 张忠军:《金融业务融合与监管制度创新》,北京大学出版社 2007 年版。

经营:路径,风险与监管体系》,[1]巫文勇撰写的《中国金融业监管制度改革研究 基于金融混业经营视角重新思索》,[2]朱崇实、刘志云等撰写的《混业经营趋势下的中国金融监管法:挑战与革新》。[3] 而关于金融监管国际协调的著述有2本,即白钦先主编、朱孟楠撰写的《金融监管的国际协调与合作》,[4]杨文云撰写的《金融监管法律国际协调机制研究》。[5] 此外,还有些散见于金融监管著述中,如史锦华撰写的《金融开放对金融监管有效性影响研究》"第五章:监管协调机制与金融监管有效性",[6]丁建臣、李言赋、赵霜茁编著的《金融监管教程》中第"第九章:金融监管国际合作与协调",[7]卞志村主编的《金融监管学》中"第十二章:金融监管的国际协调与合作",[8]等等。

1. 对混业经营的认识

学界对于混业经营的认识比较统一,基本接近巴塞尔委员会对混业经营的定义。例如,学者肖春海认为混业经营是指"商业银行业、证券业和保险业之间在企业的组织机构以及经营内容两方面的全面融合,即商业银行业、证券业和保险业之间出现的以组织一体化为基础的,被法律和金融管理者认可的业务、管理融合"[9]。学者戴典认为我国应该引入"跨业经营"的概念,其是"指银行、证券、保险、信托业务中,任意两者或两者以上之间虽存在共同的经营主体,却仍保留各业务本身的经营特点的经营模式。"[10]而"混

---

① 陈雨露、马勇:《现代金融体系下的中国金融业混业经营:路径,风险与监管体系》,中国人民大学出版社2009年版。

② 巫文勇:《中国金融业监管制度改革研究 基于金融混业经营视角重新思索》,西南交通大学出版社2010年版。

③ 朱崇实、刘志云等:《混业经营趋势下的中国金融监管法:挑战与革新》,厦门大学出版社2013年版。

④ 白钦先主编:《金融监管的国际协调与合作》,中国金融出版社2003年版。

⑤ 杨文云:《金融监管法律国际协调机制研究》,上海财经大学出版社2011年版。

⑥ 史锦华:《金融开放对金融监管有效性影响研究》,中国财政经济出版社2007年版。

⑦ 丁建臣、李言赋、赵霜茁编著:《金融监管教程》,对外经济贸易大学出版社2010年版。

⑧ 卞志村主编:《金融监管学》,人民出版社2011年版。

⑨ 肖春海:《金融业混业经营条件下的金融监管》,中国财政经济出版社2003年版,第22~23页。

⑩ 戴典:《我国金融监管体制转型建议及其法律框架——以混业经营趋势为视角》,载《管理评论》2008年第8期。

业经营”偏于强调放松业务限制,忽视对金融业进行有效的监管。学者陈雨露、马勇分析混业经营的理论依据包括现代金融中介理论、制度经济学与金融深化理论,主要模式包括全能银行和金融控股公司,同时分别以德国、美日两国、英国为代表探究了混业经营三种变迁路径:即全能银行模式,混业—分业—混业渐进发展模式和自然分业—金融控股发展模式。① 针对混业经营发展条件,既有金融自由化理论和实践支撑,同时也有深刻的经济、金融背景。例如,学者肖春海认为混业经营内部条件系金融机构完备的内部治理,外部条件则是具有足够弹性的监管模式。② 学者巫文勇则分析了混业经营发展的其他条件,包括金融全球化和金融机构间的竞争,规避金融管制和回应金融市场需求以及金融专业化程度降低和计算机技术发展等。③ 学者张涵总结了作为我国混业经营载体的金融控股公司的五种形式:以光大集团为代表的典型的金融控股公司,以商业银行为主体包括五大行以及国家开发银行为代表的金融混业经营格局、以人寿保险和平安保险为代表的保险公司主体探索混业经营模式、以四大国有金融资产管理公司为主体的金融混业经营探索、以海尔集团为典型的产业控(参)股金融业的混业探索。④

2. 对金融监管协调的认识

学界对金融监管协调的理论认识有多个角度,具体包括内涵界定、金融监管协调的目标、金融危机与监管协调关系、金融监管协调的必要性、金融监管协调的价值等。关于金融监管协调的内涵,学者的界定角度多围绕监管协调的目标和所涉监管主体展开,如文洪武和王正茂。学者文洪武认为“一国范围内的金融监管协调合作是指一个国家(地区)的各个金融监管主体为了实现金融监管的整体有效性、降低监管成本、提高监管效率,通过各种机制努力实现监管工作的和谐一致”。并可根据纳入监管主体,分为狭

---

① 参见陈雨露、马勇:《现代金融体系下的中国金融业混业经营:路径,风险与监管体系》,中国人民大学出版社2009年版,第59~89页。

② 参见肖春海:《金融业混业经营条件下的金融监管》,中国财政经济出版社2003年版,第26~27页。

③ 参见巫文勇:《中国金融业监管制度改革研究 基于金融混业经营视角重新思索》,西南交通大学出版社2010年版,第38~43页。

④ 参见张涵:《金融混业下的监管协调机制》,载《中国金融》2012年第23期。

义和广义。前者包括一国(地区)的中央银行、专门的金融监管机构和政府有关部门。后者还包括金融行业公会、专门服务性机构。① 而学者王正茂认为金融监管国内协调是一个国家或地区的各个金融监管主体,为了实现监管的有效性,降低成本,提高效率,而通过各种机制以实现监管工作的统一和协调。② 学者蔡军龙就金融危机与监管协调的关系,认为系统性风险的防范与化解,有赖于监管协调机制的改善,同时降低真空监管、监管重复,提高整体监管效率。③ 李艳华认为,金融危机祸起金融业监管协调的疏漏。④ 学者刘志云认为监管协调必要性,源自现实中监管部门和监管目标的双向多样性以及监管效率和质量提升的需要。⑤ 学者尹洪波,熊海斌在《混业经营过渡时期金融监管的成本—收益分析》一文中,指出聚焦于金融安全与稳定是我国监管体系的主要价值立场,对于金融效率和监管激励的关注度较低。因此,在这方面,我国监管协调目标导向应是兼顾金融效率与金融安全。⑥

3. 混业经营条件下的金融监管协调

对于该主题的研究主要集中在对混业经营对现行金融监管体制的挑战分析、对域外国家金融监管协调机制的介绍与借鉴层面,我国金融监管协调机制存在的问题和解决对策,以及金融监管国际协调机制的缺陷及完善方面。

(1)混业经营对现行金融监管体制的挑战

学者们分析了混业经营对分业监管体制的冲击,包括加大了系统性风险,降低了现有监管的有效性,同时使监管难度增大,需要加强监管协调予以应对。学者徐鹏程分析认为金融体系的脆弱性系数随混业经营提高,系统性风险凸显;而由于资本重复计算和资本虚增问题,使预防性监管无力;

① 参见文洪武:《基于现行法律框架的中国金融监管协调合作研究》,载《广东金融学院学报》2011 年第 4 期。

② 参见王正茂主编:《金融监管的国际比较》,国家行政学院出版社 2011 年版。

③ 参见朱崇实、刘志云等:《混业经营趋势下的中国金融监管法:挑战与革新》,厦门大学出版社 2013 年版,第 92 ~ 94 页。

④ 参见李艳华、陈恒有:《我国金融监管协调制度:现状、障碍与对策》,载《兰州商学院学报》2013 年第 1 期。

⑤ 参见刘志云主编:《银行法学》,厦门大学出版社 2013 年版,第 153 页。

⑥ 参见尹洪波、熊海斌:《混业经营过渡时期金融监管的成本—收益分析》,载《上海立信会计学院学报》(双月刊)2008 年第 1 期。

存款保险等保护性监管存在严重的道德风险。① 刘卫东学者在分析分业监管弊端中,认为金融机构跨行业经营业务,金融监管易形成"监管真空",混业经营的趋势导致金融监管难度增大。② 余泓、胡甲庆认为当下我国混业经营格局初步形成,对金融监管的挑战体现在两个方面,一是放大了金融风险,二是降低了当下既有监管理念和模式的实效。因此,立法的一体化进程需要加快(金融),同时建立适应混业经营的金融的动态平衡监管理念和审慎监管模式。③ 李明镜、齐萌对我国建立金融监管协调机制,进行了价值分析,认为建立金融监管协调机制既是全球化的必然选择,也是监管金融控股公司的必然进路,同时也是金融监管机制本土化的必然结果。④ 刘爽认为,国际监管协调具有相似性,且前进趋向也有相同之处。首先在前进趋向中的混业模式具有时间的持久性。在此背景下,健全的法律法规体系能够为金融安全提供坚实的制度保障。而监管宗旨落实的至关重要之处,就在于清晰界定的监管分工基础上的协调机制之科学构建。在此过程中,需要重点予以关注两个问题,路径依赖问题和改革成本问题。⑤ 学者高秦伟在其《混业经营与中国金融监管体制的发展演进》一文中分析,在混业经营趋势下,中国分业监管的法律和监管体制不完备,容易出现监管冲突和监管真空,同时金融控股公司和新产品的开发,以及外资金融机构的涌入,也带来了新的考验。同时认为,监管模式应该以当下形势进行判断,具有前瞻性,且无论哪种形式,权力都需受制约。⑥

(2)域外金融监管协调机制的介绍与借鉴

通过介绍分析域外金融监管协调机制,能够对我国混业经营和金融监

① 参见徐鹏程:《金融业混业经营趋势下的金融监管》,载《商业时代》2008 年第 12 期。

② 参见刘卫东、晏艳阳:《完善我国金融监管协调机制的思路》,载《现代经济探讨》2009 年第 6 期。

③ 参见余泓、胡甲庆:《混业生态环境下我国金融监管的改革与调适》,载《商业时代》2013 年第 27 期。

④ 参见李明镜、齐萌:《论我国金融监管协调机制的反思和完善》,载《现代管理科学》2012 年第 11 期。

⑤ 参见刘爽:《我国多元格局下金融监管协调问题研究》,西南财经大学 2008 年硕士学位论文。

⑥ 参见高秦伟:《混业经营与中国金融监管体制的发展演进》,载《中央财经大学学报》2007 年第 3 期。

管协调机制存在的问题和不足,予以更好地审视。学者钟震通过对危机前后美国、英国、德国、巴西、印度等各国金融监管协调机制的演进历程分析,认为需要从法律、体制、目标、信息和执行五个层面强化金融监管的协调性。① 刘志宇的《英国财政部2010年〈金融监管改革新方法〉建议评述——以北岩银行流动性危机为视角》一文,指出《谅解备忘录》由财政部,英国央行(BoE)与FAS签署,信息交流效果不佳,监管三方的危机处理协作机制存在缺陷。② 刘卫东学者分别从综合监管下的协调机制(以德英日为例)和功能监管下的协调机制出发,探讨了国外金融监管协调机制的经验,同时评析了其优劣。综合监管模式优势在于对金融集团的整体性监管、对金融创新的全覆盖、类似金融服务的公平性监管,同时能整合监管资源,实现规模效应。但综合监管模式有可能导致跨金融行业的风险传染和"团体思维"(过于关注风险机构或业务,造成监管资源分配不均,致使金融潜在风险滋长)。而功能监管模式的优势在于清晰的监管目标和职责定位,同时能够较好避免跨业金融风险传染(相较综合监管模式),其劣势在于存在监管分散、监管重复和监管真空问题。③ 宾岳成则分别介绍了英国、美国、澳大利亚的金融协调机制,同时从协调主体、信息收集与共享和法律法规方面,总结了协调机制的经验和借鉴。④ 刘科星分析了美英两国危机前后金融监管协调,并总结了四种协调模式:独立于中央银行之外的统一监管协调(如次贷危机前的英国FSA)、中央银行部分参与的分业监管协调次贷(危机前的美国)、集中于中央银行的统一监管协调(次贷危机后的英国)和中央银行深度参与的分业监管协调(次贷危机后的美国)。他认为无论监管体制如何,"金融监管协调都是决定金融监管有效性的重要因素之一",必须予以

---

① 参见钟震:《金融监管协调机制:国际经验与中国路径》,社会科学文献出版社2014年版,第189~205页。

② 参见刘志宇:《英国财政部2010年〈金融监管改革新方法〉建议评述——以北岩银行流动性危机为视角》,载郭峰主编:《金融服务法评论》2012年第3卷,法律出版社2010年版。

③ 参见刘卫东、晏艳阳:《完善我国金融监管协调机制的思路》,载《现代经济探讨》2009年第6期。

④ 参见宾岳成:《央行主导金融监管协调机制法律研究》,北方工业大学2010年硕士学位论文。

法律保障,以跨部门委员会等形式运作,同时强调了央行的牵头作用。①

在金融监管信息的征集与共享方面,学者刘志宇以北岩银行流动性危机为例进行剖析,指出了监管信息协调的重要性,危机发生是由于未能获得足够的监管信息,难以判别风险。② 学者卢春燕介绍了美国1978年以来的协调监管法律《金融机构管制法》与架构,以及信息征集与共享安排:由联邦金融检查委员会负责制定统一的报表格式和标准,并统一收集;通过监管信息资源的共享机制,监管机构之间相互协调数据与信息;共享信息还包括检查、调查报告及其与金融机构的往来文件等。③ 学者李艳华指出,我国当下金融监管信息交流效果有限。④ 学者孙涛介绍了美英两国信息收集与共享的经验,包括央行与其他监管部门之间、监管内部各部门之间、监管部门与监管对象之间,另设有专门信息共享协调机构,如英国成立的由财政部、英格兰银行(英国央行)和FSA代表组成的常务委员会。⑤

(3)对我国监管机构职权分工和制衡的反思与建议

关于监管机构职权分工与制衡问题的根源认识方面,普遍认为我国三大监管机构行政级别相同、难以彼此约束,利益缺乏一致性,⑥而谅解备忘录的权威性和效力不足等是导致监管协调机制不畅的主要原因。同时地方金融办的法律定位模糊,中央与地方权责不清。学者贺聪认为我国金融监管协调机制组织架构不完善,央行被排除在外,且与其他政府部门(国务院各部委,各级地方政府,公检机关)缺乏协调机制。⑦ 关于监管机构职权分

① 参见刘科星:《美英金融监管协调机制演进的经验与借鉴》,载《西南金融》2015年第7期。

② 参见刘志宇:《英国财政部2010年〈金融监管改革新方法〉建议评述——以北岩银行流动性危机为视角》,载郭峰主编:《金融服务法评论》2012年第3卷,法律出版社2010年版。

③ 参见卢春燕:《混业经营趋势下的金融监管协调机制——基于国际经验的比较与借鉴》,载《特区经济》2006年第2期。

④ 参见李艳华、陈恒有:《我国金融监管协调制度:现状、障碍与对策》,载《兰州商学院学报》2013年第1期。

⑤ 参见孙涛:《实现信息共享是提高金融监管有效性的必然选择》,载《金融理论与实践》2006年第3期。

⑥ 参见高秦伟:《混业经营与中国金融监管体制的发展演进》,载《中央财经大学学报》2007年第3期。

⑦ 参见贺聪、洪昊、王紫薇、葛声、陈一稀、项燕彪:《我国金融监管协调机制的反思与构建设想》,载《浙江金融》2012年第4期。

工与制衡的依据方面，学界对采取法律还是谅解备忘录形式，有不同认识。采取法律形式的学者，认为备忘录欠缺法律依据，且缺乏权威性。例如，学者高秦伟认为，我国目前以备忘录的形式为自己和对方设置权利和义务显然在组织法上没有依据。① 贺聪、洪昊、王紫薇、②李明镜、齐萌等也持同样观点，建议通过完善立法，以强化监管协调机制的权威，制定“金融监管协调条例”。③ 从根源上分析，概因我国法律文化土壤不够深厚，从民众到企业组织到政府，都缺乏现代市场经济所推崇的契约精神。因此，在现实中以备忘录形式规范金融监管协调，往往成为一纸空文。而也有学者认为可以通过法律或谅解备忘录将联系会议制度化。④ 同时，我国金融监管部门之间的争议解决机制也未建立。例如，学者贺聪认为我国金融监管协调机制组织架构不完善表征之一就是争议解决机制未建立。⑤ 学者文洪武认为，缺少争议解决机制和问责机制，将增加金融协调监管的成本，同时制约协调监管有效性。⑥

就我国的金融监管协调机制的框架构建，2017 年 7 月召开了第五次金融工作会议，“设立国务院金融稳定发展委员会，强化人民银行宏观审慎管理和系统性风险防范职责，落实金融监管部门监管职责，并强化监管问责”。目前国务院金融稳定发展委员会办公室设在央行，而金融稳定发展委员会的具体职责、人事，以及与存量金融监管部门之间的关系，尚未明确。此前学界关于我国金融监管协调机制的框架观点不一，从总体上可以分为如下三类，逐一分析：

---

① 参见高秦伟：《混业经营与中国金融监管体制的发展演进》，载《中央财经大学学报》，2007 年第 3 期。

② 参见贺聪、洪昊、王紫薇、葛声、陈一稀、项燕彪：《我国金融监管协调机制的反思与构建设想》，载《浙江金融》2012 年第 4 期。

③ 《中国人民银行法》第 9 条：“国务院建立金融监督管理协调机制，具体办法由国务院规定。”

④ 参见卢春燕：《混业经营趋势下的金融监管协调机制——基于国际经验的比较与借鉴》，载《特区经济》2006 年第 2 期。

⑤ 参见贺聪、洪昊、王紫薇、葛声、陈一稀、项燕彪：《我国金融监管协调机制的反思与构建设想》，载《浙江金融》2012 年第 4 期。

⑥ 参见文洪武：《基于现行法律框架的中国金融监管协调合作研究》，载《广东金融学院学报》2011 年第 4 期。

原地不动型，做实现有的金融监管协调机制，引入功能监管理念，加强金融监管机构之间的信息交流、政策协调、联合行动和危机处理的协调。包括学者李艳华、陈恒有、[1]卢春燕、[2]廖凡、王兆星、戴典等。然学者们的主要关注点不一。学者廖凡主张建立由央行牵头、不同监管机构相互独立而又紧密协调的功能性监管模式，[3]学者王兆星持同样观点。[4] 学者戴典提出建立"双层五位"金融监管体制，"双层"指国务院和"一行三会"两个层面，"五位"指五个机构——国务院、央行、银监会、证监会和保监会。在国务院宏观协调和指导下，由央行负责主持银监会、证监会和保监会协调落实国务院方针，并定期向国务院报告实施情况的金融监管体制。[5] 此种方案较为谨慎，鉴于金融行业的特殊性和脆弱性，属于保守型的改革方案，在既有的制度惯性下，对于我国金融监管和金融业健康发展的建设性不足。

一步到位型，构建单一金融监管机构，具体包括超级央行模式、金融管理局或金融监管协调委员会模式。持这种观点的学者有卜永祥、沈建光、徐鹏程、贺聪、洪昊、刘卫东、刘相友等。超级央行模式又包括三种方案，即央行下设货币政策委员会、金融稳定委员会和金融行为监管局；央行之外设独立的金融行为监管局；央行负责宏观审慎政策和系统重要性金融机构的监管，在央行之外设独立的审慎监管局和行为监管局。[6] 学者卜永祥认为，中央银行统筹货币政策与金融监管是现阶段金融管理体制改革的唯一出路。[7] 沈建光也持同样的观点，统一至央行的方案，符合国际化发展方向，

---

① 参见李艳华、陈恒有：《我国金融监管协调制度：现状、障碍与对策》，载《兰州商学院学报》2013 年第 1 期。

② 参见卢春燕：《混业经营趋势下的金融监管协调机制——基于国际经验的比较与借鉴》，载《特区经济》2006 年第 2 期。

③ 参见廖凡：《我国金融混业监管的模式选择与协调机制》，载《证券市场导报》2006 年第 11 期。

④ 参见王兆星：《金融综合经营与分业监管变革——银行监管改革探索之五》，载《中国金融》2014 年第 23 期。

⑤ 参见戴典：《我国金融监管体制转型建议及其法律框架——以混业经营趋势为视角》，载《管理评论》2008 年第 8 期。

⑥ 参见赵立平：《"超级央行"监管适合中国国情吗？》，载 http://www.cs.com.cn/xwzx/jr/201602/t20160224_4909677.html，2016 年 2 月 25 日访问。

⑦ 参见卜永祥：《"金融监管体制改革研究"问题与方向》，载 http://news.china.com/domestic/945/20160223/21586783_all.html，2016 年 2 月 25 日访问。

同时可使央行获得信息优势,降低最终贷款人的救助成本,实现宏观审慎管理。[①] 学者徐鹏程建议设立金融管理局,其"对外代表国家监管部门,与中央银行(中国人民银行)、财政部之间建立协调机制,处理信息共享和监管职责交叉等事宜。对内组织三会协调处理混业经营引起的跨行业监管中的分工合作问题。"[②]贺聪、洪昊主张设立金融监管协调委员会,内设理事会、秘书处、研究处、执行处和法制处等。[③] 刘卫东主张设立"金融监管协调委员会"作为监管协调机制的常设机构,人事方面,委员会主任由央行行长兼任,副主任则由银监会、证券会、保监会主席分别兼任。在会议制度方面,可将定期会议的周期设定为季度,不定期会议则较为灵活,由成员单位根据金融市场和监管实务需要提议举行。而对跨部门的创新业务由常设机构予以监督管理,此外,其他监管主体有配合和支持的义务。[④] 李明镜、齐萌也持同样观点,同时明确《中国人民银行法》第9条为"组织法"上的法律依据,[⑤] 享有监管规则制定权的专职监管协调委员会,由国务院予以创设,与其他监管部门的分工需要予以界定。[⑥] 学者刘相友也持类似观点,主张设立监管协调委员会,其直接领导权属于国务院,牵头人为央行,成员包括各部委(该部门规格高于一般部委)。协调委员会的职责包括:一是协调监管,包括监管政策与业务,就金融稳定与金融监管的重大问题、紧急事态处置、难度较大的金融实务问题的磋商。二是协调信息征集,即就报表格式、报表标准予以统一。[⑦]

两步到位型,第一步建立金融监管协调机制,央行设金融政策协调委员

---

① 参见沈建光:《中国金融监管新框架:走向超级央行?》,载 http://m.ftchinese.com/story/001065046?ccode=2G158001,2016年2月25日访问。

② 徐鹏程:《金融业混业经营趋势下的金融监管》,载《商业时代》2008年第12期。

③ 参见贺聪、洪昊、王紫薇、葛声、陈一稀、项燕彪:《我国金融监管协调机制的反思与构建设想》,载《浙江金融》2012年第4期。

④ 参见刘卫东、晏艳阳:《完善我国金融监管协调机制的思路》,载《现代经济探讨》2009年第6期。

⑤ 第9条:"国务院建立金融监督管理协调机制,具体办法由国务院规定。"

⑥ 参见李明镜、齐萌:《论我国金融监管协调机制的反思和完善》,载《现代管理科学》2012年第11期。

⑦ 参见刘相友、梁锐、李成:《基于博弈理论的金融监管协调机制与整体效率研究》,载《统计与决策》2010年第1期。

会;第二步建立"一行一局"(央行,金融监管局)的金融监管协调机制。例如,郭春松、朱孟楠等学者在构建步骤方面的具体认识是:成立全国性的金融监管协调委员会(该机构由国务院领导担纲)进行"两步走"改革。第一步,构建"一行三会"协调机制,这一机制需要契合当下分业监管体制,央行设金融政策协调委员会。第二步,建立我国"一行一局"(央行,金融监管局)的金融监管协调机制,破冰分业监管到统一监管之路。①

应该说,当下设立金融稳定发展委员会的决策与学者卜永祥、沈建光、郭春松、朱孟楠的建议有交叉相似之处。至于央行将保留当前单设金融稳定发展委员会的模式,与其共同负责金融监管,还是将设置金融行为监管局抑或金融监管局,将视我国未来金融业发育程度与存在问题、金融监管协调的有效性等予以考量。

其他方面,在本次金融工作会议中,明确了中央与地方之间的金融监管关系:金融机构审批方面,权力上交至中央,但在风险处置方面,地方政府需要积极配合。"地方政府要在坚持金融管理主要是中央事权的前提下,按照中央统一规则,强化属地风险处置责任。"

比如与其他政府部门以及地方金融监管协调方面。在改革路径中,学者李艳华、陈恒有认为需要明确中央与地方金融管理权责,包括地方政府,金融办的行政序列和权责,同时构建集中统一的金融监管模式。借鉴国际两种模式:架设超部委的金融业管理委员会;提高央行权威,设立金融监管局、投资者保护局、货币政策局、金融服务局和外汇管理局,变外部利益协调为内部利益协调。② 学者卢春燕认为可以考虑"建立分级联系会议制度,如省或市级的监管部门的联系会议制度,能够及时解决监管中出现的局部问题或个别事件。"③学者文洪武认为"应明确有权审批的地方政府部门(包括政府金融办、商务部门、中小企业管理部门、工商管理部门) 必须参加金

① 参见郭春松:《基于分业监管格局下建立金融监管协调机制的思考》,载《福建论坛》(人文社会科学版)2007 年第 6 期。

② 参见李艳华、陈恒有:《我国金融监管协调制度:现状、障碍与对策》,载《兰州商学院学报》2013 年第 1 期。

③ 卢春燕:《混业经营趋势下的金融监管协调机制——基于国际经验的比较与借鉴》,载《特区经济》2006 年第 2 期。

融监管协调合作联席会议，并接受联席会议在监管标准和信息共享方面的指导，实现全面覆盖影子银行体系的监管”。①

(4)我国金融监管信息的征集与共享问题

学者孙涛认为我国金融监管信息共享中存在诸多问题，包括缺乏权威性规定，各监管单位职责不明确，各部门认识存在偏差。他建议建立金融监管协调机制，调动地方政府及其相关部门的积极性，成立金融信息资源共享管理委员会，建设企业信息资料库，同时开发平台及应用软件。② 余泓、胡甲庆认为微观监管信息和宏观监管信息两者获取的时效性越强，相关机构实施监管行动的有效性就越高。③ 刘卫东在对我国分业监管体制下金融监管协调机制的弊端分析中，认为(监管)部门之间信息共享不足，信息缺失严重，应通过信息共享平台和跨部门的经济金融信息中心的搭建，提高信息透明度，后者需要借力于央行和监管部门的信息系统定期互通信息，建立明确合理的分工，央行应为搭建信息共享平台的牵头人。贺聪认为，在信息协调方面，要加大监管基础设施的投入，明确监管机构信息共享的细节，将提高信息共享的标准一致性、信息征集格式的一致性，搭建整体监管信息中心。④ 李明镜、齐萌认为我国并未建立真正的信息收集与共享制度，一是浪费监管资源起因于多头信息收集。二是《金融监管分工合作备忘录》只是规定三家各自收集信息和数据，而未对信息和数据的类型、数量、标准、时间等予以规定，而致使另外的监管部门不能有效地使用某个特定监管者获取的数据，下一步将对获取信息的具体范围、主体和标准予以明确，加强各监管机构间的信息共享，消除信息不对称。⑤

---

① 文洪武：《基于现行法律框架的中国金融监管协调合作研究》，载《广东金融学院学报》2011年第4期。

② 参见孙涛：《实现信息共享是提高金融监管有效性的必然选择》，载《金融理论与实践》2006年第3期。

③ 参见余泓、胡甲庆：《混业生态环境下我国金融监管的改革与调适》，载《商业时代》2013年第27期。

④ 参见贺聪、洪昊、王紫薇、葛声、陈一稀、项燕彪：《我国金融监管协调机制的反思与构建设想》，载《浙江金融》2012年第4期。

⑤ 参见李明镜、齐萌：《论我国金融监管协调机制的反思和完善》，载《现代管理科学》2012年第11期。

(5)我国金融监管行动一致性问题

金融监管协调在监管行动层面,一般是指金融监管机构的联合行动、金融监管人员培训交流和危机处理的协调。我国金融监管协调中,联合行动罕有实施,仅有就某一金融事项的联合发文。例如,2016 年 4 月 18 日,一行三会联合发布《关于支持钢铁煤炭行业化解产能实现脱困发展的意见》,发挥金融引导作用,同时加强监管部门之间的沟通协调配合,有效防范钢铁、煤炭行业的金融。在监管人才的培训和交流方面,[①]文洪武认为,跨行业监管人才短缺导致监管协调机制运转不畅,需要推行专业教育,实践中注意通过交叉任职等方式全面培养金融人才,拓宽人才来源解决监管人员专业单一性问题。[②] 学者曹军新从信任理论视角出发,指出金融监管部门间合作关系中的信任问题,导致部门间分工利益不同进而使制度信任难以建立。需要在央行和金融监管部门之间建立合作交流制度,包括互派业务骨干、部门领导,召开定期、不定期会议研讨工作经验、学术理论,联合举办员工活动等,增进人际信任,降低制度运行成本。[③] 荣磊认为,针对我国金融监管队伍综合素质不高的问题,可以通过交叉人事安排制度提高监管协调性。同时,关于危机处理存在部门博弈,目前并没有相应的处理预案,需要建立金融风险预警制度和金融风险防范和应急反应机制,(以"谁主管谁负责,在哪里发生风险由哪级政府负责组织化解"为风险处置原则),上下联动机制,检查协调机制。[④]

(6)金融监管国际协调

关于金融监管国际协调,学者们分析了监管协调困难的根源和必要性、协调客体、协调体系与现状、协调原则和协调方式、协调模式、LEI 系统等。学者邱兆祥、王修华分析了后危机时代金融监管国际协调难题的深层次原因,包括各国金融监管体制的差异导致标准难统一,各国出发点和利益点的差异使得权责难平衡,而国际监管组织与境内监管组织的动态演化导致体系

① 详见《关于支持钢铁煤炭行业化解过剩产能实现脱困发展的意见》。

② 参见文洪武:《基于现行法律框架的中国金融监管协调合作研究》,载《广东金融学院学报》2011 年第 4 期。

③ 参见曹军新:《金融监管协调机制建设的演进与重构:信任理论视角》,载《经济社会体制比较》2011 年第 6 期。

④ 参见荣磊:《论混业经营条件下我国金融监管协调机制的构建》,山东大学 2007 年硕士学位论文。

难协同。[①] 金融监管协调的必要性，包括防范系统性风险目标一致性、监管法制差异化的现实、全球金融市场发展的需要等。学者白钦先以经济全球化为视角，分析了金融国际协调的现实动因——防范金融风险，以经济政策的溢出效应，阐述了金融政策协调的必要性。[②] 学者毛泽盛、王珊珊则指出金融监管国际协调的必要性，在于现有监管措施的局限性、各国金融监管政策不统一，以及国际金融市场和国际金融业经营风险增大对国际监管协调的需求。学者卞志村则指出了当下国际金融监管协调的不足之处，主要是过于注重对银行的监管，没有注意银行与非银行的差异；过于强调定量的最低标准；存在不公平性。[③] 就金融监管协调的客体，白钦先认为涉及金融机构监管、国际收支和汇率制度安排、金融市场和资本流动性监管，并从国际货币制度变迁的角度，分析了金融监管协调的深化。[④] 学者杨文云认为，金融监管法律国际协调客体，实质系金融监管法律本身，具体包括市场准入监管、持续性监管以及市场退出金融监管三项内容，同时分析了三项监管法律的不协调因素，金融监管法律国际协调需要按照流动性监管法律、市场退出法律中强制清算法律、资本充足率监管法律的顺序，予以次序化选择。[⑤]

邱兆祥、王修华分析了当前国际金融监管体系与协调现状发现，有效协调在国际监管主体之间较为缺乏。需要通过“完善协调主体，明确协调内容和创新协调机制”予以解决，同时分析了后危机时代中国在国际金融监管协调与合作中的定位。[⑥] 茅倩如介绍了国际监管协调的实践，包括中美战略经济对话，第七届亚欧首脑会议和 G20 华盛顿峰会、伦敦峰会等，就加强国际金

① 参见邱兆祥、王修华：《试论后危机时代国际金融监管协调与合作》，载《教学与研究》2010 年第 11 期。

② 参见白钦先主编：《金融监管的国际协调与合作》，中国金融出版社 2003 年版，第 1 ~ 65 页。

③ 参见卞志村主编：《金融监管学》，人民出版社 2011 年版，第 393 ~ 395 页、第 420 ~ 421 页。

④ 参见白钦先主编：《金融监管的国际协调与合作》，中国金融出版社 2003 年版，第 146 ~ 289 页。

⑤ 参见杨文云：《金融监管法律国际协调机制研究》，上海财经大学出版社 2011 年版，第 146 ~ 202 页。

⑥ 参见邱兆祥、王修华：《试论后危机时代国际金融监管协调与合作》，载《教学与研究》2010 年第 11 期。

融协调,认为需要“建立分层次、分区域的金融监管合作,建立国家间的谈判及沟通协调机制和统一的会计准则规则”。[①] 仙慧分析了混业经营给金融监管国际协调带来的挑战,包括更难平衡金融稳定和金融效率目标,监管套利蔓延等,认为国内金融监管是金融监管国际协调发展的基石,需通过强化G20、巴塞尔委员会等国际组织的协调指引作用,促成各国金融混业监管标准的践行与协调,防范系统性风险;以欧盟为范例,促成金融监管国际组织的协调指引作用。[②]

杨文云《金融监管法律国际协调机制研究》一书对金融监管法律国际协调机制五个机制要素,即协调原则、协调主体、协调客体、协调方式、协调模式进行了详细研究。就协调原则,杨文云认为可以分为基本原则和实施原则,基本原则包括尊重国家经济金融主权、注重金融安全、注重金融效率、平衡金融监管法律竞争与协调原则;而实施原则则包含最低限度原则、相互承认原则和东道国管辖原则;就协调方式,杨文云将其界分为两种,即硬法和软法,分别探讨了实施动力和不足与完善;就协调模式,分为了跨政府监管网络、国家合作和超国家协调三种。并结合中国全球化区域化进程,论述了相应金融监管法律的国际协调机制。[③] 焦莉莉的《欧盟金融监管合作与金融稳定问题研究》,以欧盟稳定这一公共问题切入,认为欧盟稳定的实现需要各成员国在金融稳定制度方面的合作与协调,将欧盟层面制度安排与各成员国的制度安排须紧密配合,而不能相互冲突,这和强化金融体系的微观、宏观审慎监管的协调与配合是密不可分的。[④]

关于金融监管国际协调在信息征集与共享方面,主要是美国在2010年底提出的金融市场LEI系统,加强市场主体的跨系统查询和跟踪调查,从而通过整合微观数据,提高系统性风险的预警和防范能力。学者王达、项卫星研究LEI系统认为,发达国家是LEI系统的主要推动力量,是其反思金融危

---

① 茅倩如:《金融危机处理与国际金融监管的合作和协调》,载《世界经济与政治论坛》2009年第3期。

② 参见仙慧:《后危机时代的国际金融监管协调》,载《新金融》2015年第11期。

③ 参见杨文云:《金融监管法律国际协调机制研究》,上海财经大学出版社2011年版。

④ 参见焦莉莉:《欧盟金融监管合作与金融稳定问题研究》,中国社会科学出版社2012年版。

机的结果,同时代表了国际金融监管改革的趋势,即通过微观金融信息的收集、整合,提高金融体系透明度,加强金融监管国际合作,防范全球性金融风险。[①] 在推进 LEI 系统建设中,学者王达、张佳睿认为发达经济体面临着两个层面的问题,即宏观层面的 LEI 系统与现有金融监管框架的对接和整合问题和在微观技术层面的 LEI 系统数据标准的推广、使用、配套分析工具的开发问题。[②] 然而,就中国现阶段参与全球金融统计体系建设而言,存在三大问题:对与大数据金融和宏观审慎监管相关的技术等"研究储备不足"、商业银行等金融机构的"业界参与度不高"、全国金融标准化技术委员会实施宏观审慎监管的"框架体系不顺"。[③] 对此,我国参与 LEI 系统建设策略中,注意秉持"研究先行"、一行三会"协同推进"、加强安全与私密信息保护三大原则。[④]

(三)既有研究成果存在的问题

通过资料梳理发现,无论主题讨论还是或有论及,以金融监管协调问题为内容的论著俯拾即是。这些优秀成果,或从金融学的角度,或从法学视角,展开研究,都有其独到见解。但是其中反映的客观问题却不容忽视,在我国混业经营不断推进、监管协调问题日益突出的当下,以"混业经营趋势下金融监管协调机制"为论题进行系统性研究的成熟论著却较少。总体而言,既有的研究成果存在以下缺憾:

首先,对混业经营趋势下金融监管协调机制的分析不够深入。学者们在研究混业经营趋势下的金融监管协调机制时,往往都是从宏观理论角度分析混业经营对现有金融监管协调机制的冲击。较少深层次探索混业经营模式对监管协调冲击的根源,大多都是停留在监管职权冲突导致监管重复、监管空白和监管套利等表面论述上。至于具体监管实践中,跨业金融产品或业务

---

① 参见王达、项卫星:《论国际金融监管改革的最新进展:全球金融市场 LEI 系统的构建》,载《世界经济研究》2013 年第 1 期。

② 参见王达、张佳睿:《美国主导下的全球金融市场 LEI 系统——最新进展与中国的参与策略》,载《现代经济探讨》2015 年第 6 期。

③ 参见王达、项卫星:《静悄悄的金融统计体系革命:意义、进展及中国的参与》,载《国际经济评论》2015 年第 4 期。

④ 参见王达、张佳睿:《美国主导下的全球金融市场 LEI 系统——最新进展与中国的参与策略》,载《现代经济探讨》2015 年第 6 期。

在监管冲突中的表现,几无论及。引入相应金融监管案例予以实证分析的也不多见,比较多的还是关于2004年德隆集团一案的分析材料。

其次,缺少对金融监管协调机制的系统性研究。学界对金融监管协调机制的研究,呈现"大而全"的一面倒倾向,缺乏"小而精"创新求索精神。对金融监管协调机制,基本上都会从监管架构、信息征集与共享、监管行动、争议解决机制、危机预案等方面入手,特别是监管架构方面,有诸多论著,且观点相似度极高。综观金融监管协调机制"大而全"的研究成果,发现普遍存在针对性和深刻性不足的问题,建设性提议较少。囿于作者科研精力和文章篇幅所限,求全研究往往难有相当的认识和探索深度。然而,只有针对金融监管协调机制较为系统化的研究,才能为我国金融监管协调机制应对混业经营指引正确的前进方向,实现金融稳定与金融效率的监管目标。

最后,在完善混业经营趋势下的金融监管协调机制研究中,本土化考量不足。人类智慧成果具有共通性,决定了借鉴域外制度经验的合理性与可行性。然而,在借鉴域外先进制度经验时,学术界停留于对具体制度的表面分析和解读,而对该制度发展成型的历史背景及有效运转的社会生态缺乏关注。在对混业经营趋势下金融监管协调机制的研究中,始终都应关注我国国情的特殊性。在金融混业发展问题中,我国面临的主要问题是国有金融资本的垄断地位、金融压抑(金融创新不足)等,西方发达金融体的主要问题是金融过度创新,需要放缓金融自由化的步伐。美国堪萨斯大学法学教授约翰·W. 黑德在分析2008年全球金融危机情境下的国家金融监管的范围和协调不足时就指出,(美国)国内金融监管失败,归结于过快的国内金融业自由化速度和过慢的国内金融监管规范和机构的反应。① 因此,我国金融监管需要走出"唯稳是图"的监管逻辑,不是一味跟随西方加大对金融市场的干预。同时,我国金融监管的主要问题是监管重叠、监管空白和监管套利,而发达经济体的主要问题是宏观审慎监管不足。因此,这就决定了我国金融协调机制的着眼点不同于西方。因此,需要以我国的监管制度所需为基点予以借鉴,

---

① John W. Head. The Global Financial Crisis of 2008 – 2009 in Context-Reflections on International Legal and Institutional Failings, "Fixes", and Fundamentals. *Pacific McGeroge Global Business & Development Law Journal*,2010,(43),p.92.

促进他国先进经验与我国监管体制的有效对接,避免法律移植中的“南橘北枳”。

三、论证思路与方法

(一)论证思路

本书分为六章,第一章是论文的起点,对混业经营和金融监管协调机制进行基本界定,并论述了金融监管协调的原则、价值及其在混业经营形势下面临的挑战,阐述金融监管协调机制完善的现实依据。第二章、第三章、第四章则从金融监管协调机制的三大突出问题——监管机构的职权分工和制衡问题、信息的征集与共享问题、监管行动一致性问题入手,分析了每一问题产生的根源,同时介绍了相关处理实践,并从建设性和局限性两个维度予以评析。第五章则是对金融监管国际协调的认识和把握,金融监管国际协调,其与国内层面的监管呈现出既对立又统一的关系。2008 年金融危机后,国际社会愈发注重跨境监管协调,本章从监管机构的职权分工和制衡问题(管辖权和监管标准)、信息的征集与共享问题、监管行动一致性问题三个方面,介绍了国际金融监管协调机制,同时评析了其积极意义和不足之处。第六章则聚焦我国,介绍了我国金融监管协调机制的现状与不足,并提出了其应有的目标和价值定位,以期为成长中的制度建设提供些许指引,并结合前五章的论述,对我国金融监管协调机制的完善,提出了自己的初步构思。

(二)研究方法

历史研究方法,从美国、英国、澳大利亚、德国等主要发达国家的金融监管协调制度的变迁入手,探究监管协调体制历史演变的一般规律及其原因。监管协调架构中的职权分工与制衡问题,信息征集与共享问题,监管行动一致性问题,这三大监管协调问题的根源和处理实践,均与当时的社会背景紧密相关,本身即为历史建构的产物。通过探索协调机制背后的历史社会生态,提高对该机制相关问题的全局性认识和理解。同时,可从监管协调机制演变历程中,探寻金融监管协调机制的未来发展方向。最后,通过回顾我国金融监管协调机制的变迁轨迹,结合国情,探寻混业经营监管协调不力的历史与社会根源,进而求索针对性举策。

实证分析方法,混业经营和金融监管协调机制均由来已久,在金融业发展水平较高的国家，尤其是英美两国，已在金融监管协调实践中，积累了诸多先进且宝贵的制度经验。本书将分析针对金融监管协调问题的典型处理实践，旨在探寻规制背后的监管理念与逻辑，为我国金融监管协调机制的建设提供“他山之玉”。

比较分析方法。“比较研究就像境外旅游，同样昂贵，费时且令人迷惑。在眼界偏狭的情况下，更是如此。通过将自身与域外相比较来学习国外。最有价值的比较就是在于持续不断的惊奇，有时因陌生，有时则因对外国实践的熟识。”①我国金融业正处于新兴加转轨时期，在混业经营趋势下，金融监管协调机制将如何完善，需要摸索前进。人类的文化成果，虽形式多样，但在有些层面具有共通性，制度就是一种非常重要的成果形态。通过比较研究混业经营趋势下发达国家金融监管协调机制的不同制度安排，特别是殊异之处和共性，同时评析其建设意义和局限性，以此探讨移植我国的可行性和特殊性。

四、创新之处与不足

（一）创新之处

一是以2008年危机和我国混业经营发展趋势，作为协调机制研究的时代背景。国内的现有研究，大多从经济学科角度出发。法学类的研究，大多宏观之言，很少有针对金融监管协调机制系统性的研究。而已有的专门研究，其时代背景已不再。鉴于混业经营在我国的蓬勃发展态势，我国分业监管体制面临着新的挑战，而金融监管协调机制的建设被提上日程。此外，2008年金融危机给人类的教训之一就是协调金融监管，因而在国际层面，监管协调合作的呼声甚高，国际组织和各国都已着手相应的监管协调制度建设。在此背景下，探究金融监管协调机制完善，对于推动我国混业经营发展与提升金融监管的有效性大有裨益。

二是细化了金融监管协调机制的研究角度。混业经营作为金融业当今发展的新业态，对金融监管提出了新的制度要求。金融监管协调需给予积极的制度反馈。由此，本书将混业经营与监管协调机制的博弈，细分为监管机

---

① M. Moran, *The Politics of the Financial Services Revolution*, Macmillan Press, 1991, p. 1.

构的职权和分工、监管信息的征集和共享、监管行动一致性三个角度，深入展开分析，同时反思相应的国际处理实践，探寻适合我国国情的解决之策。

(二)不足

对于混业经营趋势下金融监管协调问题，发达国家或地区已有大量的理论研究和实践论证，确有诸多先进经验值得借鉴。而对国外相关著述、立法和判例的收集、整理，特别是准确且全面地认知、理解、分析和思考，需要结合不同国家或地区的政治制度、经济发展水平、文化传统、国民性格等国情因素，而这需要扎实、深厚、广博的知识积累。囿于笔者科研能力不足和理论基础薄弱，以及论题研究所需资料的有限性和获得难度，在分析金融监管协调问题时，仍不够深入与详尽。

第一章　混业经营趋势下金融监管协调机制概述

金融监管协调机制,系架设在金融监管基石上的重要制度建筑。金融监管的重要价值,一方面在于弥补金融市场存在的先天缺陷,如金融市场脆弱性、负外部性等;另一方面则是监管运行的空白或不畅之处是监管协调机制的关注点,特别是混业经营这一新型金融经营形式引发的金融监管角色和职能定位的紊乱,促进资本资源的优化配置(包括时间维度和空间维度),以及金融体系的健康发展。

第一节　金融监管协调机制的内涵与特征

一、混业经营趋势下金融监管协调的内涵

(一)金融监管

作为迄今为止公认的资源配置最有效率的机制——市场,由于自由竞争的缺陷,并不总能实现有效的资源配置,存在市场失灵。因而需要政府介入,进行监管。监管在英文中,经常是由 supervision 和 regulation 并

行表示的。supervision，根据《布莱克法律词典》的解释，意为管理、指导或监督某人或事的行为；而 regulation，意思有三：一即通过规则或限制，实现对行为或过程的控制；二即次要法规（对 CEO 而言，指的则是公司规章章程）；三即由行政机构发布的拥有法律效力的规则或命令。①

而金融，作为管理货币的科学，风险和收益是乔治·考夫曼认为考量金融的两个重要尺度。② 因而金融的风险性是监管不可避免的重要因素。另外，则是金融业的特殊行业属性所致。作为现代经济核心的金融，在国民经济中的地位举足轻重，承担着一个国家或地区的货币供应、资金融通、资本形成等功能，已然渗透到国民经济发展的各个环节、各个行业之中。而金融行业一旦陷入危机，就会导致金融机制难以正常发挥，致使国民经济紊乱，进而影响社会的安定发展。金融监管，即监管在金融市场的投射，是指一个国家或地区的金融监管当局对金融市场和金融机构进行的经常性的、全面的检查、督促、稽核、处罚、协调的过程，以促进金融机构稳健经营和健康发展，维护金融体系的稳定。一般而言，狭义的金融监管，即根据国家法律法规，中央银行或者金融监管部门，对从宏观金融业整体，到中观金融市场，再到微观金融机构及其业务或产品的监督管理。这是通常意义上的内涵范围。而金融机构、同业自律组织和中介机构的监管，加之前述的狭义监管，一并可称为广义的金融监管。

金融监管肇始于英国 1844 年的《英格兰银行条例》，监管依据经历了从中央银行制度到法律形式、监管范围从货币供应、银行监管到金融业全面监管的历史演进。金融监管的有效性关系着金融市场的健康稳定发展，二者有着极为紧密的关系。例如，对于 2008 年次贷危机的主要根源，普遍认为是美国的金融监管体制存在重大缺陷所致——分类监管体制不完善；机构监管为重点，功能监管薄弱，不适合混业经营的特点；衍生品监管滞后。③

---

① Bryan A. Garner. *Black's Law Dictionary* (8th Ed.). West Virginia: Thomson West, 2004, pp. 4513, 4018.

② 参见[美]乔治·考夫曼：《现代金融体系——货币，市场和金融机构》（第 6 版），陈平等译，经济科学出版社 2001 年版，第 2 页。

③ 参见祁敬宇、祁绍斌：《全球化下的金融监管》，首都经济贸易大学出版社 2011 年版，第 20～21 页。

(二)金融监管协调

随着社会经济实践的发展,金融监管协调日益显现其必要性和重要价值。一方面,在经济全球化的背景下,世界各个国家、地区之间的资本往来日益密切,合作共赢的理念得到普遍认可。以跨国公司为载体的资本流动早已国际化,而相应的金融监管制度却是国别化的,这就产生了金融国际化与监管制度国别化不相匹配的矛盾。另一方面,金融混业经营的势头愈加强劲,横跨银行业、保险业、证券业、信托、基金的交叉性金融产品不断涌现,如银证通,更有全能型经营各种金融业务的金融控股公司叱咤市场。而以机构监管为特征的金融监管,对这些金融创新的监管力不从心。这就产生了金融分业监管与跨业金融创新之间的矛盾。因此,可见跨国、跨行业金融监管协调的迫切性和必要性。

协调,在对应英文中,名词为 coordination,动词为 coordinate。沃里克阐释其义为:"因对国际经济的内部相互依赖性的认可,而对本国政策进行的显著调整",他认为 coordination 强于 cooperation,但弱于 harmonization。[①] 协调论在金融监管领域,即协调各个监管者行为的理论,基点在于如何确保监管在现今经济金融时代的有效性和效率。[②] 金融监管协调,是指一国或地区的各个金融监管主体,为了实现金融监管的整体有效性,在监管金融机构和金融市场的过程中相互配合,所表现出的组织形式和相互关系。同金融监管一样,按照金融监管主体的不同,金融监管协调也有广义和狭义之分,狭义的金融监管协调,其协调主体包括中央银行、专业监管机构(如我国的银监会、保监会和证监会)、政府有关部门(如我国的财政部)。而广义的金融监管协调,除上述主体之外,还包括金融各行业公会、会计师事务所、信用评级机构等社会服务性组织。胡德(Hood)、罗思坦(Rothstein)、鲍尔温(Baldwin)则对机制内涵进行了界定,机制是指相互关联的单位作为一个整体,共同致力于问题的解决以实现某个特定的目标,其界限则视该待解决问

---

① Henry C. Wallich. Institutional Cooperation in the World Economy. https://fraser.stlouisfed.org/docs/historical/federal% 20reserve% 20history/bog _ members _ statements/wallich _ 19830505.pdf,2015-03-12.

② 参见周伟:《金融监管的协调论:理论分析框架及中国的现状》,载《财经科学》2003 年第 5 期。

题的内涵而定,并具有时间上的持续性。[①] 因此,金融监管协调机制,是指金融监管部门,致力于解决监管金融机构和金融市场过程中出现的职权交叉、信息共享和监管行动不一致等问题,从而实现金融监管的整体有效性。

(三)混业经营

混业经营的源头可溯至全能银行业务(universal banking),发展至今,其内涵愈加丰富,不仅包含了以德国、瑞士为代表的欧洲全能银行(universal bank)模式,也包含了其他形式的金融集团经营方式,包括美国、加拿大的金融控股公司(financial services holding corporation)模式和英国的金融集团(financial conglomerates)模式。全能银行是提供全方位金融服务的金融机构,包括销售保险、承销证券、代理进行证券交易、对自身或他人所持股票的公司行使投票权(实际上,他们可以选举自己的雇员成为该公司的董事会成员)。[②] 混业经营,与分业(specialized)经营相对,英文表达亦有 mixed operation 或者 cross-sector operation。在我国,亦有学者称其为"合业经营",如董静的《国际金融界合业经营浪潮及其对我国金融业的影响》,还有称为"综合经营"或"综合化经营",后一种称谓在现在的著述中较为常见。例如,王兆星的《金融综合经营与分业监管变革——银行监管改革探索》、秦国楼的《金融综合经营与分业经营的比较分析与实证研究》、张双梅的《金融监管权比较研究——以综合经营为视角》、王志刚的《综合化经营下的金融监管新方向》等。

混业经营是指发生在金融业内部的,银行业、证券业、保险业等不同金融行业之间的组织机构与经营业务的融合。对混业经营及其实践的认识从一开始就伴随着争议与质疑。作为金融发展风向标的美国,以《1933 年格拉斯—斯蒂格尔法》《1933 年银行法》和《1999 年金融现代化法案》为节点,经历了"混业经营—分业经营—混业经营"的历史演变。可见,混业经营的发展经历了漫长的发展道路,但又是一种必然趋势。混业经营是金融创新

---

① C. Hood, H. Rothstein, R. Baldwin, *The Government of Risk*, Oxford University Press, 2001, pp. 9 – 17.

② George J. Benston. Universal Banking, *The Journal of Economic Perspectives*, 1994, 8(3), p. 121.

的产物,而对混业经营态度的实质则是放松管制与加强监管之间的平衡问题。

二、混业经营趋势下金融监管协调机制的特征

混业经营形势下的金融监管协调,不同于分业经营时期的经济背景:银行业、证券业、保险业、信托业等各金融行业之间泾渭分明,组织形式单一,监管制度和监管机构也都分门别类,各有所重。例如,银行业监管的目标是防范系统风险,维护系统稳定;证券业监管则重视对投资者保护,确保市场公平、效率和透明;而保险业监管则重视保单持有人利益的保护。此时,在金融实践中,不同金融行业之间很少有交叉。因此,在分业经营形势下,金融监管协调的现实必要性不强,主要是协调为达致金融稳定这一共同目标的监管政策。而跨境金融监管协调的主要内容,则多是就跨国金融机构的管辖权、监管标准和规则的一致性等问题进行的谈判磋商,以及调查、执行、司法方面的协助等。然而,在混业经营趋势下,各类交叉性金融业务和金融产品,以及全能银行、金融控股公司等经营组织形式打破了之前的金融行业壁垒。在这种情势下的金融监管,囿于各个专业监管部门监管能力所限,不能再"故步自封",需要积极与其他金融监管部门协调,才能实现监管有效性。因此,混业经营趋势下的金融监管协调呈现出一些新特征。

(一)金融监管协调机制的广泛存在性

金融业的经营模式从根本上决定了金融监管体制的样态,因此,金融业经营模式的变化,将导致金融监管体制或快或慢地发生变化。金融监管体制对混业经营模式的回应之一,就是金融监管协调机制的产生和不断发展完善,通过协调金融监管,防范混业经营风险,维系金融稳定。在混业经营趋势冲击下的金融监管协调机制,具有广泛存在性,这个可以从时间和空间两个维度予以考量。

就时间维度而言,混业经营发展的历史必然性和监管协调的发展性,决定了金融监管协调机制的广泛存在性。金融混业经营发展具有

历时性,①即每个经济体由于自身金融发育水平、国家金融发展政策、国外金融混业经营竞争与示范效应强弱程度等因素的不同,导致混业经营出现的时点具有非同步性。只有当一定的经济社会条件成熟,包括市场的金融服务需求升级、银行的利润驱动强化、金融监管机制的创新学习等,混业经营才会产生并逐步发展。以德国为代表的欧洲混业经营,一直坚持全能银行模式,美日两国则经历了"混业—分业—再混业"的渐进发展历程,英国则从自然的分业经营发展至金融控股公司模式。这都经历了漫长的发展过程。因而与之对应的金融监管协调机制,从产生到发展也经历了漫长的过程。作为金融经济的制度产物,承担推动社会金融发展使命的金融监管协调机制,一方面要与时俱进,契合金融行业的监管需求,同时作为制度本身,也要遵循不断更新自我的进化逻辑,需要有一定的前瞻性。银行业、证券业、保险业等不同行业的金融监管体制需要不断博弈(既包括与监管对象的博弈,也包括与其他金融监管机构的博弈),不断磨合,探索合适的监管范围,发展成熟的监管手段、监管技术协调方式和协调组织。即不断发展变化的混业经营实践,从根本上决定了金融监管协调在时间维度上的持久存在性。混业经营在美德等西方国家已有上百年的发展历程,其金融监管协调机制也经历了1929年金融危机,1970年的石油危机和2008年金融危机。在此过程中,金融监管协调致力于协调不同地域范围、不同金融行业的金融监管,历久弥新。

就空间维度而言,混业经营发展的地域范围逐步扩张决定了金融监管协调的广泛存在性。一方面,现代国家基本上都建立了较为健全的金融业体系,而金融发展水平较高的国家,混业经营的程度和规模也比较高。与之相对应,这些国家的金融监管协调制度建立较早,已发展得较为成熟完善。而以中国为代表的新兴市场国家,混业经营处于初步阶段。然而,鉴于金融业的内在脆弱性及其在国民经济中的核心地位,金融监管协调制度也在逐

① 共时性(synchrony)与历时性(diachrony)是索绪尔语言学中的基本概念,"历时性"指语言符号系统在时间中的进化,而"共时性"指同一时间内语言静态的结构,也就是各要素之间的关系。历时性作为时间观念的特质有二:一系对总体化、普遍化的否定,二系个体化还原。此处历时性是指因各个国家禀赋差异性,其金融混业经营的起步发展时点和具体形式,各不相同。详见黄瑜:《他者的境域 列维纳斯伦理形而上学研究》,中国社会科学出版社2014年版,第262~265页。

步探索建立进程中。可以预见的是其他后进国家的金融业,也将逐渐发展至混业经营阶段,彼时,金融监管协调制度将应运而生。因此,金融监管协调具有国家或地区层面的广泛存在性。另一方面,随着金融自由化和金融全球化的深入发展,特别是混业经营的发展,越来越多的金融机构在世界各国设立分支机构,开展各种金融业务。各国、各地区之间的金融往来愈加密切,世界正越来越成为一个由资本连接起来的大市场。金融政策的溢出效应和监管对象的监管套利趋向决定了金融监管协调机制具有国际层面的广泛存在性。

2007 年下半年,由美国金融危机引发的全球性经济危机,至今硝烟弥漫,便是例证。因此,一国若要实现金融稳定的目标,金融监管协调不可能再局限于一国范围。例如,2008 年金融危机期间,西方央行为应对金融危机,恢复市场信心,而采取的联合降息举措——2008 年 10 月 8 日,美国(FED)、欧洲央行(ECB)、英国央行(BOE)、加拿大央行、瑞士央行(SNB)等都下令下调基准利率,幅度为 0.5%。[①] 另外,国际组织也注意到混业经营带来的监管挑战,积极进行金融监管协调。例如,《金融集团监管原则》,于 2012 年 9 月正式公布,由 BASEL 委员会、IOSCO、IAIS 联合制定,以完善金融集团监管框架,弥补金融危机中暴露出的金融集团监管方面的不足。[②]

（二）金融监管协调机制参与主体的多元性

混业经营趋势下的金融监管协调机制,不同于分业经营时期封闭、"各自为政"的监管架构(适应分业经营模式),有了更加多元的参与主体。一方面,随着社会经济发展和人类自我管理能力的提升,涌现了新的监管协调主体。从国际层面看:其一,有更多的国家、地区因加入国际组织或多边、双边条约,成为新的金融监管协调的主体。例如,2013 年 7 月 1 日,克罗地亚正式加入欧洲联盟成为第 28 个成员国,就要参与到欧盟的金融监管协调中。其二,在金融监管国际协调层面,国际组织结构改革或新的国际组织出

---

① 参见《西方央行联手降息应对金融危机》,载新华网:http://finance.sina.com.cn/stock/usstock/c/20081008/23265369010.shtml,2016 年 1 月 25 日访问。

② 参见银监会:《联合论坛——金融集团监管原则》(中文译稿),载 http://www.cbrc.gov.cn/chinese/home/docView/19B74BC9C551412095C4B6EA1418077A.html,2015 年 3 月 13 日访问。

现。如2008年金融危机后,担当起协调各国金融监管行动的二十国集团(G20),其在2008年华盛顿金融市场与世界经济峰会宣言中,重申了监管作为市场第一道防线的重要性,强调加强国际监管合作和国际标准,确定了金融市场改革的共同原则。① 从国内层面看,一国之内的金融监管协调机构也在不断地发展更新中。如我国自2002年设立的金融办公室,就有协调地方金融政策的职能,同时还有对地方准金融机构(如小额贷款公司和融资性担保公司)的监管职责。又如,我国自2015年建立存款保险制度,②因而设立的存款保险基金管理机构,而存款保险费率由其"根据投保机构的经营管理状况和风险状况等因素确定",③其中的"经营管理状况和风险状况"就需要存款保险基金管理机构与中国人民银行、银监会等金融监管机构协调,建立信息共享机制,获取"有关投保机构的风险状况、检查报告和评级情况等监督管理信息"。④ 同时,随着我国地方金融业务发展势头日盛,如何完善中央和地方的金融监管协调机制、防范系统性区域性金融风险,成为新近我国金融监管协调机制的发展关注点,⑤在此过程中,是否会涌现新的监管主体,值得期待。

另一方面,混业经营趋势下,出于宏观审慎监管的需要,金融监管协调的参与主体更加多元化。混业经营形势下的金融监管协调中,由于金融政

① G20. Declaration of the Summit on Financial Markets and the World Economy. http://www.g20.utoronto.ca/2008/2008declaration1115.html,2016-01-13.

② 参见《李克强:存款保险制度今年出台》,载新华网:http://news.xinhuanet.com/politics/2015lh/2015-03/15/c_127582463.htm,2015年3月15日访问。

③ 参见《存款保险条例》第9条 存款保险费率由基准费率和风险差别费率构成。费率标准由存款保险基金管理机构根据经济金融发展状况、存款结构情况以及存款保险基金的累积水平等因素制定和调整,报国务院批准后执行。

各投保机构的适用费率,由存款保险基金管理机构根据投保机构的经营管理状况和风险状况等因素确定。

④ 《存款保险条例》第14条 存款保险基金管理机构参加金融监督管理协调机制,并与中国人民银行、银行业监督管理机构等金融管理部门、机构建立信息共享机制。

存款保险基金管理机构应当通过信息共享机制获取有关投保机构的风险状况、检查报告和评级情况等监督管理信息。

前款规定的信息不能满足控制存款保险基金风险、保证及时偿付、确定差别费率等需要的,存款保险基金管理机构可以要求投保机构及时报送其他相关信息。

⑤ 参见李文龙:《完善中央和地方金融监管协调机制》,载http://bank.hexun.com/2015-03-02/173641576.html,2015年3月19日访问。

策更强的传导性和避免监管竞次的考量,更多的监管主体参与到"外行"监管政策的制定和实施中,以求得共赢。这不同于分业经营时期的金融监管协调主要是危机时刻的协调或者本行业监管标准、监管政策的协调。对于我国这种已经建立起较为成熟的分业监管体制的国家而言,着手建立统一、高效的金融监管协调机制,在混业经营日渐明朗的形势下,尤为重要。2013年8月20日,国务院在《关于同意建立金融监管协调部际联席会议制度的批复》中,指定联席会议由中国人民银行负责牵头,成员包括银监会、保监会、证监会和外汇局,必要时可邀请发展改革委、财政部等有关部门参加,重点协调货币政策与金融监管政策之间、交叉性金融产品和跨市场金融创新。①

(三)金融监管协调内容的发展性

金融监管协调是社会历史的制度产物,自然,金融监管的协调内容也在随金融实践不断发展变化。协调内容一般包括监管职权的分工与制衡、信息的征集与共享、监管行动的一致性、监管争议解决和国际交往等。限于篇幅,本书仅以监管职权的分工与制衡、信息的征集与共享为例介绍。

金融监管协调的内容取决于监管对象,即监管对象的变化引致监管协调内容的变化。因而金融监管协调内容的发展性,可从监管对象的更新与发展中得以考量。混业经营形势下的金融监管协调,就监管职权的分工而言,随着监管对象范围的不断扩大,其内涵也日渐丰富。不断创新涌现的跨业金融业务、跨市场交叉性金融产品或工具,对金融监管也提出了新的挑战和要求,需要监管部门的分工与配合。比如,在存款性质与统计上,保险公司和保险资产管理公司存在差异,商业银行就可以利用这一罅隙,将同业存款与一般性存款相互转换,以满足存贷比监管要求。又如,当下伴随信息化时代浪潮而来的新兴混业经营,如信用违约掉期(CDS),还有互联网企业跨业经营。包括线上业务跨界混业经营(如比较出名的红岭创投作为网贷平台,于2014年1月通过其线上载体为企业筹集权益资本),此外,还有线上业务与线下业务结合形成跨界扩张,包括网贷混合担保业务、网贷平台与

① 参见国务院:《国务院关于同意建立金融监管协调部际联席会议制度的批复》,载http://www.gov.cn/zwgk/2013-08/20/content_2470225.htm,2015年3月13日访问。

保险公司合作形成混合业务、网贷业务跨界连接保理业及其向票据业务的扩张。[①] 综上,皆是需要金融监管协调的新内容。

此外,对于金融控股公司——这一混业经营典型组织形式的监管协调,无论是在国际层面还是在国家层面,均在与时俱进。在国际层面,如2010年1月,联合论坛发布《对金融规制性质和范围差异的审议报告》(以下简称《审议报告》),《审议报告》总结了金融危机中金融集团监管的经验和教训,再次提出对1999年版原则进行评估与扩充,主要关注点包括:跨境经营的金融集团,监管的全方位化——覆盖金融集团的所有行为和风险,弥补监管漏洞以防监管套利。2012年9月,联合论坛正式公布了2012年版《金融集团监管原则》,以弥补金融危机中暴露出的金融集团监管方面的不足,完善金融集团监管框架。《金融集团监管原则》报告指出:危机显示,现有监管未能全面覆盖金融集团的所有经营活动,也未能准确评估上述活动给金融体系带来的影响和成本。[②] 在国家层面,作为伞形监管代表的美国,对金融控股公司的监管职权分工与制衡也在不断地发展变化。1999年《金融服务现代化法案》规定:美联储作为综合监管的上层机构,对金融控股公司实行监管。确定了金融控股公司的综合监管主体为美联储,其作为上层部门在21世纪初金融危机后,2010年美国通过《多德—弗兰克法案》,该法案鉴于伞形监管的不足,成立FSOC,并扩大了FED的权限,就金融控股公司及其任一子公司,美联储不仅享有直接检查权,还享有对前者的信息获取权,以强化其作为监管核心的权力。[③]

同时,《多德—弗兰克法案》也对监管信息的征集与共享和监管争议处理,作出了新规定。在监管信息的征集与共享方面,设立金融研究办公室,负责从金融稳定监督委员会的成员、商业数据提供商、公开的数据来源以及金融实体处,收集、确认和保存全部必要数据。此外,金融研究办公室还负

① 参见王振、王凯:《互联网金融跨界经营风险》,载《中国金融》2015年第1期。

② 参见银监会:《联合论坛——金融集团监管原则》(中文译稿),载 http://www.cbrc.gov.cn/chinese/files/2013/027C9E8841A24266BC4E64D1DF08FD95.pdf,2015年3月19日访问。

③ 参见陈林:《当前金融控股公司监管亟需厘清的几点问题》,载《武汉金融》2013年第1期。

有协调信息收集时间、类型、范围和信息发布及保密的责任。在监管争议处理方面,由金融稳定监管委员会负责,法案规定了包括处理争议的范围(管辖权争议和陷入协商僵局的事宜),提请委员会建议的条件、时间,委员会作出建议的程序、形式与效力等。①

而监管协调内容之所以具有鲜明的发展特性,可以从两个方面探寻。一方面,源于金融监管法治的不完备性,须紧跟金融实践。第一,金融监管协调法律制度的滞后于金融实践。而法律是金融各监管部门执法的准绳和利剑,更是金融监管协调的基石。如历史上,美国的银行控股公司(BHC)为规避《格拉斯—斯蒂格尔法案》(Glass-Steagall Act)对银行跨业经营的限制,以收购跨行业子公司为媒介,开展商业银行不能或不便经营的投资、信托、租赁等业务,涉足非银行的业务领域。对此,美国分别在 1956 年和 1970 年颁布《银行控股公司法》(BHCA)及其修正案,规定 BHC 可下设银行子公司和非银行子公司(non-bank subsidiary),但是只有非银行子公司可以开展许可的证券业务。第二,需要不断弥补因协调法制滞后性和监管有限性产生的监管漏洞。没有规矩,不成方圆,金融监管法律是金融监管主体规范金融机构和金融业务的依据和量度。无良法,则无良治。金融监管法律法规的适时变更性和完备性程度直接决定了金融监管协调水平的高低。另一方面,金融实践和金融监管互动博弈、生生不息的关系决定了金融监管协调的发展性。这其中的典型就是对金融创新的规制。理性经济人的趋利动机,驱使金融机构不断在期限转换间、在风险和收益博弈中"火中取栗",而对金融创新的监管则需要在金融效率和金融稳定间求衡。

（四）金融监管协调机制的目标一致性

各国、各地区、各层次在混业经营趋势下,予以金融监管协调的目标,均聚焦于金融监管政策的整体有效性——防范、化解金融风险,维护金融稳定。

2008 年 3 月 31 日,在美国财政部向国会提交的《现代金融监管架构改革蓝图》中,就其金融改革计划总体而言,是将监管方式由"原则导向"转向"目标导向",以维护金融市场稳定与安全的三大目标:金融市场稳定、金融

① H. R. 4173. Sec. 119.

机构审慎经营、金融消费者保护。① 就一定意义上而言,金融机构的审慎经营和完善的金融消费者保护是金融市场稳定的表征。而美国的金融监管架构改革,必将涉及监管权限的分工与配合,监管信息的征集与共享,以及监管行动一致性等协调事宜。换言之,无论金融监管协调以何种方式开展,都不能背离"金融市场稳定"这一目标。《多德—弗兰克法案》,于 2010 年 7 月 21 日由美国总统签署生效,该法开宗明义——为通过提高问责性和透明度,以促进美国金融稳定,终结太大而不能倒(too big to fail)问题,停止援助以保护美国纳税人,保护不当金融服务行为受害的消费者制定本法。②该法案更是通过设立金融稳定监督委员会,对不同的监管部门,予以协调,进而促成美国金融体系的安全与稳定。同时,该法案出台了"沃尔克规则",旨在限制大型金融机构的投机性交易,特别是加强对金融衍生品的监管,防范金融风险。③ 而这也是美国在混业经营趋势下,对金融监管协调目标——防范和化解金融风险,维护金融稳定的有力践行。

2013 年 4 月起,英国设立金融行为监管局和审慎监管局(作为英格兰银行内部机构),架构了"准双峰"金融监管体制。此次改革,就是鉴于之前英国由英格兰银行、FSA 和财政部三方构成的监管体制,存在缺乏监管协调的弊端。本次金融监管改革目标就在于通过新的监管架构,规范金融企业商业行为,在"准双峰"模式下,实现维护金融市场的安全与稳健——这一监管协调目标。

2008 年 9 月,澳洲金融监管理事会(CFR)——由澳大利亚储备银行(RBA)、财政部、证券和投资委员会(ASIC)、审慎监管局(APRA)构成,就金融危机管理安排发布了一份联合谅解备忘录。通过该备忘录,澳大利亚监管部门表示增进协调和信息公开沟通,对于危及本国金融体系的稳定的

---

① 参见朱绵茂:《论美国金融危机后金融监管模式的变革对我国的启示》,载《浙江金融》2013 年第 11 期。

② 参见佚名:《多德—弗兰克法案》,载 http://www.sec.gov/about/laws/wallstreetreform-cpa.pdf,2015 年 3 月 19 日访问。

③ 参见高连奎:《为何美国是老大 美利坚 200 年改革实录》,上海文化出版社 2013 年版,第 264 ~ 265 页。

潜在威胁,将共同应对。[①] 可见,澳洲金融监管协调机制的目标在于维系澳大利亚的金融体系稳定。

2013 年 8 月 15 日,国务院在《关于同意建立金融监管协调部际联席会议制度的批复》中,即申明“为进一步加强金融监管协调,保障金融业稳健运行,经国务院同意,建立金融监管协调部际联席会议(以下简称联席会议)制度”,同时将“维护金融稳定和防范化解区域性系统性金融风险的协调”规定在“职责和任务”部分。[②] 可见,我国建立金融监管协调机制的目标也在于确保我国金融业的稳健运行。

总而言之,2007 年的金融危机已经证明,即便最严格的监管都无法保护全球经济在相互联系的金融市场中免受危机影响。而在混业经营形势下,面对的是更加紧密的全球金融链条,监管单边主义已经无法实现单个行业、单个国家或地区的金融稳定,需要各个金融监管主体参与协调,持续、高效地予以监管供给。

第二节　金融监管协调机制的基本构成与产生基础

金融监管协调机制,经过金融实践的锤炼和考验与监管当局的不断创新学习,已经发展成为一种日趋完善的人类社会合作发展方式。金融监管协调机制在协调范围界定、调节方式、指导原则方面日臻成熟,这背后是坚实的理论基础和成熟的社会环境支撑。

一、金融监管协调机制的基本构成

(一)金融监管协调的内容

1. 金融监管的职权分工与制衡

作为金融监管的基石,金融监管规范既是金融监管主体权力合法性的

① 参见李路阳:《分享澳大利亚金融监管成功经验》,载 http://www.ifmbj.com.cn/meiyuezazhi/fengmianzhuanfang/201007/20-558.html,2015 年 3 月 19 日访问。

② 参见国务院:《国务院关于同意建立金融监管协调部际联席会议制度的批复》,载 http://www.gov.cn/zwgk/2013-08/20/content_2470225.htm,2015 年 3 月 19 日访问。

来源,同时也是金融监管职权分工与制衡的根基。金融监管规范,既包括监管方面的法律法规,也包括更具灵活性的监管政策。在混业经营形势下,金融监管规范不仅要具有稳定性,更要具有适度的弹性,给予金融创新和法律创新以生长空间。同时,有效的监管政策,有助于防范因监管法律缺位引致的金融风险,维系金融稳定,同时也为后期相关监管法律的制定积累经验。我国的金融监管协调部际联席会议职责和任务就包括"货币政策与金融监管政策之间的协调和金融监管政策、法律法规之间的协调"。因此,金融监管的职权分工与制衡,主要体现在金融法律的协调、金融监管政策的协调和金融监管争议的处理三个方面。

其一是金融监管法律的协调。金融实践往往先于金融监管,在相应的金融创新出现后,就需要监管部门在适当时机予以规范。监管规则公平性,要求对于金融机构开展同样性质的业务或者产品,不能对之设置不同的监管标准,以免诱发监管套利,须统一政策方向、操作规则和要求,[①]例如,《对金融控股集团的监管原则》文件,就对金融控股公司进行统一定义,以廓清各监管主体对金融控股集团的认识差异。

其二是金融监管政策的协调。在混业经营金融创新层出不穷的背景下,是形势愈加复杂和严峻的跨行业、跨区域、跨市场的金融风险传染问题。这也进一步加大了各监管当局所制定或实施针对本行业的监管政策所产生的溢出效应。而监管政策的差异性,将导致监管套利,并造成风险系数的提高。因此,针对一些跨市场的金融监管政策,如涉及金融集团和金融衍生业务等,监管主体须知会其他相关监管部门,充分讨论,全面考察对金融市场的影响,制衡金融监管的大局,决断良策。例如,我国的三方监管联席会议制度于2000年9月,在央行和三会之间确立的,而促进银行、证券和保险等行业监管政策的协调是其职责之一。

其三是金融监管争议的处理。囿于各监管主体部门利益和监管目标的差异,在现实监管实践中,就同一监管对象出台的监管政策,难免会不一致,从而产生监管争议。这就需要有主体居中裁判,以决争议。在本次金融

---

① 参见潘功胜:《鼓励创新发展　分类适度监管》,载 http://www.cnfinance.cn/articles/2014-11/27-20425.html,2015年3月20日访问。

危机后，美国以《多德—弗兰克法案》为据，FSOC，即金融稳定监管委员会创建。其职责之一就是解决成员机构之间的争议，在《多德—弗兰克法案》第119条做了详尽的安排，包括处理争议的范围（管辖权和无法协商事宜），建议的做出程序、格式与效力。①

2. 信息交换与共享的协调

完整、真实、准确、及时的信息是监管政策科学性的保证。金融业从某种意义上是"信息决定行业"。然而，鉴于单个监管主体权限的有限性，其可获得、可资利用的金融信息也具有有限性。在混业经营大势下，越来越多的金融监管政策的制定，需要获知金融市场全方位的信息，同时这也是确保监管政策科学性和有效性的重要保障。然而，现实中各个金融监管主体"井水不犯河水"的格局，导致信息协调困难重重。因而协调信息的交换和共享工作尤为重要。在国务院2013年8月15日发布的《关于同意建立金融监管协调部际联席会议制度的批复》中，在联席会议的职责和任务部分，第五项就是"金融信息共享和金融业综合统计体系的协调"。

各国均根据本国的金融监管架构和混业经营情势，对金融信息交换与共享的协调事宜，予以相应安排。例如，美国关于金融信息交换和征集的分工有：统一报表格式和要求的确立、5家监管部门向监管对象征集的常规数据和报表，将由联邦金融机构检查委员会负责。在数据、信息的征集方面，各个监管部门予以协调以降低重复征集的可能性。而关于共享范围，除了数据、信息，还包括检查、调查报告及其与金融主体的往来资料。② 在2004年6月，《金融监管分工合作备忘录》由我国金融业三大监管机构，即银监会、保监会和证监会签署，在该备忘录中，也有相应的安排。例如，《金融监管分工合作备忘录》第7条规定了三大监管机构的信息收集方面的相互委托权（针对非本机构辖域的监管对象），第12条则规定了三大监管机构的定期信息交流制度（由三大监管机构共同协商界定交流的信息范围和交流方式），第13条和第14条则规定三大监管机构互通信息的特别事项和特别

① H. R. 4173. Sec. 119.

② 参见唐宏飞：《国际金融监管协调机制的比较研究与启示》，载《区域金融研究》2014年第3期。

场合,即金融监管中的处罚信息和各个监管机构在国际参与方面的活动信息和观点。①

信息交换安排一般包括清晰界定各个监管主体的信息收集权责与分工,规定信息收集范围、收集标准、收集时间、信息的合理使用和保密责任(如《金融监管分工合作备忘录》第12条的规定)②,同时促进统一信息共享平台的搭建,推进信息和数据收集、信息和数据共享的规范化与常态化。监管信息协调的基础就在于这方面的法律规定或协议。在当今大数据时代,有效的监管协调更需要大范围、高质量金融信息的有力支撑。

3. 监管行动的协调

徒法不足以自行,金融监管协调也是如此。只有落实到现实监管行动中,监管协调才具有物质载体和现实生命力。混业经营形势下,金融监管行动的协调,主要包括以下四个方面:

一是市场准入的协调。市场准入监管是金融监管的第一道防线,也是后续监管有效实施的重要保障。同时,市场准入监管需要从整体上确保金融业的规模、结构与国家发展规划、金融市场容量、金融业监管能力及监管资源相适应。交叉性的金融业务或金融产品、跨市场金融创新是金融监管市场准入协调的关键对象,此外,还包括对跨业经营的金融主体(特别是金融集团)的市场准入协调,对其市场资质、风险抵御能力等方面予以综合评价,③从各监管部门的监管视角出发进行准入审核。

二是联合检查。当金融主体须接受两个或两个以上监管机构检查时,可以联合开展对某一金融机构或金融业务的检查。对监管主体而言可以节省监管成本,亦是降低被监管主体的守法成本。

三是危机处理。从宏观来看,不断更新的金融产业,强化了金融风险的传导效应,而微观层面的金融产品的外部性、金融资产的虚拟性,再到由信

---

① 参见《中国银行业监督管理委员会、中国证券监督管理委员会、中国保险监督管理委员会在金融监管方面分工合作的备忘录》。

② 第12条规定:"银监会、证监会、保监会应密切合作……接受信息的一方应严格遵循客户保密原则,保证该信息使用仅限于其履行职责,除非法律规定,不得将信息提供给第三方。"

③ 由于内部的资本交叉和风险的交易、重新组合,使金融集团的风险敞口和资本实际分布与总额都不同于原有的单个金融机构,产生新的风险衡量和资本充足标准问题。详见肖春海:《金融业混业经营条件下的金融监管》,中国财政经济出版社2003年版,第233页。

用关系串起的金融机构,更是增速了传导效应。[①] 而在金融体系内部,危机的传染性和扩散性尤为明显,某一金融主体的危机往往通过链式反应,造成整体性金融危机的爆发。混业经营形势下的危机处理需要多个金融监管当局彼此协调,视金融市场之大局,以所掌握的金融主体信息和监管手段为依托,进行密切沟通,磋商应对危机良策。

四是人事培训与交流。通过人事培训和交流,能够为金融监管协调提供相应的人才准备。金融监管协调合作机制的运作在很大程度上受制于跨行业监管人才的培训与交流。[②] 复合型的监管人才,能够更好地畅通各个监管部门之间的监管信息和监管决策,协调监管认识和监管行动。学者卢春燕在总结英美等国的金融监管协调机制经验中,指出:在人事管理上采取高层互相兼任和工作人员互相借调的安排,可以避免狭隘的本部门或个人利益作祟,同时减少信息不对称。[③]

(二)金融监管协调的形式

在现实监管实践中,金融监管协调的形式多种多样,其中一种分类是依据协调形式的依托手段、强制力的有无,可以分为硬法形式和软法形式两种。

1. 硬法形式。硬法,是指有强制力保证实施的正式法律规范体系。在金融监管协调方面的硬法,可以从国内和国际两个层面予以探析。

在国内法层面,硬法是指有国家强制力的法律规范体系。而各个国家或地区所属法系的不同,决定了各个国家或地区不同的金融监管协调硬法形式。作为英美法系代表的英美等国,对于金融监管协调的规制,既有成文法,也有判例法。前者如英国 2000 年《金融服务与市场法》、2009 年《银行法》、2012 年《保险法》,美国 1999 年《金融服务现代化法》、2010 年《多德—弗兰克法案》,后者如美国通过 CFTC(商品期货委员会,Commodity Futures Trading Commission) v. Frankwell Bullion 一案,将所有非交易所的外汇交

① 参见李成:《中级金融学》,西安交通大学出版社 2007 年版,第 490 页。

② 参见文洪武:《基于现行法律框架的中国金融监管协调合作研究》,载《广东金融学院学报》2011 年第 4 期。

③ 参见卢春燕:《混业经营趋势下的金融监管协调机制——基于国际经验的比较与借鉴》,载《特区经济》2006 年第 2 期。

易排除在 CFTC 的管辖之外,协调 CFTC 与银行监管者的监管权限。[①] 而大陆法系国家对金融监管协调的规制,基本以成文法为主,包括由立法机构、最高行政机构和金融监管当局制定的金融监管协调法律。如日本 1997 年修改的《银行法》,德国于 2002 年通过的《综合性金融服务监管法》,对本国的金融监管协调工作予以规范。[②]

在国际法层面,硬法即对缔约国具有约束力的国际条约,[③]也就是借助《联合国国际法院规约》第 2 章第 38 条所定义的条约工具,[④]其依托传统国际法体系,具有强制执行效力。在国际社会中,由于不存在一个超国家权威,能够以超国家强制力为后盾,制裁不守法者(国家或地区)。因此,只有如欧盟、WTO 等依据国际条约成立的政府间国际组织,在其框架下签署的监管合作决议、决定对成员国具有国际法意义上的约束力。例如,WTO 以成员国与他国经济往来为依托,通过经贸制裁不守条约者,如《服务贸易总协议》(GATS)及其两附件:《金融服务第一附件》和《金融服务第二附件》,特别对金融服务进行了规定。然而,这些政府间国际组织的金融监管协调也存在局限性:这些国际组织成立的主要宗旨往往并不针对金融监管,仅有部分职能涉及金融监管协调。[⑤] 同时,由于国家主权和国家利益的审慎考量,不平衡的经济发育阶段和法治水平,导致硬法于规制监管国际协调事务中僵硬而低效。

2. 软法形式,则不像硬法如此拘泥,软法借助市场约束和声誉等促进国

---

① 参见陈晗、王玮:《美国外汇衍生品监管权限的演变及借鉴》,载《证券市场导报》2005 年第 8 期。

② 参见王正茂主编:《金融监管的国际比较》,国家行政学院出版社 2011 年版,第 71 页。

③ 参见张瑾:《国际金融监管法制化研究　以主权财政富基金国际监管制度为视角》,上海人民出版社 2014 年版,第 31 页。

④ 一、法院对于陈诉各项争端,应依国际法裁判之,裁判时应适用:

(子)不论普通或特别国际协约,确立诉讼当事国明白承认之规条者。

(丑)国际习惯,作为通例之证明而经接受为法律者。

(寅)一般法律原则为文明各国所承认者。

(卯)在第五十九条规定之下,司法判例及各国权威最高之公法学家学说,作为确定法律原则之补助资料者。

二、前项规定不妨碍法院经当事国同意本"公允及善良"原则裁判案件之权。

⑤ 参见王宝杰:《论金融监管的国际合作及我国的法律应对》,载《政治与法律》2009 年第 6 期。

际金融监管法律的协调。软法的主要形式包括示范法,谅解备忘录和原则、建议、指引等。在国内金融监管协调方面,谅解备忘录居多,如澳大利亚四大金融监管机构——金融监管理事会储备银行(RBA),审慎监管局(APRA),证券及投资委员会(ASIC)以及财政部——签订的《特别备忘录》,旨在协调本国金融系统发生危机时金融监管机构的行动。在金融监管国际协调层面,形式较为多样,既有双边或多边签订的谅解备忘录,也有国际金融监管组织通过的监管原则、建议和指引等形式。例如,巴塞资本尔协议,即巴塞尔委员会发布的一系列关于银行审慎监管的文件,提倡"监管的最佳实践",鼓励各国采用共同的方法和标准,从而促进各国银行监管的一般原则和标准的趋同。

(三)金融监管协调机制的原则

1. 监管相对独立性原则

监管独立性原则,是从金融监管机构的视角出发,确立包容、适度的金融监管,以推进金融监管协调成效。从金融监管机构外部视角观瞻,参与金融监管协调的监管主体,需要一定程度的权力妥协,但不能忽视各个国家或地区的金融业发育水平,特别是金融监管的本土国情。特别是发达国家,需要考量发展中国家经济发展迅速、金融法治相对缓慢的实际。同时,也不能忽略各个金融行业监管当局不同的监管目标和监管文化,而混为一谈。从金融监管机构内部视角分析,金融监管主体则需要尊重金融市场客观规律,尊重金融主体的自主经营权,有所为,有所不为。

从外部看,金融监管协调,是"和而不同",而非"天下大同",需要尊重各个国家或地区、各个金融监管机构的相对独立性。金融监管,植根于本地的金融生态,久经金融风险实战的风霜。换言之,金融监管是具有差异性的上层建筑。从整体上看,国情、政治传统、文化观念、法律制度是金融监管差异性滋生的土壤,如德国的保守严密,美国的开拓求实。从局部看,各个金融监管机构的监管对象、监管目标的差异性也导致了不同的监管文化。例如,银行业监管的目标是防范系统风险,维护系统稳定;保险业监管的目标则是保护保单持有人的利益。因此,从监管文化看,银行业监管和保险业监管都强调被监管主体的稳健性,氛围更为平和。而证券业监管目标则重视对投资者保护,确保市场公平、效率和透明。因此,证券监管机构的监管文化则是立足于严格披露要求和严厉执法措施,通常更为强硬。①

因此,在金融监管协调中,应注意尊重监管的国别和机构的相对独立性。金融体系的稳定与安全是各监管机构追求的共同目标,也是金融监管协调的出发点和归宿。因而各国、各监管机构为此在出台监管政策,实施监管行动时,应适当妥协,考虑对其他金融市场的影响,接受牵制与约束。但同时,须考量本国、本监管部门的特殊性,把握监管重点,维持合理判断和监管稳定。

从内部看,金融监管应对金融体系运行保持相对独立、适度干预的姿态。金融监管处于相对而言较为被动的位置,为"休眠状态",相机而动。在金融机构依法开展业务,不逾法,不影响金融稳定时,金融监管"无为",而在金融市场上出现或即将出现威胁金融体系的金融风险时,金融监管则"有为"。金融监管协调下的各金融监管主体,皆应依法监管,不越权力边界,不干涉金融机构的内部运营与管理,遵循金融监管的规律。

2. 公平原则

法者,平之如水。金融监管协调,只有以公平为基石,才有合法性和正当性,这也是其效力之源。在金融监管协调中,须维护公平的金融监管秩序,反对金融霸权,同时保持监管规则中立。

公平原则意味着在国际金融监管协调中,尊重国家金融主权,反对金融霸权。放眼国际社会的金融监管协调,皆由发达国家主导,它们在金融领域一向具有竞争优势。在金融全球化过程中,金融风险的不对称性对发展中国家的经济和金融的损害更大,②发展中国家的金融市场和体系往往为发达国家控制。公平原则意味着在金融监管协调中,各国均应在金融法律领域参与协调。金融业所具有的虚拟性和渗透性,使世界各国在金融监管协调方面难辞其咎,各国有承担更好的公共产品——良好的金融监管协调——成本的义务。尤其是美国,由于美元的关键货币地位,其稳操规则制定权柄。在同金融欠发达国家交往过程中,美国"挟金融以令诸国",推行

① 参见杨勇:《金融集团法律问题研究》,北京大学出版社2004年版,第195页。

② 参见杨文云:《金融监管法律国际协调机制研究》,上海财经大学出版社2011年版,第86页。

金融霸权,强迫他国加快金融开发步伐,揠苗助长,破坏了他国金融法治的正常进程。

在金融监管协调中,公平意味着监管中立——提供相同产品或业务,应接受相同监管,防止监管套利。这也是金融市场资源配置机制健康运行的重要前提。监管,作为政府提供社会的公共产品,具有非竞争性和非排他性,须保持中立。本着"实质重于形式"的原则,无论监管对象的规模、背景如何,都应该在统一标准下竞争,适用同样的监管规则、监管方式。通过构建公平市场,促进资本自由流动与优化配置,实现金融效率。

3. 比例原则

比例原则,意即金融监管协调要与各国金融现实法治水平相称,同时把握好金融安全与金融效率的度。一则,最低限度协调,实现对确保审慎监管必要规则的协调。各国的金融发展水平、监管能力、金融发展需求不一,因而相匹配的监管法律和规则也就难以统一。然而,金融监管协调法律和规则的成熟度如何,制约着监管协调效果的发挥和实现。此外,成熟的协调法律法规及规则,不可能一日而成。德沃金(Ronald M. Dworkin)曾言,法律是一种不断完善的实践。因此,最低限度协调须扎根于金融法治的现实土壤。二则,监管协调注意平衡效率与安全两大价值目标,是监管目标在协调领域的自然投射。金融效率和金融安全两者既对立又统一,须"执其两端,用其中於民"。过分注重金融效率,放任金融主体自由竞争和过度创新,势必产生风险,终成大祸,如2008年的金融危机。但过分强调安全,就会造成金融压抑、市场主体活力被束缚。通过对金融发展历程的回顾,系金融安全与金融效率的治乱循环—金融危机,强化金融安全与监管—危机克服,经济发展—放松监管,注重金融效率—金融发展,经济繁荣,风险滋生—金融危机……要平衡二者关系,需视监管现实予以抉择:"一是侧重于统筹兼顾,力求协调;二是侧重于制衡或选择,视经济环境的需要而突出重点。"①

4. 平衡监管竞争与监管合作原则

金融领域中的监管竞争,是指就某一金融产品或业务或机构的监管,所涉的各个监管主体竞相提供较有吸引力的监管环境,以扩大本部门的管辖

① 张忠军:《论金融法的安全观》,载《中国法学》2003年第4期。

权或者吸引金融主体的加入,在此过程中,导致监管的有效性降低,同时对金融参与者的利益和社会公共利益造成侵害。

与此相关的另一个可能后果是金融的"监管套利",即不同金融主体针对同一金融产品、业务的供给,因监管部门各异,导致金融主体接受差异化的监管,产生差异化的监管后果,在此情况下,趋利动机促使金融主体选择"监管友好"型监管部门,此类监管部门的监管标准较低,或者监管手段较为温和。如日本本国的金融开放,导致一段时期内本国金融主体,为降低监管方面的各项守法支出,纷纷涌向新加坡、中国香港等本区域其他国际金融中心地区,这一选择就导致其本国金融产业部分空洞化。[①] 因而监管套利行为迫使各金融监管当局进行监管合作,促成监管政策的一致。

然而,监管竞争也有收益,包括监管者不断创新监管,提升监管服务,同时监管者之间互相监督,提升监管效率。而监管对象拥有监管选择权,满足不同层次的监管服务需求。但监管合作也有成本,包括降低监管灵活性和针对性,以及协调监管政策的成本等。

监管竞争的效果取决于金融环境,当金融市场对监管的结果类似自由竞争时,现实总是存在一定程度的市场失灵。而监管理论理应反映金融市场的多样性和复杂性。因此,监管竞争理论主张:有时监管竞争是有益的,但在某些情况下,一定形式的合作,将会产生更优的结果。[②] 因此,监管竞争与监管合作两者均不可单独择一,至于哪些变量会决定监管竞争与监管合作的优化配置,劳伦斯 · J. 怀特(Lawrence J. White)在《证券市场的国际监管:竞争还是合作》中,对合作监管和竞争监管适用情形作了区分:

在下述三种情形下,适合开展合作监管。一是一国的某项监管条款,在解决某种形式的市场失灵方面,能发挥有效作用,而此时许多交易却流向他国市场。二是一国的某项监管条款对垄断进行保护,进行合作监管,可以增进竞争。三是合作方之间的监管法规复杂冲突,合作监管可以降低交易成本。而在以下两种情形下,适合竞争监管。一是一国某项监管条款无益弥

---

① 参见陈启清:《监管竞争和监管合作:争论及启示》,载《经济理论与经济管理》2008 年第 9 期。

② Esty D. C., Geradin D. Regulatory Co-opetition, *Journal of International Economic Law*, 2000,3(2),p. 235.

补市场失灵,反会造成政府失灵。在这种情况下,进行合作监管,将使政府失灵加剧。二是在合作条件不具备时,进行合作;或合作条件虽具备,但为合作放弃适合本国特点的监管措施时,这将导致合作产生的风险远大于降低的交易成本。①

证券市场的国际监管处理监管合作和监管竞争情形,某种程度上可以给国内金融监管和国际金融监管一些启发:首先,监管竞争和监管合作各有利弊,其作用发挥均需一定的环境条件支撑。二者之间并不是简单的零和博弈,可以相互共存,并且在不同国家、不同社会发展阶段、不同金融行业,二者的重要性不同。在当今混业经营和全球一体化的趋势下,强调监管合作的意义更重要。其次,对于监管竞争导致的监管竞次和监管套利现象,可以通过建立针对监管部门的有效问责机制,明确监管者的监管目标和责任及权限,予以规制。最后,混业经营趋势下,通过"功能监管"或单一监管,能够解决竞争与监管合作问题。从金融功能角度出发的功能监管理念,能够更清晰地界定监管界限,但同时要注意加强监管协调。而在单一监管体制下,境内的监管竞争问题因为监管主体归一,而不复存在。

二、金融监管协调机制产生的理论基础与现实背景

(一)理论基础

金融监管协调机制架构于金融监管制度,关于金融监管的理论,随着金融业的发展而愈加丰富广阔。主要的金融监管理论有金融管制失灵、信息不对称、公共物品说、公共利益说等。金融监管协调的理论与金融监管方面的理论关系紧密,但是,相较后者,前者的理论又有其独特旨趣。以下分别从外部性理论、制度变迁理论和全球治理理论予以阐析。

1. 外部性理论

外部性,是经济学中的术语。科斯(Ronald H. Coase)将外部性定义为:当某个人的行动所引起的个人成本不等于社会成本,个人收益不等于社会

---

① 转引自齐绍洲:《欧盟证券市场一体化》,武汉大学出版社2002年版,第216~217页。

收益时,就存在外部性。[①] 外部性会造成私人收益与社会收益,私人成本与社会成本出现偏差,这也是市场失灵的一种表现。外部性分为正外部性和负外部性,前者指某活动导致他人经济资源、福利水平或效用满足得到提升,而他人对此不负担报酬;后者则是指某活动导致他人经济资源、福利水平或效用满足受损,而他人得不到报酬。[②] 当外部性存在时,市场对商品配置不再具有效率了。此时,针对正外部性容易出现供给不足,而针对负外部性则容易出现过量供给。[③] 而金融监管过程中也存在各种正负外部性,金融主体与金融监管的活动都会产生负外部性,影响资源配置,此时,能够对供给予以调整的监管协调,就非常关键。

其一,金融机构从事金融活动产生外部性。一方面,金融机构活动具有正外部性。金融作为现代社会经济运行的战略资源,金融机构在市场资源配置中起着非常关键的作用。另一方面,金融机构的活动也具有负外部性,典型的就是金融危机。主要通过对金融机构间的债权债务关系和对公众信心的影响两个途径传导。此时,金融机构的收益是以庞大的社会成本为代价的。学者白宏宇、张荔认为,庇古税的征收可以补偿外部性,这是福利经济学的主张,但是其效力令人质疑,因为在利益层面,单个金融主体与整个社会之间存在着严重的非对称性,即金融活动特有的杠杆作用[④]。在金融混业化和全球化程度日益深化的今天,金融机构的负外部性影响范围远远扩大、程度加深,呈现过量供给。对此,监管主体的权限也应扩大,而在国家和分业监管尚存的情况下,唯有通过金融监管协调来解决金融机构经营活动的负外部性问题,限制其对金融体系的不良影响。

其二,金融监管主体的监管活动产生的外部性。当监管主体提供的监管产品,出现监管成本与社会成本不一致时,监管外部性就产生了。同样地,监管也会产生正外部性和负外部性。政府监管属于正外部性的极端情

---

① 参见陈启清:《全球化背景下的国际金融监管合作研究》,中共中央党校出版社 2009 年版,第 122 页。

② 参见徐艳兰、张颖主编:《西方经济学》,清华大学出版社 2014 年版,第 178 页。

③ 参见李仁君主编:《微观经济学》(第 2 版),清华大学出版社 2014 年版,第 373 ~ 376 页。

④ 参见白宏宇、张荔:《百年来的金融监管:理论演化、实践变迁及前景展望》,载《国际金融研究》2000 年第 1 期。

况,即公共物品,①政府监管具有非排他性和非竞争性。而正外部性由于不经济,往往容易出现供给不足,政府针对混业经营和金融全球化的监管便是如此,作为个体的单个国家或地区缺乏提供整体金融监管的激励。2008 年的金融危机,再一次暴露了监管本土化和金融全球化的深刻矛盾。个别监管主体的监管政策和举措,借由金融传导性,往往会影响其他金融行业或其他国家金融机构的经营行为。若不进行协调,各自为政地独立监管,就会影响金融产出,造成金融资源配置的低效率。在某些情况下,因监管不足可能会导致系统性风险的积累,引发多米诺骨牌效应将金融崩溃的影响范围持续扩大。因此,需要通过对监管协调予以强化,对监管的正外部性予以提升。另外,金融监管也存在负外部性。学者林俊国研究监管中的外部性发现,"监管者之间协调的缺乏,导致了各监管者执行比他们能够相互协调时更为松弛的监管标准,也就是监管不足,而这不利于各国金融和国际金融的稳定"②。因此,需要加强金融监管协调,抑制监管的负外部性,防范监管套利和监管竞争——而二者都会加大金融市场的波动性,导致金融系统性风险增加。③

2. 制度变迁理论

新制度经济学派的代表诺斯(Douglass C. North)认为,制度通过其对交换和生产成本的影响来影响经济绩效。④ 稳定的制度,能够减少不确定性,从而保证经济效率。当制度的需求和供给一致时,制度处于稳定状态,即均衡。反之,供过于求或供小于求,制度架构下的参与者就有重构制度的需求,制度都会不稳定,即非均衡。⑤ 就金融监管协调制度而言,非均衡是指金融监管制度并非最有效或运行费用最低,各个监管主体趋向合作,以增加收益,因而处于变动中。在金融监管协调中的制度均衡,意即监管协调的状态为边际收益等于边际成本,此时,就改变既有制度的激励和能力而言,

---

① 参见[美]萨缪尔森、诺德豪斯:《经济学》(第 19 版),萧琛主译,商务印书馆 2014 年版,第 43 页。

② 林俊国:《金融监管的国际合作机制》,社会科学文献出版社 2007 年版,第 46~51 页。

③ 参见李健、邓瑛:《防范资产型通货膨胀的货币政策新框架》,中国金融出版社 2014 年版,第 149 页。

④ 参见万国华主编:《证券法学》,清华大学出版社 2010 年版,第 459 页。

⑤ 参见范恒森:《金融制度学探索》,中国金融出版社 2000 年版,第 94 页。

各个监管机构都不具备。

制度均衡是历史性的,每个金融发展时期,金融稳定的重心不同。这就要求金融监管协调机制的供给能够历史性地满足对金融监管协调机制的需求。在当下混业经营深入发展,已然成为现代金融业前进的大势所趋。例如,杰克逊与西蒙斯指出:"以前商业银行、信贷协会、保险公司、投资公司、证券公司被看作互不关联的产业,各自拥有其独特的产品、分离的消费者群体、独特的规章系统、专门法律服务的从业者……然而在过去30年里,金融机构分类的界限变得模糊不清了……商业银行成了证券业的主要参与者。经纪人事务所和保险公司同样侵入到曾经是传统意义上为银行和储蓄银行独领风骚的领域"。[①] 因而在此混业经营深入发展情势下,诸如我国僵硬的分业监管制度架构和世界各国"九龙治水"的金融监管安排,已与蓬勃发展的金融全球化和金融自由化形势不符。2008年的金融危机也昭示:缺乏一致有力的金融监管协调安排,是助长投机性、积累系统性风险的一大元凶。因此,从制度变迁理论视角来看,各个金融监管主体有强烈动机重构金融监管协调体系,特别是2008年金融危机后,需要加强各个国家或地区、各个金融监管主体的监管协调,明确协调参与主体及其权责,呼应金融实践发展对监管协调制度的需求,达致金融协调机制的均衡。

3. 全球治理理论

全球治理理论肇始于自20世纪90年代,以罗西瑙(Rosenau)为代表的学者组成全球治理委员会(Commission on Global Governance)相继提出治理和善治的理论。劳伦斯·S. 芬克尔斯坦(Lawrence S. Finkelstein)将全球治理定义为:在没有主权当局的情势下,如政府在国内的扮演角色一样,在国际层面上处理跨越国界的关系。[②] 学者戴维·赫尔德(David Held)和安东尼·G. 麦克格鲁(Anthony G. McGrew)阐释了全球治理理论的新分析框架:全球治理是多元的,承认政治权力分散;多层次性,由包括超国家机构、跨国机构、国家机构和次国家机构,如市政部门等在内的治理基础设施在结

① [美]哈威尔·E. 杰克逊、小爱德华·L. 西蒙斯:《金融监管》,吴志攀等译,中国政法大学出版社2003年版,第2页。

② Finkelstein L. S. What is Global Governance? *Global governance*, 1995, 1(3), p. 369.

构上穿插而成；体系复杂（不同机构和网络，功能上或空间上交叉，权力来源和能力各不相同）；强调国家对不同治理基础的缝合作用以及国家之外管理的合法化。[①] 而全球治理的属性和充分标准则是团结合作、社会公平、民主和政策有效性。目前全球治理面临的全球性挑战包括全球共同关心的问题、人类可持续发展的问题以及全球竞赛规则。[②]

自2008年金融危机以来，全球治理理论再次被世人关注，改革与创新全球治理制度成为国际社会的共识。就因金融全球化而起的金融监管协调问题而言，其实质就是金融活动的全球性与基于地缘政治的监管方案之间的矛盾，需要在全球利益与国家利益、各个国家利益之间进行协调。而这依靠单个国家或地区的力量，是不可能实现的。“全球金融监管不力和缺失所导致的过度投机与流动性过剩，在制造资产泡沫的同时也加深了全球的外部失衡程度。”[③]“此次金融危机和随后各国相继陷入经济衰退和经济发展的困境，进一步暴露了资本主义制度以及民族国家体系与全球化之间的深刻矛盾，人们普遍认为解决这一内在矛盾的唯一途径只能是加强全球治理……以及国际层面的协调与合作。”[④]全球治理可以看作是对公益（包括国内和国际层面的）一种分配方式。全球治理理论的分析框架和标准，则为金融监管的国际协调提供了理论基础。尤其是治理结构的多层次性、治理主体的多元化和国家的缝合作用及国家之外管理的合法化。而团结合作、社会公平、民主和政策有效性这一标准，则为金融监管国际协调建设，以及如何治理金融全球化提供了指导。例如，如何有效发挥国家、国际组织、非政府组织在金融全球化中的治理作用以及国家在此过程中的缝合作用等。具言之，危机以来世界各国复苏增长分化注定国际宏观政策协调越发重要，鉴于宏观货币金融政策较强的溢出效应，中国必须创新思路，从注

① 参见杨文云：《金融监管法律国际协调机制研究》，上海财经大学出版社2011年版，第77页。

② 参见戴维、赫尔德、杨娜：《重构全球治理》，载《南京大学学报》（哲学社会科学版）2011年第2期。

③ 参见黄薇：《全球经济治理之全球经济再平衡》，载《南开学报》（哲学社会科学版）2012年第1期。

④ 朱立群、［意］富里奥·塞鲁蒂、卢静主编：《全球治理：挑战与趋势》，社会科学文献出版社2014年版，第1页。

重外部影响的被动应对向注重主动参与全球金融治理转变。①

金融监管协调作为全球治理的重要一环,需要在共同目标支撑下,以相互协调的方式,采取跨越边界的国家集体行动。具言之,需要各主体,包括WTO、巴塞尔委员会、G20等相关跨国机构,也包括各国的金融监管当局,有机联结区域层次和全球层次,探寻金融监管法律协调的内在规律。在此过程中,连接监管的国内和国际层次,构建和谐有效的金融监管协调机制,以实现共识基础上的各种路径的综合治理。

(二)现实背景

金融监管协调的产生不仅有深厚的理论基础支撑,更有紧迫的金融现实背景。金融监管协调与混业经营二者之间的关系动态且富有弹性,处于不断调整之中。混业经营的发展,导致金融业风险组合、分布发生变化。而与之对应的金融监管体制也发生了变化:金融监管机构愈加多元化,而金融监管工具出现交叉,监管内容出现重复或空白。这就需要协调金融监管,包括协调监管职权分工、协调监管信息征集与共享以及协调监管行动等。

首先,混业经营和金融一体化的发展,给金融监管体制带来了新的挑战和发展契机。一方面,混业经营导致金融风险分布、组合发生变化,并呈现出新样态。交叉性金融创新,往往是监管套利的重灾区。例如,包括功能交叉融入经营设计(如银保合作之投资联结保险,商业银行与风险投资及私募股权投资基金等的合作)、渠道交叉衍生业务形态(如银信合作理财)、许可交叉定制交易条件(通过对不同监管者对金融机构的差异化规则的运用,可以对交易方予以选择、对交易条款予以改变或新设)。② 再如,作为混业经营组织形式的金融控股公司,容易扩大杠杆风险。金融控股公司"金字塔"式的控股体系,放大了杠杆效应——提高了既有资本的负债可能性,较之单层股权结构,同样资本能获得更多借款。这就有可能导致财务杠杆

---

① 参见陈建奇:《中国金融改革滞后探因》,载 http://www.ftchinese.com/story/001055534? page=3,2015年4月6日访问。

② 参见宋婷婷:《交叉性金融创新的监管套利路径与博弈策略》,载《上海金融》2012年第10期。

风险超过集团资本的承受范围。[①] 另一方面,金融一体化的发展,加剧了金融经营全球化和金融监管国别化的矛盾。2008 年金融危机的爆发,从反面彰显了金融全球化的深化程度,同时也暴露了全球金融监管协调不力。

其次,为防范和化解混业经营和金融一体化产生的金融风险,金融监管体制在国家、区域和国际各个层面都愈加复杂化。第一,金融监管主体愈加多元化。就国家层面而言,2010 年,澳大利亚成立竞争与消费者协会 ACCC;2013 年,英国将金融服务局 FSA 一分为二,成立金融行为监管局(FCA)和审慎监管局(PRA)。再如,2015 年,我国设立的存款保险基金管理机构。就国际层面而言,涌现了更加多元化的金融监管组织体。例如,2008 年金融危机后,欧盟为加强金融监管,建立泛欧金融监管体系,成立欧洲系统性风险委员会,负责监测整个欧洲金融系统的风险。[②] 第二,金融监管工具出现交叉。由于监管对象的交叉性,监管当局开始借鉴学习其他行业监管当局的监管工具。第三,监管内容出现重复或空白。随着混业经营的推进,交叉性金融业务或产品纷纷涌现,如股票质押贷款、投资连接保险等,更有跨业经营的金融控股公司。由于交叉性金融产品同时归属多个监管当局,容易产生重复监管。而在混业经营领域的金融创新,往往跨越银行、证券、信托、基金、保险等多个金融领域,不断突破监管边界,造成监管空白。

最后,金融监管需要有效协调,减少监管竞争和监管套利,维护金融稳定。多元化的监管主体、空白或重复的监管内容,为竞争和套利在监管领域的滋生,创造了条件,从而影响金融监管的有效性和权威性。就国际层面而言,金融监管政策的溢出效应和金融一体化的现实,需要监管协调,保持金融监管的一致性。如在 2009 年 G20 会议中,各国对流动性态度不一。美英两国就进一步金融刺激,向银行系统提供流动性,达成基本共识。却被欧盟主席米雷克·托波拉内克(Mirek Topolanek)强烈拒绝,认为向经济注入大量流动性就是"通往地狱之路"。德国总理安格拉·默克尔(Angela

---

① 参见陈雨露、马勇:《现代金融体系下的中国金融业混业经营:路径,风险与监管体系》,中国人民大学出版社 2009 年版,第 207~208 页。

② 参见陈听雨:《欧系统性风险委员会开始运作_经济观察_中证网》,载 http://www.cs.com.cn/hw/03/201101/t20110121_2755152.html,2015 年 4 月 8 日访问。

Merkel)则对美联储的非常规货币政策进行了严厉攻击。[①] 可见,在欧盟和全球等多层次的金融监管系统中,需要金融监管协调,避免走上再次碎片化的监管之路。就国内层面而言,在金融分业监管体制下,监管套利产生于金融业务界限的模糊性和监管标准不一,金融机构选择降低资本要求,从事高风险、高杠杠业务,增大了金融风险。比如,以信托部门为载体,商业银行可以变相涉足投行业务,反之,以金融控股公司为媒介,投行将业务扩张至商业银行范围。[②]

综上可见,在混业经营情势下,新的金融业经营模式对金融监管提出了新的考验,包括差异化的监管目标及标准,利益冲突等,但在金融经营的安全性、金融竞争的公平性和监管政策的一致性方面,则是一致的。这就决定了混业经营和宏观审慎监管的内在契合性,以及监管协调走向监管一体化的历史必然性。而对国际金融监管而言,囿于民族国家存在和发展的长久性和异质性,决定了金融监管之国家主权和经济利益差别的客观存在。因此,金融监管国际协调将是较为长久的主旋律。

第三节 混业经营趋势下金融监管协调机制的价值与目标确定

一、混业经营趋势下金融监管协调机制的价值

哲学意义上所涉及的价值概念,是指客观外在之物对于人这一主体某一需要的满足。而混业经营形势下的金融监管协调的价值,则是从宏观视角阐析金融监管协调对人类现代社会的正面效应,主要包括安全价值、效率价值和公平价值。

---

① Semmler W., Young B. Lost in Temptation of Risk: Financial Market Liberalization, Financial Market Meltdown and Regulatory Reforms, *Comparative European Politics*, 2010, 8(3), pp. 343 – 344.

② 参见郭春松、朱孟楠:《加强金融监管的国际协调与合作》,载《上海金融》2004 年第 10 期。

(一)安全价值

金融监管协调,作为人类社会自发性表现的产物,出于人类的共同需求所致——在云诡波谲的金融社会,寻求资产乃至生存的安全。“安全有助于使人们享有诸如生命、财产、自由和平等其他价值的状况稳定化并尽可能地持续下去。”①霍布斯(Thomas Hobbes)曾言:人的安全乃是至高无上的法律。马斯洛需求层次理论,也有效揭示了这一点——人的需求行为是由动机决定的,而一定的动机又产生与人的客观需要。② 他将生理需求作为人的第一需求,安全需求作为第二需求,社交需求、尊重需求和自我实现需求分别作为第三、第四和第五需求。马斯洛(Abraham Harold Maslow)认为,需求层次具有由底层到高层的发展性,且二者具有并存性。③ 在现代社会中,金融作为国民经济的核心,其安全重要性非同一般。金融安全与金融风险相对应。混业经营趋势下,通过金融监管协调,防范和化解混业经营的金融风险,从而实现金融安全。

对于金融安全的界定,国内外学者观点不一,且随着金融全球化发展,金融安全的内涵愈加深化、丰富。学者周道许认为,“金融安全就是货币资金融通的安全,与货币流动以及信用直接相关的经济活动都属于金融安全范畴。”④该认识是从金融本身的核心价值,即从金融稳定和金融发展环境的角度考量的。而学者何旭认为国家金融安全是指“一国能够抵御内外冲击,保持金融制度和金融体系正常运行与发展,维护这种状态的能力和对这种状态与维护能力的信心。”⑤这种认识基于主权及国家安全关系的角度。学者臧景范也持类似观点,认为国家金融安全是指“能够抵御内外冲击保持金融制度和金融体系正常运行与发展的状态,维护这种状态的能力、主观感觉以及由此获得的政治、军事与经济安全。”⑥此种观点除了关注到金融与主权与国家安全关系,同时关注到金融因素对国家核心利益的支撑作用。

---

① [美]博登海默:《法理学—法哲学与法律方法》,邓正来译,中国政法大学出版社 2004 年版,第 317 页。

② 参见华光彦:《消费者研究》,黑龙江人民出版社 1987 年版,第 223 页。

③ 参见张敦福主编:《现代社会学教程》(第 3 版),高等教育出版社 2014 年版,第 387 页。

④ 周道许编著:《金融全球化下的金融安全》,中国金融出版社 2001 年版,第 27 页。

⑤ 王旭:《人民币汇率制度与我国金融安全》,中国经济出版社 2011 年版,第 13 ~ 14 页。

⑥ 臧景范:《金融安全论》,中国金融出版社 2001 年版,第 46 页。

学者张忠军认为从国家内部看，金融安全包括微观（如单个金融机构）、中观（某一特定区域）和宏观（一国整体）金融安全。而从主权国家看，金融安全“不仅意味着本国金融发展的自主性和稳定性，还意味着全球化进程中的独立生存能力、抵御金融风险能力和整体竞争力。”①这一观点较为全面地把握了金融安全的内涵与外延，特别是对全球化进程中金融安全的认识。因此，金融安全的内涵包括国内和国际两个层面，即金融的核心价值和金融主权。前者系一般意义上的金融安全认识，表现为金融财富安全、金融体系稳定、有序运行。后者则是指在国际金融体系中的“独立生存能力、抵御金融风险能力和整体竞争力”。

在混业经营和金融全球化形势下，金融安全的实现愈加需要金融监管协调。金融安全是国家的重要保障，而金融不安全就是金融风险，金融风险的恶性累积和表象化就是金融危机，此时意味着金融安全遭到了明显破坏。② 金融危机造成经济衰退，包括生产投资下滑、失业剧增、收入下滑、股价暴跌、货币贬值、金融机构倒闭、房地产价值缩水等，还可能对社会、政治稳定造成严重破坏。③ 此时，人类的生理需要和安全需要等各层次的需求的满足都将受到冲击。而混业经营和金融全球化的推进，给金融安全带来了新的挑战。国际社会愈发呈现全球金融波动同期性、危机传染更具传导性等特征，这需要不同金融行业的监管部门、不同国家或地区的监管当局，适度推进监管协调。如学者杨文云认为维护金融安全，不仅要对监管法律协调予以推进，同时要对监管工具和手段方面的创新予以及时协调，密切关注金融风险及其他影响金融安全的因素，较为全面地关注金融监管法律的协调等。④

而金融监管协调机制不畅，就有可能诱发金融风险，乃至金融危机。2007 年，英国北岩银行发生流动性危机，就是一例。北岩银行流动性危机所暴露的监管体制问题，首先，《谅解备忘录》由财政部，英国央行（BOE）与

---

① 张忠军：《论金融法的安全观》，载《中国法学》2003 年第 4 期。

② 参见彭兴庭：《论金融法制的变迁与国家崛起》，法律出版社 2014 年版，第 77 页。

③ 参见杨力主编：《金融风险管理》，清华大学出版社 2014 年版，第 2 页。

④ 参见杨文云：《金融监管法律国际协调机制研究》，上海财经大学出版社 2011 年版，第 89 页。

FSA签署,信息交流效果不佳。系统性金融风险的识别和宏观审慎监管职能的发挥,都需要信息,然而BOE并未获得足够的信息。这是北岩危机监管问题的根源。另外,监管三方的危机处理协作机制存在缺陷,权责不清,在危机救助时未采取联合行动。正如学者刘志宇和郭锋所做的分析概括:三方职能履行不当,就危机的严重状况FSA并未合理判断;而财政部和BOE的"注资"和"担保"举措因信息不畅而拖延,错失救助良机。①

综上,在混业经营和金融全球化形势下,金融机构开展跨业、跨国经营,追求经营效率的同时,也加剧了金融风险的跨业、跨国传递,因而需要金融监管协调。具言之,通过金融监管法律及政策的协调、金融与监管信息的交换与共享、监管行动的协调、监管争议的处理和危机紧急处理机制等系统化、制度化的安排,有效防范金融风险,同时平衡监管竞争与监管合作,以维护金融体系的健康与安全。

(二)效率价值

效率,是法律必须促成实现的价值,也是评价法律的重要标准,是法治概念的应有之义。法作为调整人类关系的社会规范,通过促进效率的方式分配权力和义务,以达到社会资源的优化配置。② 而金融监管协调,通过对参与主体科学有效的权义安排,调配监管资源,为混业经营的健康发展,创造良好的监管法治环境和金融生态,以实现金融效率和监管效率"双赢"。

学界对金融效率有不同的认识。学者杨德勇认为金融效率是指"一国金融整体在国民经济运行中所发挥的效率,即把金融要素(人力、物力、各类金融资产的存量和流量)的投入与国民经济运行的结果进行比较。"③这个可以称为整体层面的金融效率,强调了金融与国民经济的关系。学者喻平认为金融效率是指金融系统对金融资源的配置效率,也包括对实物资源的引导效率。④ 这一观点强调以功能为出发点,考量分析金融效率,较为全

---

① 参见刘志宇:《英国财政部2010年〈金融监管改革新方法〉建议评述——以北岩银行流动性危机为视角》,载郭峰主编:《金融服务法评论》(第3卷),法律出版社2012年版。

② 参见北京大学法学百科全书编委会编:《北京大学法学百科全书:法理学·立法学·法律社会学》,北京大学出版社2010年版,第377页。

③ 杨德勇:《金融经济前沿问题文库:金融效率论》,中国金融出版社1999年版,第7页。

④ 参见喻平:《金融发展与居民收入差距的理论与实证研究》,中国经济出版社2012年版,第49页。

面。西方关于金融效率的讨论,主要集中在金融对经济发展的作用,储蓄向投资转化的效率和金融企业内部管理效率等。例如,现代经济增长理论中的哈罗德—多马模型(Harrod – Domar Model)G = S/K,资本产出比率 K 假定固定,此时,经济增长率 G 就唯一受储蓄 S 左右。① 该模型就强调了资本对经济增长的重要意义。金融效率的核心为资金融通的效率,在金融监管和金融调控机制下,直接融资和间接融资所完成的金融资源实现帕累托效率配置。

在金融监管协调机制中,注重效率价值,就是通过协调金融监管,尽可能地促进金融资源的优化配置,包括金融体系自身运行效率、金融机构高效运行以及金融对经济增长的推动作用。金融监管协调机制本身的效率,理论上的最佳值是金融监管协调的边际收益等于金融监管协调的边际成本。注重效率价值的基本内容如下:

尊重、顺应金融规律发展,金融监管协调机制通过发展自身,为混业经营发展保驾护航。第一,通过对监管方面标准和范围的协调,清除真空和套利在监管领域滋生的土壤,以创造公平竞争的金融市场环境。金融监管协调产生的现实背景之一就是监管标准和监管范围不一的法律制度,以及差异化的监管要求、规范和后果,导致金融业经营者差异化的守法成本和运营成本。就国际层面而言,各国在监管思想及文化方面冲突的缓和,以及国际套利行为的防控,都需要监管在国际层面予以协调应对。例如,对于监管对冲基金和评级公司,规范离岸金融中心和避税天堂的经营方式等事项,各国在 2007 年的 G20 伦敦峰会上形成一致意见。② 又如侧重“监管的国际协调和一致性”的美国监管思路,认为能够有效遏制资本国际性游走套利的“相容监管架构”的设立,需要世界各国的新政策与本国出台的新标准实现协调与和谐。③ 第二,通过金融监管协调,有效地防范风险,并创设风险预警机制,为混业经营的发展创造良好的金融生态。金融监管协调的初衷就是维系金融稳定。混业经营背景下,金融机构、金融工具和金融市场的联动性

① 参见邓智毅:《金融效率制度性分析》,中国金融出版社 2003 年版,第 69 页。

② 参见时辰宙:《监管套利:现代金融监管体系的挑战》,载《新金融》2009 年第 7 期。

③ 参见张金城、李成:《金融监管国际合作失衡下的监管套利理论透析》,载《国际金融研究》2011 年第 8 期。

大为增强,金融风险具有更强的风险传染性、更高的资本杠杆率等。此次金融危机较短时间内波及全球就是例证。在G20就全球信贷市场的学习小组的报告中,着重强调了支持以国际合作与协调解决国际金融压力问题。[①]金融危机中雷曼兄弟的破产,显示了混业经营风险蔓延的国际化,需要国际社会合力构建制度化的风险预警机制,即金融稳定的实现需要系统性风险眼睛机制。[②] 该机制需以厘清东道国和母国对跨国金融体的责任和义务为前提,强化对跨国金融机构的监管,对道德危机和逆向选择予以着力防控,同时在此类实体风险评估机制、救助机制的构建中,强调共同参与,并对系统性风险以及顺周期政策予以一致性管理。[③]

另外,效率价值要求注重金融监管协调成本与收益分析。监管协调成本包括:立法成本(与协商困难程度成正比,与立法效率成反比)、执法成本(与主体数量成正比,与分工明确程度成反比)和守法成本。[④] 若在协调收益大于协调成本下,实施监管协调可以获得如下积极收益。第一,通过金融监管协调,减少了政策失误成本,进而获得转化的收益。监管各主体政策不一致产生摩擦,导致经济负效益,包括多余的行政成本和守法成本。通过金融监管协调,对各方监管政策进行调适安排,并考量对整个金融市场的外部性影响,可提升监管的有效性。第二,因监管协调提升了整个金融体系效率而产生的收益以及因此带动经济发展所产生的潜在收益。同时,通过监管协调,部分降低了交易费用,资本得以激活和有效配置。而混业经营的活力和创造性得以激发,提供更好的金融服务,为经济发展提供充足的燃料动力。

金融监管协调除了要考虑上述金融效率和监管效率之外,还要注意制衡金融监管协调短期效率损失与长期效率收益,推进金融监管协调机制的循序渐进。金融效率不仅仅是帕累托效率,而应该是兼顾社会利益、国家利

---

① Kulms R. Lehman's Spill-over Effects: Cooperation v. Regulatory Arbitrage, *Peking UJ Legal Study*, 2012, 3(3), p. 50.

② Ibid., pp. 51－52.

③ 参见徐立平:《人民币跨境业务监管研究》,中国社会科学出版社2013年版,第210页。

④ 参见李保红、张莉、李芒环、魏文轩:《金融风险与金融创新》,吉林人民出版社2006年版,第396页。

益和国际社会公共利益等的公平效率。

(三)公平价值

传统的金融法价值观将金融法价值定位为金融安全和金融效率,这只关注到金融的经济属性,忽略了金融的社会属性。公平,是法的基本价值,法通过对社会主体的权义安排,平衡各种利益。公平价值是对金融社会属性的关注。公平在不同的法律制度框架中,有着不同的内容。然而,法律制度中的公平价值,都可从总体上分为静态和动态两个维度,前者系法律内容设计,后者系法律实施过程。金融监管协调秉承公平价值,并将其践行于现实的金融土壤中。

学者冯果认为,"金融公平是指在金融活动中,各类主体不因自身经济实力、所有权性质、地域和行业等因素而受到差别对待,能够公平地参与金融活动,机会均等地分享金融资源,形成合理有序的金融秩序,并通过金融市场实现社会利益的最大化"。① 冯果的主张更多强调了在金融领域中,活动的公平参与权和福利的公平享有。学者单玉华认为,金融活动中的公平准则是指"以公平准则指导和规范金融活动,使金融活动建立在公平竞争、规则统一、机会均等、权利和义务对等、资源与利益共享的基础上"。② 该观点更多是从金融伦理角度出发,特别是监管立法角度,强调了金融活动运行中的公平法则。公平价值,在混业经营和金融一体化的情势下,具有更为宏观的考量,不仅仅是金融主体参与金融交易的公平,还包括金融风险和金融收益承担的公平以及监管责任分配的公平。

首先,金融监管协调须考量的金融参与权公平,是否仅是形式意义上的公平?有如正义有形式正义和实质正义之别一样。金融参与权的公平,也有两个层次,即形式意义上的(程序公平,侧重过程),还有实质意义上的(实质公平,侧重结果)。金融监管协调注重保障的是形式意义上的金融参与权公平。即金融监管协调通过监管政策与监管行动的协调,实现"规则中立",创造公平竞争的混业经营健康发展的市场环境。学者田春雷认为,

---

① 冯果、袁康:《社会变迁视野下的金融法理论与实践》,北京大学出版社2013年版,第21页。

② 单玉华:《金融伦理研究》,光明日报出版社2010年版,第93~95页。

“对市场主体而言,金融资源配置公平意味着机会公平与竞争公平”①,即在金融活动中的进入门槛的公平和规则的公平。实质公平,作为结果的公平,受各个金融主体资源禀赋差异、市场发育水平、投资者成熟度等各种因素左右,难以实现。而过度干预金融,也有违有限政府理念。金融监管协调通过公平配置金融资源和规则中立,为金融主体自由发展和参与竞争奠定了基础。至于发展和竞争结果如何,监管协调难以把控,也不应把控,否则就是过多干预,扭曲金融市场的资源配置。

形式公平应当避免监管套利,为实质公平实现创设条件。监管套利产生于监管标准不一,开展同一业务的金融机构,受制于不同的监管标准,必将影响其经营效率,有违公平。形式不公平必然导致实质不公平。金融监管协调需以公平为标杆,设计监管规则,使同一性质的金融业务、金融产品、金融机构,接受同一标准的监管。公平的市场环境能够激发金融主体的创新活力和积极性,通过竞争,促进金融市场资源的合理流动和高效配置,从而推动整个社会金融服务水平的更新换代。例如,欧盟为促进统一市场开展的“金融服务业行动计划”,在区内实施“单一护照”制度,就旨在解决市场准入问题,即力争实现欧盟区内统一、高效率的市场准入环境。②

其次,金融监管协调须注重金融风险和金融收益承担的公平。公平调整的含义之一,就是纠正不当的权义安排,恢复秩序的正当性。具言之,金融监管协调着眼于金融风险的负外部性,合理设计风险承担规则。金融风险具有极强的负外部性,在混业经营情势下,金融工具、金融机构和金融市场相互作用增强,这使风险的产生和传递不同以往。此时风险的来源地国家与风险的输入地国家之间,就有可能出现风险地位不平等(这也可能发生在不同金融行业之间,金融风险波及面往往波及整个金融系统),导致风险分配的不公平。

例如,在处置金融控股公司跨境破产问题时,母国与东道国之间的利益冲突。各国处置破产均以本国利益最大化为原则,难以放弃依据本国法律

① 田春雷:《金融资源公平配置的法学分析——兼论中国金融法的新价值》,载《法学评论》2013 年第 3 期。

② 参见刘建军:《欧盟统一金融市场进程与“单一护照”制度》,载《证券市场导报》2002 年第 7 期。

管辖境内债权债务的优先权。公平价值要求各国考量系统性金融风险及其国际负外部性可能给其他国家或地区造成的损失。此外,在国际金融监管中,母国与东道国之间还有就国际金融秩序主导权的争夺问题。这就需要国际金融监管予以协调,维系公平的国际金融环境。而其实现途径主要有二:一是国际金融监管组织开展的国际协调,包括G20、BASEL委员会、国际保险监督官协会(IAIS)、国际证监会(IOSCO)等。二是国内法中的国际协调条款。[①] 在本国的立法中,就国际金融监管协调的范围、主体、程序、权责等予以规定,从而实现与国际监管协调组织或他国金融监管当局的衔接。

最后,金融监管协调须考量金融监管责任承担的公平。意即通过综合考量各个金融行业、各个国家或地区的金融发展水平和监管法治程度,实现"共同而有区别"的担当。金融监管协调,是一个极其复杂的系统工程。公平,内含的价值意义是利益共享,风险共担。混业经营下的金融监管协调的目的,就在于重新平衡失控的金融机构外部性和金融监管政策的外部性,实现金融风险控制下的共赢——金融稳定与金融体系的良性运转。

就一国而言,实行分业监管的国家,涉及银行业监管主体、保险业监管主体、证券业监管主体等不同业别监管当局之间的金融监管协调。公平价值要求各行业监管主体树立宏观审慎监管理念和协调监管理念,就涉及其他金融监管部门、其他金融行业的法规政策,积极与其他监管主体的沟通与合作,不应以官僚主义的狭隘部门视野、监管资源优势而无视其他专业监管部门。

就国际层面而言,目前由发达国家主导国际金融监管体系,需要"共同但有区别"的担当。大多数国际金融监管标准,都是相关国际组织(如BASEL委员会、IOSCO、IAIS、WB、IMF)以发达经济体的金融市场为基点、契合发达国家的发展实际设计出台的,因而这些标准对新兴和发展中经济体的金融体系和经济状况而言,欠缺实用性考量。[②] 而以巴塞尔协议为框架的国际金融监管的初衷并非是应对各类潜在的金融风险,而是诞生于美

① 参见阳建勋:《大而不倒、利益冲突与权义平衡——系统重要性金融机构监管制度的法理构造》,载《现代法学》2014年第3期。

② 参见林俊国:《金融监管的国际合作机制》,社会科学文献出版社2007年版,第180页。

国抑制本国商业银行过度放贷的同时限制其竞争对手扩张的狭隘主张。①学者王达指出：现行国际监管协调的缺陷不在技术层面，而在议事规则、治理结果以及实施效率等非技术层面。② 因而混业经营趋势下的金融监管协调，需要发达国家考量发展中国家的金融业成熟度和监管能力等客观情况，以给予必要的宽限期、灵活性调整和技术援助等方式，推进金融监管规则在发展中国家的践行。而发展中国家也需要努力提高在国际金融监管协调中的参与度，特别是国际金融监管标准的制定，同时顺势推进本国金融监管体制改革，对发达国家推出的金融监管举措采取有效应对之策。

二、混业经营趋势下金融监管协调机制的目标

金融监管协调之所以产生，并在近年来愈加引发关注，就在于其与现代人类社会的利益相关性系数大幅升高。特别是在最近的 2008 年金融危机后，对全球运营市场主体的关注，以及危机后监管者对监管套利和监管竞争的关注，推动了金融监管协调的软法系统的显著变化——除了程序方面的协调和趋同之外，更多地转向实体方面的监管协调和趋同。③

而在混业经营情势下，协调目标普遍性程度，是影响监管协调模式和发展潜力的重要因素。④ 因各个国家、地区的经济发展阶段、金融市场成熟度、监管法治水平、文化传统等不同，金融监管协调的目标具体有别。在央行承担监管职能的国家，如德国，其协调目标在于通过协调金融控股公司等混业经营组织体、交叉性金融业务或产品的监管，减少可能的重叠和空白问题，此类国家监管协调的目标比较具体明确。而英国、澳大利亚等国的中央银行，不负有监管职权，金融稳定的维系是协调目标，此类国家监管协调目

---

① 参见王达：《美国主导下的现行国际金融监管框架：演进、缺陷与重构》，载《国际金融研究》2013 年第 10 期。

② 同上。

③ Peterson R. J. Procedural Versus Substantive Coordination in International Financial Market Oversight. ASIL Annual Meeting Proceedings. *American Society for International Law*, 2012, 106 (1), p. 324.

④ Trachtman J. P. Recent Initiatives in International Financial Regulation and Goals of Competitiveness, Effectiveness, Consistency and Cooperation, *Northwestern Journal of International Law & Business*, 1991, 12(2), p. 316.

标的视野则较为宏观。①

(一)首要目标——防范化解系统性风险,维护金融体系稳定

混业经营的风险特性和金融行业的关键核心地位,决定了混业经营趋势下,对金融监管协调更加迫切的需求。对于主权国家而言,金融是国民经济的血脉,是企业的生命所系。自由安全的金融,对企业意味着强大雄厚的资本支持和自由的资本运作,意味着在全球市场分得一杯羹的权重可能性和份额。同时这往往也是国家全球竞争力策略的一部分。而当今全球经济相互依赖、相互渗透的事实,使风险一旦形成,传染疾速,往往全球覆没,无一幸免。2008 年因次贷危机引发的全球金融危机,就已从反面反映了宏观审慎监管对防范系统性风险,维护金融稳定的重要性。宏观审慎监管,揭示了金融体系整体安全与金融单体金融机构稳健之间密不可分的关系,必须将系统性重要金融机构纳入监管视野。因此,金融监管协调的首要目标就在于防范、化解系统性风险,维护金融体系的稳定与安全。

金融稳定,可以从一定意义上解读为秩序。稳定并非完全静态,停滞不前,而是有序运转。博登海默认为,秩序是指自然进程和社会进程中都存在的某种程度的一致性、连续性和确定性。② 而金融稳定所代表的秩序,系社会进程中的"某种程度的一致性、连续性和确定性"。秩序能够为人类行为提供稳定的预期,从而提高行为成功的概率,并减少成本,同时,秩序能把冲突控制在一定的范围之内。③ 换言之,秩序能够对不安全的威胁予以预防和控制。可见,秩序是人类对安全这一基本需求的自然衍生。

稳定的金融环境是金融业发展的前提。秩序是立法的基础性目标,原因就在于秩序为其他目标的实现创造了条件,扫清了障碍。在稳定的金融环境下,金融机构等金融市场参与主体才能有序开展金融活动,提供金融服务。金融混业经营情势下,监管协调缺位,将导致各监管主体各自为政,同一性质的业务接受不同的监管标准。这将扭曲市场机制作用的发挥,造

① 参见许传华、边智群、李正旺:《金融稳定协调机制研究》,中国财政经济出版社 2008 年版,第 227 ~228 页。

② 参见[美]埃德加·博登海默:《法理学:法律哲学与法律方法》,邓正来译,中国政法大学出版社 2004 年版,第 227 ~228 页。

③ 参见何跃军:《风险社会立法机制研究》,中国社会科学出版社 2013 年版,第 135 页。

成社会资源的不当配置，更会产生监管套利、权力寻租等明显违背市场公平法旨的现象。而各个国家金融监管之间不予协调，差异化监管标准就可能导致福利竞相下降的“趋底”，[①]为追逐国际利润，致使监管竞次，金融风险积累。因而加强混业经营情势下监管协调的首要目标，就在于维系金融稳定。

（二）次要目标——科学化协调制度安排，提高金融效率

金融稳定是金融发展的前提和基础，金融监管协调的目标却不仅仅停留在维系金融稳定层面。金融稳定与金融效率是天平的两端，平衡好二者之间的关系，十分重要，不可只执一端。过于强调金融稳定，容易造成金融压抑、社会资本低效配置，导致金融效益低下；而金融效率缺损，也会造成金融不稳定。资本的获得和使用成本更高，进而造就低效金融、不完全市场，产生内幕交易、市场操控等大量问题。此外，金融效率在促进金融稳定的同时，并不会增强周期性。高效的金融系统更不容易受银行业危机、[②]货币危机的影响，[③]同时即便危机发生了，拥有高效金融体系的国家，所受损失也不会太大。[④] 托尔斯·滕贝克（Thorsten Beck）、阿斯利·德米尔古克（Asli Demirgüç-Kunt）和罗斯·莱文（Ross Levine）学者通过对 1980 ~ 1997 年 70 个国家和 47 次危机时期的数据分析发现，危机较少发生在具有如下特征的经济体：更集中的银行系统；对银行竞争和活动更少监管限制；鼓励竞争的国家机构。[⑤] 过于注重金融效率，则会损及金融发展根基：稳定的金融市场秩序。本次金融危机，就是西方国家过于注重效率，过慢的金融监管难以跟进过快的金融自由化所致。

---

① Esty D. C., Geradin D. Regulatory Co-opetition, *Journal of International Economic Law*, 2000, 3(2), p. 235.

② Beck T., Demirguc-Kunt A., Levine R. Bank Concentration and Crises. *National Bureau of Economic Research*, 2003, p. 13.

③ Meissner C. M., Bordo M. D. *Financial Crises*, 1880 – 1913: *The Role of Foreign Currency Debt*. ESRC World Economy and Finance Research Programme, Birkbeck, University of London, 2006, p. 158.

④ Blejer M. I. Economic Growth and the Stability and Efficiency of the Financial Sector, *Journal of Banking & Finance*, 2006, 30(12), pp. 3431 – 3432.

⑤ Beck T., Demirguc-Kunt A., Levine R. Bank Concentration and Crises. *National Bureau of Economic Research*, 2003, pp. 21 – 22.

金融监管协调制度系确保金融效率的重要基础制度设施。由科斯第二定理推出结论:[①]差异化的资源配置效率,起源于差异化的产权制度和法律制度。[②] 康芒斯(Commons)认为,法律、经济、伦理是现代社会的利益协调方式,在这中间,最为关键的当属决定着社会的经济发展的法律制度。[③] 可见,制度作为社会资源分配的方式,影响着经济发展的量与质。金融监管协调属于法律制度的范畴,在协调混业经营中多元复杂的各种利益方面发挥着至关重要的作用。新制度经济学就将制度看作是经济发展的内生变量,认为有效的制度可以降低交易成本,减少经济行为的负外部性,为人们提供公平竞争的环境和长期有效的激励机制。[④]

金融监管协调通过对监管主体职权分工与制衡、信息收集与共享、监管行动一致性,以及国际监管协调等科学化的制度安排,减少了无序监管、重复监管和监管真空,增强了防范、化解系统性风险的整体有效性。而在危机发生时,联合行动的及时采取,避免了危机无序蔓延,进而为金融发展创造了环境。另外,监管协调下的金融主体之间的竞争更加有序、公平。金融主体拥有较为充分的金融创新自主权,因而更能推动金融制度、业务、组织等方面的创新,产生超越现有金融工具和金融体制的潜在利润,创造更大的金融福祉。

第四节 混业经营趋势下金融监管协调机制面临的挑战

时移势易,制度是现实的产物,现实塑造着制度。建立在分业经营基础

---

① 科斯第二定理是指在交易成本大于零的现实世界中(TC>0),由于交易成本的存在,产权初始分配状态不可能通过无成本的交易向最优状态变化。科斯的原话为:"一旦考虑到市场运行的成本……合法权力的初始界定就会对经济制度的运行效率产生影响。"参见冯玉军:《法经济学范式》,清华大学出版社2009年版,第216~217页。

② 参见方福前:《公共选择理论——政治的经济学》,中国人民大学出版社2000年版,第45页。

③ 参见王东京、赵建军:《领读经济学名著》,中国青年出版社2013年版,第148页。

④ 参见袁成:《经济转型与发展研究——中国保险监管制度研究》,南京大学出版社2011年版,第39页。

上的金融监管协调机制，往往体现为国际层面上，就某一具体金融行业、金融业务的监管所开展的各种双边、多边的协调安排，比如2015年10月21日，中国银监会与英国审慎监管局PRA，双方签订《双边监管合作谅解备忘录》。[①] 再如，巴塞尔银行监管委员会就银行业的监管发布的一系列指引文件——巴塞尔协议Ⅰ、Ⅱ、Ⅲ，同时组织多次国际银行业监管会议，促进银行业国际监管的协调一致化。监管对象和监管内容较为明确纯粹，如商业银行基本不涉及投资银行业务和保险业务，这决定了分业经营情势下的金融监管协调，相较混业经营金融监管协调更为简略的框架和内容。

混业经营给金融监管协调带来了新的挑战。在混业经营形势下，金融监管协调面临更为复杂多样的监管对象和监管内容。已有的监管协调难负其荷，现实的金融发展需求——跨业别的金融业务、金融产品和金融组织体，需要新的监管协调制度安排。金融监管协调的最终走向，国内应是功能监管和宏观审慎监管的结合，而国际层面则应是全球化监管和区域化监管的结合。在当下分业经营向混业经营发展的过渡阶段，也注定了金融监管协调制度的过渡性和发展性。混业经营情势下的金融监管协调制度，所涉范围较为广阔，体系庞大，有诸多可资研究领域。限于时间、精力和能力所限，本书试图探究分析混业经营趋势下金融监管协调机制中比较突出的四个问题：金融监管机构的职权分工与制衡问题、金融监管信息的征集与共享问题、金融监管行动一致性问题和金融监管国际协调问题。

一、混业经营趋势下金融监管机构的职权分工与制衡问题

混业经营给金融监管协调机制带来的挑战之一就是冲击了现有的监管权力结构体系。而制度、机构一旦形成，就有了自己的生命和运转逻辑，与其创设者的原初意旨和控制相脱离，循着惯性，不断进行自我复制和发展，并对阻碍力量予以反击。因此，制度、机构的自我更新和调适的实现，无法依靠内生力量，只有危机等外在压力才能倒逼改变。对于金融监管权力体系来说，也是如此。

---

① 参见银监会：《中国银行业监督管理委员会2015年报》，载http://zhuanti.cbrc.gov.cn/subject/subject/nianbao2015/11.pdf.，2016年4月1日访问。

混业经营冲击了原来各个金融监管当局各自为政的监管权力体系。一方面,混业经营导致金融监管权力更容易发生积极冲突(监管重叠)和消极冲突(监管空白),引发监管竞争和监管套利。跨越银行业、保险业、证券业的金融创新产品、业务层出不穷,如银行代销保险产品、投资型保险、股票质押贷款等。而这些领域往往也是监管权力的冲突地带,证监会、银监会和保监会等监管部门,往往以本部门利益为出发点,容易造成监管冲突,引发监管竞争和监管套利。另一方面,混业经营的国际化,进一步冲击了各国之间相互封闭的监管格局,即由金融主体的国际化和监管分散化产生的监管罅隙。金融集团复杂的业务层次和风险结构,使监管更加困难,挑战形势严峻,尤其是对国际分散的监管体制而言。① 例如,我国经国务院批准的中信控股公司和平安控股公司的跨行业经营模式下,母公司与子公司之间的内部资金流动、风险的转移、财务状况的变化等都会涉及跨行业。② 在混业经营趋势下,各监管部门不能再局限于自己的"领地",在维系金融稳定、促进金融效率的共同目标下,需要与其他监管部门协调,分享监管权力。

然而,"一切有权力的人都容易走向滥用权力,这是一条千古不变的经验,有权力的人直到把权力用到极限方可休止","绝对的权力导致绝对的腐败","从对事物的支配来看,要防止滥用权力,就必须以权力约束权力",③孟德斯鸠之语仍响彻耳边。因此,权力必须被限制并平衡。金融监管协调作为一种监管权力的安排,需要明确得当的分工和相应的权力制约安排,才能发挥最大效益。英国国民西敏士银行系协调式的监管体制,后来该银行发生了巨额亏损,低效协调监管可能造成的危害,可见一斑。西敏士银行作为交易商,多次购买囤积大量股票伺机抛出,以牟取暴利。而彼时英国的多头式分业模式是当时的监管体制,协调机制尚未搭建,因此,各个监管部门的表态经常发生矛盾,也就不足为奇了。就西敏士银行的股票囤积

---

① 参见陈启清:《全球化背景下的国际金融监管合作研究》,中共中央党校出版社 2009 年版,第 96 页。

② 参见刘卫东、晏艳阳:《完善我国金融监管协调机制的思路》,载《现代经济探讨》2009 年第 6 期。

③ [法]孟德斯鸠:《论法的精神》,孙立坚等译,陕西人民出版社 2001 年版,第 183 页。

行为，贸工部表态为严控，证券管理部门则默许。[1] 最后导致高达5000万英镑（折合8140万美元）的巨额亏损。

混业经营趋势加深了金融国际监管真空、发达国家主导监管规则的困境，对管辖权和监管标准提出了新的要求。混业经营的冲击范围已冲出国界，因而金融监管协调也要国际化。尤其是当下，金融产品离岸交易和网络化交易的蓬勃发展，更是加剧了金融业风险的跨国传递，使得国际金融监管真空的危险进一步加大。此外，剖析当下的金融监管国际协调制度可以发现，当下的金融监管制度更多是发达国家的需求，与发展中国家的需求不相适应。换言之，当下的监管制度供给主要满足发达国家对金融监管国际协调机制的需求，而非发展中国家。这就容易产生监管盲区和风险潜伏的洼地，而在全球资本链条化的今天，发展中国家的金融风险也极易成为全球性的金融祸患。而金融监管国际协调中的监管职权分工与制衡问题，更多关注管辖权和监管标准。各式各样的单边、区域、多边的努力都旨在解决金融国际化和金融监管国别化不匹配问题，其中之一就是监管范围问题。[2] 然而它们之间的监管规则并不和谐统一。国际金融监管协调制度，需要各个国家、地区，让渡部分金融主权，从最低限度协调做起，积累监管协调的经验，构筑国际金融稳定的大厦。

二、混业经营趋势下金融监管信息征集与共享问题

信息是金融市场有效运行的关键，因为金融市场价格（利率、汇率、股票价格和商品价格等）风险遍布。而金融监管反映了这一事实。对投资者而言，信息是具有经济价值的资源，关系着投资决策。金融法律安排通过三种方式向投资者（信息）公开：控制对金融信息有专长者；要求出版关于证券市场价格的书刊；禁止内幕信息为前提的交易。[3] 而“金融机构的风险甄

---

① 参见罗嘉：《我国金融监管协同机制研究》，经济科学出版社2013年版，第104～105页。

② Trachtman J. P. Recent Initiatives in International Financial Regulation and Goals of Competitiveness, Effectiveness, Consistency and Cooperation, *Northwestern Journal of International Law & Business*, 1991, 12(2), pp. 310－311.

③ Bradley C. M. Information Society Challenges to Financial Regulation, *University of Toledo Law Review*, 2006, 37(2), p. 309.

别能力,归根结底是数据的收集、分析和判断能力”。[①] 同理,有效的金融监管,必然是建立在数据信息基础上的风险甄别、控制能力。因此,获取及时、准确、完整、真实的金融业务、金融机构和金融市场信息,对于监管者作出有效的监管决策——风险甄别和控制——至关重要。为了提升经营行为的自由度,减少被干预可能性,金融主体倾向于不对监管部门披露信息。[②] 因此,需要加强金融信息的征集与共享,而金融信息关系着金融效率。衡量市场信息的一个重要指标就是市场透明度(关于成交价格,出价,交易指令和交易规模,以及其他市场变量经常被集合称为“市场透明度”)[③]。一般情况下,市场透明度越高,资本配置效率就越高。金融信息征集与共享既是防范化解金融风险、实现金融稳定的需要,也是提高金融资本配置效率、提升金融效率的需要。

混业经营趋势下,金融监管当局面临更为严峻的信息不对称问题。随着金融全球化和“互联网 + ”时代的到来,跨国、跨市场的金融信息传播速度加快,金融监管当局的信息不对称程度加剧。而金融信息的获取程度制约着金融监管的有效性程度。而在跨业金融创新日益蓬勃的今天,降低信息不对称程度目标的实现,在金融新发展加剧了这一状况的背景下,需要在金融产品和服务的生产或创新环节中,消除监管空白和监管真空。[④] 庞德(Roscoe Pound)曾言:法律应该是稳定的,但不能停止不前。法律不是一成不变的,监管体制也一样。一国的经济金融的发展与开放进程,决定了该国监管体制模式的选择,而在面对混业经营时代日益复杂化的金融创新时,不管监管体制如何选择,都应对风险全覆盖。

但囿于监管权限、部门利益和金融主权的考量,各个金融监管主体之间的监管信息往往处于“有限不外流”状态。在混业经营和金融全球化形势下,金融监管信息的征集与共享该如何改观,值得探究。例如,金融联合论

---

① 陈龙:《如何理解“互联网 + 金融”》,载 http://www.cnfinance.cn/magzi/2015-05/04-21420_2.html,2015 年 5 月 5 日访问。

② 参见范方志:《金融监管、信息不对称与道德风险》,载《宁夏社会科学》2009 年第 6 期。

③ Brown-Hruska S., Ellig J. Financial Markets as Information Monopolies, *Regulation*, 2000, 23(3), p. 30.

④ 参见廖岷:《从美国次贷危机反思现代金融监管》,载《国际经济评论》2008 年第 4 期。

坛,其主要工作之一就是研究通过哪些手段与方法,能够维系监管者对金融集团信息的可获得性,提升各国监管者间信息交流的实效。1999 年 2 月公布的《多元化金融集团监管的最终文件》中,就有主题为不同监管者之间的信息交流的原则文件,对银行、证券、保险三大监管部门之间交流信息,给出意见。① 近年来,针对金融危机和混业经营趋势,是否有新的发展,值得探究。

在混业经营和 2008 年金融危机驱动下,由美国推广的旨在整合金融信息的法人识别代码系统(LEI),其具体操作模式,实践和推广情况,面临怎样的规则公平问题、司法体制问题等,有待探究。由金融创新过度引发的本轮金融危机,促使美国痛定思痛,改革本国金融监管体制。但美国在寻求系统性金融风险防范方式时,以收集、整合金融数据为切入点,而非仅仅对过度创新予以控制,故推出 LEI 系统。该系统通过将数字化身份识别码唯一分配给参与金融交易的法人,同时将数据报送准则予以标准化。就报送主体而言,包括所有在美境内参与金融交易的法人。金融监管部门和各金融交易主体,随时可以通过 LEI 系统,对有关交易方予以查询了解。② 而宏观审慎监管和政策决断都是由经济研究推动的,因此,对行业数据的收集和适当分析对决策具有直接影响。学者宝缇嘉、鲍威尔认为,通过 LEI 系统的实际运用,能够推动更有效的监管体制和更富有智慧的政策。③ 无疑,该系统的推出,有助于解决各国信息统计标准不一、信息重复收集等问题,同时提高金融市场的透明度。在全球视野下,提供 LEI 这样一个"公共物品",毕竟是解决金融监管信息征集与共享问题的一个有益尝试。但也存在美国主导国际标准,新兴国家积极性不高、各国司法体制不一等问题。

三、混业经营趋势下金融监管行动一致性问题

徒法不足以自行,金融监管协调制度也是如此。尤其是在混业经营形

---

① 参见祁敬宇、祁绍斌:《全球化下的金融监管》,首都经济贸易大学出版社 2011 年版,第 151 页。

② 参见王达、项卫星:《论国际金融监管改革的最新进展:全球金融市场 LEI 系统的构建》,载《世界经济研究》2013 年第 1 期。

③ Bottega J. A., Powell L. F. Creating a Linchpin for Financial Data: Toward a Universal Legal Entity Identifier, *Journal of Economics and Business*, 2012, 64(1), p. 109.

势下,单个金融监管主体对金融市场的影响愈加有限,而其监管效果的实现愈加依赖其他监管机构的配合。因此,要确保监管的高效运行,监管行动的协调必不可少。

混业经营形势下的监管行动协调主题,不同于分业经营时期。分业经营时代,监管行动的协调,在国内层面更多停留在中央与地方的监管机构之间,强调监管规则、监管步伐的同步性。在国际层面,则是不同国家、地区间关于具体金融行业、金融业务的双边、多边的监管协助安排。从总体上看,监管行动协调多局限于单个金融行业。如中国证监会于 2008 年 9 月 27 日、10 月 23 日和 30 日分别与迪拜金融服务局、爱尔兰金融服务监管局及奥地利金融市场管理局签署了《证券期货监管合作谅解备忘录》,以加强双方在证券(期货)领域的监管交流合作、促进各自本国资本市场的健康发展。①

同时,监管协调的内容也不同于分业经营时期。混业经营对协调监管行动的内容,提出了革新要求,包括:(1)金融机构市场准入与新业务。对跨市场的金融主体的市场准入和跨业金融业务或产品的审核。(2)联合检查。当金融主体须接受两个或两个以上监管机构检查时,可以联合开展对某一金融机构或金融业务的检查。(3)危机处理。混业经营趋势下的危机处理,则需要多个金融监管当局,依据整个金融市场形势判断,以金融监管信息和监管手段为依托,协商对策。(4)人事培训与交流。需要复合型的监管人才,减少信息不对称,提高监管认识和监管行动一致性。

混业经营的发展需要更加一致性的金融监管行动,以促进混业创新,防范混业金融风险。一方面,混业经营需要一致性的监管行动,为激发金融创新,提供宽松的政策制度环境。分业监管体制下,监管者对其监管范围内的市场风险过于谨慎,对金融机构干预过多,对市场业务监管过死。此时金融创新除了高昂的研发成本外,还要背负沉重的创新产品审查成本,致使金融

① 参见证监会:《中国证监会与迪拜金融服务局、爱尔兰金融服务监管局及奥地利金融市场管理局签署〈证券期货监管合作谅解备忘录〉》,载 http://money.163.com/08/1230/13/4UDP312300251OFT.html,2015 年 5 月 5 日访问。

创新乏力。[①] 混业经营需要一致性的监管行动,将金融创新的监管约束一致化,降低金融创新的守法成本。

另一方面,混业经营引发的金融风险愈加复杂,更加需要一致性的监管行动开展风险防范和危机救助,实现国际公平。金融活动的全球化和金融监管的国别化之间的不匹配决定了金融监管协调的必要性。而混业经营通过金融控股公司和金融交叉性产品的创新,进一步加剧了不匹配程度。2008 年的金融危机更是凸显了分散式国家金融监管框架的弱点。此外,出于维护本国金融稳定的考虑和必须对本国纳税人负责的逻辑,单个国家或地区出台的金融监管政策的溢出效应,往往会殃及其余有经济关联的一些小国。例如,"由于无法获得其他欧盟国家的援助,冰岛面临国家破产,被迫向俄罗斯借债度日。"[②]而监管行动在各个金融市场上保持一致性,形成联动机制,则可及时消除金融机构局部市场投机行为的诱因,从而防范金融风险。

同时,混业经营趋势需要监管者从全局利益角度联合行动,维系国际层面的金融公平。例如,2008 年危机后的欧盟金融监管改革内容之一,系三大监管局(ESAs)的紧急行动权。当一国监管当局遭遇某些特别的危急情形时,自身无法抗衡跨境金融风险时,ESAs 有权力要求多国监管者参与联合行动。此外,若一成员国监管机构对联合行动的要求,不予合作或持有异议时,该成员国可以向 ESAs 提出请求,就该争议予以解决。[③]

四、混业经营趋势下金融监管的国际协调问题

首先,混业经营对金融监管的国际协调提出了新的要求。金融全球化和混业经营的发展使金融监管的国际协调与国内金融监管的关系,愈加密切,相互依赖度提高。随着金融全球化、混业经营的发展,越来越多金融活动已越出国境。而监管囿于主权所限,往往局限于一国之内。对于域外金融监管有心无力。而金融监管扩张性是与金融活动的扩张性相匹配、相适

① 参见刘夏、蒲勇健、陈斌:《混业经营模式下的有效金融监管组织体系研究》,载《金融研究》2005 年第 9 期。

② 张孟霞:《论欧盟金融监管改革与启示》,载《政治与法律》2011 年第 5 期。

③ 同上。

称的。国际金融市场化的进程和金融业内部的结构变化，使国内金融监管面对金融交易的全球化，捉襟见肘，其在国际层面的自然演绎和升级，就是金融监管的国际协调。另外，国际监管协调的基石和着眼点是国内金融监管，后者提供了"原料仓"，包括实践经验、制度建设、协调的模式与方法。前者通过提炼、培育、完善等一系列的加工，就可以运用于国际层面的协调实践。混业经营的发展，使国家之间的经济金融关系日益紧密，因而需要更加紧密的国际金融监管协调。

其次，混业经营给金融监管国际协调带来了更大的挑战，特别是如何在维系金融稳定的同时不致压抑金融效率，以及如何在各国存在监管差异现实下，减少监管套利。其一，混业经营情势下的金融风险更加复杂，金融监管国际协调维护金融稳定和金融效率使命更加艰难。无论是金融业务活动的活跃度，还是金融产品的复杂系数，相较以往，都呈大幅提高的趋势。与此同时，混业经营也加剧了金融主体之间的风险和危机方面的连锁反应，使金融体系的脆弱性更高。在此情况下，金融监管协调面临严峻的考验，如何在确保金融安全的基础上保证金融效率，是摆在金融监管国际协调面前的一大难题。其二，混业经营情势下，防范监管套利更加困难，但同时也给国际金融监管更强的协调动力。各国监管碎片化为监管套利创造了条件，使金融主体在不同的监管部门和不同的监管标准间，可以自主选择。① 可见，监管套利的滋生，源于差异化的监管制度。② 其一，从金融主体角度来看，通过对各国监管者监管竞争或真空的利用，金融主体实现套利的同时，可能导致跨国金融风险的累积。而这将有损金融安全与稳定，需要金融监管的国际协调。其二，从监管主体角度看，监管主体的合法性需要通过监管市场份额的保持，以确保本身存在的合理性，同时也符合其部门利益。从这个角度分析，各国监管者也倾向监管国际化。因此，监管国际化，可以看作是各国监管者在应对自身监管权力出现危机时，引发的自发性应急反应。换句话说，各国监管当局不得不进一步促进监管行动和监管决策等方面的协调，

---

① Macey Jonathan R. Regulatory Globalization as a Response to Regulatory Competition, *Emory Law Journal*,2003,52(3),p.1356.

② Scott K. E. The Dual Banking System: A Model of Competition in Regulation, *Stanford Law Review*,1977,(13),p.13.

以应对金融主体在全球环境下的“逐一冲击”模式下的运动式套利行为。①

最后,金融危机的发生,则给金融监管国际协调带来了新的发展契机。第一,金融危机的破坏力,缩短了国家之间达成“合作,合作”博弈的时间,促成当今混业形势下的国际金融监管协调。两个国家之间的金融监管博弈简易矩阵图如下:首先,“合作,合作”策略,由于本次危机的灾难性后果,其触发时限得以大幅缩减,减少了多次博弈的时间长度。就博弈在两个国家可能引发的策略选择结果,详见下表。

两个国家(国家 X 和国家 Y)的博弈简易矩阵表

项目	国家 Y(合作)	国家 Y(竞争)
国家 X(合作)	(合作,合作)	(合作,竞争)
国家 X(竞争)	(竞争,合作)	(竞争,竞争)

资料来源:根据赵然《金融危机背景下的金融监管国际合作》制作,2015 年 4 月。

在两国之间的一次监管博弈中,容易出现囚徒困境。即每一个国家都从自身利益角度出发,选择竞争策略,而非合作策略。因为选择合作的首发国家,在针对不予合作的相应制裁机制缺位时,可能遭致损失。虽然,两个国家都选择合作时,对两国来说,是最佳结果。概言之,“囿于各国保守理性的选择,总体最优结果难以实现。”②而在长期多次博弈中,从多次博弈中获取了信息,包括双方合作最优、一方不合作招致惩罚等,最终双方会达致“合作,合作”博弈结果。在当下的国际金融环境中,各个国家或地区基本都处于长期多次博弈的过程中。而金融危机的传导作用所致的危害,给监管当局一个新的激励,触发“合作,合作”博弈结果发生。同时,博弈双方出于理性人考虑,在国际性监管协调组织居间调停下,也会更加倾向选择合作策略。博弈中,由于多次博弈的发生,两个国家一方面认识到博弈的长期性,而“竞争,竞争”对于本国利益而言,可能并非最佳策略。另一方面是博弈的长期性,也使制裁机制具有构建和实施的可能性(如监管国际协调组织),从而避免先选

---

① Macey Jonathan R. Regulatory Globalization as a Response to Regulatory Competition, *Emory Law Journal*, 2003, 52(3), p, 1377.

② 赵然:《金融危机背景下的金融监管国际合作》,河南人民出版社 2013 年版,第 153 页。

择合作一方的不利。可见,长期性多次博弈有助于促成"合作,合作"。

第二,金融危机和混业经营要求金融监管国际协调更具包容性,提高新兴和发展中经济体的参与度。以往的国际金融监管,从主题的提出、磋商至确定,再到微观层面监管规则的制定等事项,发达经济体的均扮演着主要角色。当前的金融监管国际协调,之所以更加强调新兴和发展中经济体的参与,背后的两大动力是2008年的金融危机和混业经营——维护国际金融稳定,需要全球性的参与。① G20在金融危机后召开了十一次峰会。② 在第十一次中国杭州峰会公报中指出:对于可持续增长和发展而言,"构建一个开放且具有抗风险能力的金融体系"提供支持至关重要,特别是宏观审慎监管政策的完善,及时提炼核心要素和良好实践,指引各国政策制定。同时,注意金融业稳健标准的修订及对金融体系中新风险和脆弱性的监测和应对举措。③

本章小结

本章内容作为本书的起点,对混业经营趋势下金融监管协调所涉及的基础理论进行了阐述,并对所涉基本问题作出了初步分析。混业趋势下的金融监管协调,不同于分业经营时期的经济背景,具有更广泛的存在性、更多元的参与主体、更为一致的目标、更具发展性的协调内容。这一切从经济金融发展的现实视角考察,是混业经营激化了金融监管国别化与金融活动国际化之间的矛盾,而金融"触网"加剧了风险的传染和升级。同时,这也是包容性国际金融监管的大势所趋所造就。从理论上,外部性理论、制度变迁理论和全球治理理论为金融监管协调的学理支撑。混业趋势下的金融监管协调,在内

---

① 参见刘东凯、陈寅:《胡锦涛抵达墨西哥洛斯卡沃斯出席G20第七次峰会》,载http://news. hexun. com/2012-06-17/142555614. html,2015年5月7日访问。

② G20峰会是1999年9月25日由八国集团的财长在华盛顿提出的,目的是防止类似亚洲金融风暴的重演,让有关国家就国际经济、货币政策举行非正式对话,以利于国际金融和货币体系的稳定。载http://baike. haosou. com/doc/5450986-5689356. html#5450986-5689356-15,2015-05-07。

③ 参见《二十国集团领导人杭州峰会公报》,载新华网:http://news. xinhuanet. com/world/2016-09/06/c_1119515149. htm,2017年4月8日访问。

容方面，是传统分业形势下金融监管协调的升级和扩展，同时，在职权的分工与制衡问题、信息的征集与共享问题、监管行动一致性问题、国际金融监管协调问题等方面，面临着新的挑战。挑战的另一面是机遇，是新的发展契机。金融监管协调在混业经营的洗礼下，需要保持监管的相对独立性原则、公平原则、比例原则和平衡监管竞争与监管合作原则。而具体到各个国家或地区，则可以他国实践经验为参照，发掘背后的经济现实与监管制度博弈的一般性规律，投影本土现实，进行制度构建。同时，以国际监管协调为辅助，求同存异，以安全、公平和效率为价值导引，促进本国、本地区和国际社会金融体系稳定、金融效益提高目标的实现。

第二章　混业经营趋势下金融监管机构的职权分工与制衡机制

权力背后是调动资源的特权。为约束权力,有软性的道德,也有刚性的法律。囿于人性的贪婪和脆弱,法律逐渐成为现代社会限制权力的主要手段。西方政治社会的构架,更是以权力平衡权力,实行三权分立,以防“一权独大”。实践证明,只有良好的权力分工设计和监督机制,才能更好地驯服权力这头怪兽,为社会谋福祉。在金融监管协调中,监管权力的分工与制衡也非常重要,这是金融监管有效开展的基础,更是实现金融稳定和金融效率目标的制度支撑。混业经营的发展,导致监管权力冲突,使金融监管机构职权分工与制衡问题更加突出。鉴于此,本章首先分析金融监管机构分工与制衡问题的根源及对金融安全和金融效率的影响,然后介绍美国、澳大利亚的监管机构的职权分工与制衡模式,并结合制度变迁理论和历史文化背景予以评析,以探寻适合我国的监管职权分工与制衡模式。

第一节　混业经营趋势下金融监管机构的职权分工与制衡问题的根源与影响

当下金融监管低效的一个重要原因就是各监管机构权力行使的边界不清晰,导致积极或消极的监管冲突。监管权力的积极冲突表现为监管重叠(重复),而监管权力的消极冲突则表现为监管漏洞(真空或空白)。在此情况下,就会出现监管错位、监管缺位,以及监管弱效。然而,金融行业不同于其他社会行业,金融作为现代社会经济的核心和血脉,一旦金融危机出现,将有可能引发整个国家或世界的经济危机。导致2008年金融危机,并进而演变成世界范围内的经济危机的,就是美国的次级抵押贷款这一金融工具的失败。囿于金融的传导性和金融系统的脆弱性,如果监管协调不到位,日常监管频现漏洞、冲突,无疑就埋下了他日金融风险爆发的定时炸弹。因此,对于提升监管有效性和监管目标实现而言,职权的分工和制衡问题在监管领域至关重要。

一、混业经营趋势下金融监管机构的职权分工与制衡问题的根源

金融监管职权分工不明、制衡不到位问题的产生,有着深刻的制度背景和社会现实土壤。以下以监管主体为参照,分别从外部和内部两个维度,深入探析。值得注意的是,这两个因素并不是单独存在并影响职权分工的,往往是以下两个因素同时作用,使得职权分工问题日益突出。

(一)外部探因

从监管主体的外部环境角度,包括金融监管法律制度设计、金融业发展模式的变迁(特别是金融创新)、监管者与被监管者之间的关系等,探寻金融监管职权不到位问题的根源。

第一,在金融监管法律制度中,多元化的金融监管主体、交叉性金融监管职权的安排情势下,监管协调制度的缺位,从而导致监管职权冲突,这在混业经营趋势下更加突出。例如,美国“双层多头”的金融监管体制(见下图),金融由大量监管者负责,他们职权重复,并时有冲突,监管过度和监管

不足同时存在。

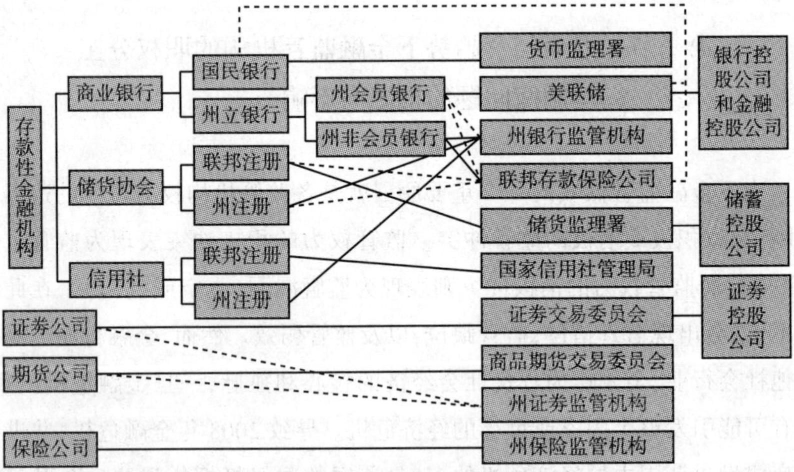

注:①黑色实线为主要监管机构,蓝色虚线为辅助监管机构。

②资料来源:卜永祥:《金融监管体制改革研究——国外现行体制比较》,2017年4月。

美国2008年危机前的金融监管框架图

在联邦层面,金融危机前就有5个银行监管者:美联储监管在州政府注册的会员商业银行、银行持股公司、外国银行在美分支机构等;而在联邦注册的国民银行,则由货币监理署负责发放执照并予以监管;储蓄监理署监管在联邦注册的储贷协会;[①]信用社管理局监管在联邦政府注册的信用社;联邦存款保险公司监管在州政府注册的非会员商业银行。此外,还有1个债券市场监管者——财政部,2个金融市场监管者:证券交易委员会和商品期货交易委员会,50个州银行监管者,50个州证券监管者,50个州保险监管者,还有许多准政府自律监管组织。在这种情况下,单个金融机构需要接受监管目标和监管结构完全不同的4~5个监管部门的监管。[②] 而如果州银行加入了美联储或联邦存款保险体系,则受到美联储或联邦存款保险公司

① 2010年7月,美国通过《多德—弗兰克华尔街改革和消费者保护法案》,重塑金融监管架构,储蓄管理局被撤销,将其大部分职能并入货币监理署。

② Jonathan Burks. Improving International Policy Coordination in the Wake of the Financial Crisis, *Journal of Public and International Affairs*, 2009, 20, pp. 144 – 145.

的监管,由此州银行就存在联邦与地方两级监管。[①] 尽管各个金融监管机构互有分工,各负其责,各有其监管范围、手段和重点,但各机构之间也存在明显的交叉重叠。

美国混业经营的主要组织形式演变为金融控股公司,是在 1999 年《金融服务现代化法案》通过后。伞形监管制度,因此构建以监管这一新型的金融组织体。美联储从整体上监管金融控股公司,位于最高层。而根据金融控股公司经营业务的种类分别接受银行业监管机构——货币监理署和联邦存款保险公司、保险业监管机构——州保险监理署、证券业监管机构——证券交易委员会等分别进行功能监管,构成伞形监管的伞骨。但这种监管体制的调整并非实质性的,仍然是分业监管。虽然有美联储对功能监管者的限制性监管和监管协调,现实中监管冲突还是时有发生。

因此,为避免权力集中化导致的行政垄断、权力寻租,多元化的监管赋权设计,在造就监管竞争、监管制约等"利好"之外,也存在监管重叠这一监管权力积极冲突的弊病。囿于金融活动的链条式结构,金融交易每个环节的安全,并不等于整个金融流程的安全无恙。在缺乏金融监管协调的制度环境中和混业经营形势下,监管重叠、监管争议时有发生。然而,缺少"负责人"及时有效处理,同时也无"负责人"从金融产品或金融活动的整个过程着眼,布置风险点的防控和预警,从而无法有效防范系统性风险。

第二,混业经营等金融创新与时俱进,金融监管不能及时补位,出现监管漏洞。金融现实与金融监管的不相匹配,是社会实践与法律制度动态博弈的必然过程。社会派法学家埃利希(Ehrlich,Eugen)曾言:法的发展的重心不在立法、法学或判决,而在社会本身。[②] 德沃金也曾说:法律一种不断完善的实践,虽然可能因其缺陷而失效,甚至根本失效,但它绝不是一种荒唐的玩笑。[③] 这都在一定程度上揭示了法律源自社会这一重要关系。金融

---

① 参见黎四奇:《我国银行法律制度改革与完善研究》,武汉大学出版社 2013 年版,第 156 页。

② 参见[奥]尤根·埃利希:《法律社会学基本原理》,叶名怡、袁震译,江西教育出版社 2014 年版,第 413 页。

③ 参见[美]罗纳德·德沃金:《法律帝国》,李常青译,中国大百科全书出版社 1996 年版,第 40 页。

监管作为法律构成的一部分,是社会经济现实的反映和要求,需要不断完善跟进金融创新,才能发挥其规范作用与社会作用。

然而,法律本身的稳定性,对秩序的维护,以及保守的品质,导致法律总是滞后于社会现实。就金融领域而言,金融创新蓬勃不息,特别自混业经营大潮以来,各种交叉性金融产品、金融业务层出不穷。然而与之对应的却是回应以往金融现实创设的法律基础设施:分业经营,分业监管。无疑,这与跨市场、跨业别的金融产品、金融业务极不匹配。在金融监管现实中,分业监管架构使监管者往往有心无力,监管冲突、监管真空频现。对于金融创新,金融监管的一般态度是"静观其变",然后根据其风险点、业务特征、法律关系,以及社会发展目标等予以规范。在鲜活的金融创新与相应的金融监管法律出台之间的空档期,可以看作人类社会发展进步的崭新机遇,一味守成,人类今天有可能仍茹毛饮血。金融创新在金融发展史上具有至关重要的地位和作用,"在盈利动机的驱动下,适度、可控的金融创新是优化资源配置效率的关键。"①然而如何有效把握"适度、可控"极富挑战,既要鼓励、保护金融创新,又要将金融风险防控在一定范围之内,不致影响整个金融体系,这是对金融监管智慧的考验。把握不好,在金融发展现实中,金融创新与金融监管之间的"无法无天"空隙,往往就会成为风险滋生的摇篮。而本次金融危机的教训之一就是金融监管体系的真空地带无法对金融创新形成有效监控。② 同时,也有学者认为这场危机证明了有效市场假说在一定意义上的失败,暴露了市场原教旨主义作为公共政策驱动力的荒唐,同时也显示了传统金融理论在解释现代市场的复杂性和金融创新本质及节奏的失败。③ 而伯南克(Ben S. Bernanke)似乎对危机到来也有感应。在2007年5月15日在亚特兰大金融市场会议中,伯南克发表演讲指出:金融创新虽然可以造就大量社会福利,更好地分散风险等,但是金融创新的某些方面——如金融工具和交易策略的复杂化,某些工具的非流动性及潜在非流

---

① 张红力:《金融与国家安全》,载《中国金融》2015年第10期。

② 陈磊:《基于不完全契约的表外融资研究》,中国时代经济出版社2013年版,第202页。

③ Awrey D. Complexity, Innovation, and the Regulation of Modern Financial Markets, *Harvard Business Law Review*, 2012, 2(2), p. 235.

动性，明显或潜在的杠杆率，有可能引致重大风险，而这些风险不容小觑。[①]

金融创新，只是转移或分散了风险，并未减少或消除风险。因此，囿于金融创新的风险特性和引发危机的“前科”，金融的创新发展应适度、可控。当下新兴的跨市场金融产品、金融业务，突破了原来壁垒森严的业别限制，往往关联了银行、证券、保险、信托等多个金融领域。而此时有效的监管法律法规的缺位，各个监管机构权责不清，协调安排缺位，就会导致监管冲突和监管真空。在监管现实中，往往是“部门利益为王”，如果监管创新业务，能够契合、增加本部门利益，就会积极监管，造成监管重叠。但如果监管创新与部门利益相左，监管部门之间就会相互推诿，从而出现监管真空地带。而美国针对银行控股公司直至金融控股公司监管的发展历程，就可视作针对混业经营创新导致的监管漏洞不断弥合的历程。

美国在经历了20世纪30年代大萧条后，格外关注风险。先后通过实施了《1933年银行法》《1933年证券法》《1934年证券交易法》《1940年投资公司法》等，建立起分业经营、分业监管的制度架构。此后不久，产生了为突破对银行跨州经营限制的金融创新——银行控股公司，一时成为规避分业经营限制的有力武器。至1956年，美国共有53家银行控股公司(BHC)，“各类银行存款276亿美元，资产占美国商业银行总资产的1/8。”[②] 1956年通过的《银行控股公司法》，则是鉴于当时BHC的发展规模及其引致风险，该法规定了BHC注册机构和监督主体均为美联储。

此后，1980年，国会通过的《放松管制和货币管理法》，放松对BHC业务经营和金融交易的限制。1994年通过了《跨州银行法》等，则突破了对商业银行涉足保险业务的限制等一系列法律法规支持混业经营。到20世纪90年代，美国67%的商业银行通过BHC方式设立了61997个分支行，共有BHC近7000家，其资产规模约占全美商业银行总资产的90%。[③] 此时，

---

① Bernanke B. S. Regulation and Financial Innovation. *Speech to the Federal Reserve Bank of Atlanta's* 2007 *Financial Markets Conference on Credit Derivatives: Where's the Risk*, 2007.

② 郑丽：《金融创新与金融监管的动态博弈——兼论对我国金融监管的启示》，载《财经论丛》2006年第4期。

③ 参见郑丽：《金融创新与金融监管的动态博弈——兼论对我国金融监管的启示》，载《财经论丛》2006年第4期。

BHC 进一步演化发展，成为以花旗集团代表的从事全能金融业务的金融控股公司。1998 年 10 月 8 日，花旗集团经过美联储系统的特别批准，正式成立。1999 年颁布的《金融服务现代化法》，对 BHC 予以更名，即金融控股公司（FHC）。为加强针对 FHC 的监管，美国建立起伞形监管框架：以美联储为伞顶，全面监管 FHC，而 OCC、FDIC 系银行监管机构、SEC 和州保险署根据业别，分别对 FHC 子公司的银行、证券、保险实施监管。

在 21 世纪金融危机后，2010 年美国通过《多德—弗兰克法案》，该法案鉴于伞形监管的不足，成立金融稳定监督委员会。通过该法案，美联储的监管范围得以扩张，就金融控股公司及其任一子公司，美联储不仅享有直接检查权，还享有对前者的信息获取权，以强化其作为监管核心的权力和方法。①

金融创新背后，既是金融机构的盈利动机，也是金融监管的创新前兆。金融创新之所以需要创新的金融监管，就在于金融风险因创新而改变，而金融监管使命就在于防控金融风险。因此，金融创新引致金融监管结构的变化，包括监管权限的划分与平衡、监管方式的转变等多个方面。金融创新与金融监管的动态博弈过程表明：混业经营等金融创新使金融监管权力协调更具必要性。

第三，金融监管者和被监管者之间的利益纠葛，影响着金融监管职权的行使，制约着金融监管的实效。金融创新与金融腐败往往是一对孪生兄弟。在混业经营大势下，金融创新层出不穷，产生大量的与金融监管之间的利益互换。此时，被监管者和监管部门之间不仅有强烈的互助动机，更有便宜的互助方式和渠道。例如，就商品期货交易委员会的成员而言，有摩根大通集团和对冲基金巨头 Citadel 等重量级金融体的代表。因而在某些情况下，为了成员的利益，监管部门可能在执行监管标准、监管范围方面大打折扣。②而旋转门的存在，也会对监管职权的行使造成影响。诸多在金融机构高管和金融监管工作人员之间进行角色转换的人士，在旋进旋出时出于自己前

① 参见陈林：《当前金融控股公司监管亟需厘清的几点问题》，载《武汉金融》2013 年第 1 期。

② 参见宣文俊：《金融危机后美国金融监管改革及其对我国的启示》，载《上海经济研究》2010 年第 12 期。

途的考虑,在监管及处罚力度方面,多有恻隐之心。如艾伦·格林斯潘(Alan Greenspan)在任期间,极力废除商品期货交易委员会对在次贷危机中引发极大风波的CDS的监管,其在华尔街旋转门进进出出,自然需要维护华尔街的利益。在2006年1月,卸任美联储主席后,格林斯潘于2007年5月任全球最大债券基金PIMCO顾问。[①] 而曾任美国白宫幕僚长的乔舒·博尔顿(Josue Bolton),后担任伦敦高盛国际部负责法律与政府事务的执行主任。而曾任美国财政部长的亨利·保尔森(Henry Paulson),在之前是高盛集团的主席和首席执行官,联邦政府和华尔街的旋转门可见一斑。[②]

(二)内部探因——监管主体的激励约束机制不畅通,监管主体有限理性

哲学家萨特(Jean-Paul Sartre)曾说过,人是一堆无用的激情。[③] 由不完全理性人组成的监管主体,极富创造力的同时也极富破坏力。在监管职权分工和制衡问题上,深受利益左右。正如国家安全的核心是利益一样,监管部门在安全感的寻求中,也受利益驱使。

第一,金融监管系以委托——代理方式执行公共政策的过程,在这个过程中,信息不对称使得金融监管机构可以选择性监管。在金融监管中,一方是作为委托方的众多纳税人,另一方则是作为代理人的金融监管者,作为执行主体的金融监管者拥有委托人不知悉的信息,同时委托人也无法获得执行行为的完全信息。在这种情况下,就有可能发生监管者的"道德风险",即执行主体可以隐藏信息,也可以隐藏行动,选择自己"偏好"的信息和行动,予以披露。尽管就表面而言,金融监管者不能拒绝委托。但是作为理性人的金融监管者,在对严格监管和不作为监管获得的效用制衡后,若前者小于后者,就会选择不作为监管(监管真空)、慢作为监管和选择性监管等逆监管。而囿于专业知识的缺乏和证明的复杂性,委托人无法科学判别监管绩效。此时,监管者就会产生懈怠心理,追逐自身利益最大化的方式行使金融监管职权,而非金融体系稳定这一宏观目标,即委托人和代理人之间存在激励不相容。

---

① 参见施继元、李杰群、尚秀芳、查建华:《房奴、房价及其治理——国际经验和中国道路》,上海财经大学出版社2011年版,第241页。

② 参见李国平:《揭秘高盛》,经济日报出版社2009年版,第54页。

③ 转引自熊培云:《重新发现社会》,新星出版社2010年版,第65页。

第二,监管主体的理性“经济人”属性,使监管主体在混业交叉监管领域,有“挑肥拣瘦”的倾向,从而出现监管竞争和监管漏洞。有权力的地方,就会有各种形式的以权力为中心的追逐和争斗。监管部门并非不食人间烟火的“道德人”,更倾向是市场中的“经济人”——受自我利益驱动,存在地盘利益,需要监管成绩实现自身合法性的证成。作为“理性人”的监管主体,部门利益为王,在混业交叉领域,如果是容易监管、风险简单易控的金融业务、金融产品,则出现监管竞争,或是监管竞次——各拥有监管权限的主体,竞相降低监管标准,以吸引监管对象。在部门财政预算控制,需要议会考核工作的政治制度运转实践中,各个监管部门皆有扩大本部门地盘——延伸监管范围、囊括更多监管对象、抗击监管力量侵蚀者的政治激励,以光彩政绩秀给选民和社会各界,从而完成政治逻辑的周转和自身生命力的持续。但如果是监管难度大、风险复杂难控的混业业务或混业产品,各个监管机构竞相“谦让”,以致监管漏洞。监管者作为理性“经济人”,同样存在风险或损失厌恶,对此类“烫手山芋”般的混业业务或产品,在金融监管协调法律制度缺失的情况下,金融监管机构出于防范监管失败的考虑,彼此之间就会相互推诿,导致监管真空出现。

第三,金融监管部门的既得利益者和金融监管权力惯性阻碍金融监管职权分工变革。金融监管机构不是高精端仪器,而是七情六欲的人的组织体,这就决定了监管机构不可能以金融稳定、金融效率为至高无上的“忘我”追求。权力的背后的特权和资源有如毒药,容易上瘾。监管格局形成后,就会衍生既得监管利益群体,形成阻碍改革的顽固势力。金融监管职权分工与制衡机制,如同任何社会制度一样,适时改革才能合理配置行政资源,促进金融业健康发展。然而,正如大部分改革困难重重一样,之所以难以开展,固然有社会对旧制度的依赖和对新制度的恐惧。但更多时候是监管权力自身惯性和观念在作祟。权力有着强悍的生命力,不断蔓延,伺机扩张。监管部门形成之后,就有了自身运转的逻辑,会排开一切阻碍,对破坏分子进行围堵绞杀。金融监管职权分工变革也是如此,没有先行的观念变革,利益集团依靠其在经济和政治方面攫取的资源,往往可以成功阻碍任何旨在重塑权力格局的尝试和努力。古斯塔夫·勒庞(Gustave Le Bon)曾言:“在行为上,人们首先受到他们信念的支配,也受到作为这些信念的产物的习俗的支配,最独立自主的精神也逃脱不了它们的影响。在不知不觉中支配着人们头脑的暴政,才是唯一真正的暴政。"①因此,他认为任何变革归根结底是信念的变化,当信念在绝大多数人脑袋和心里扎根,变革就开始了。

第四,金融监管制度中的人事任期安排与金融风险暴露期的错配,以及不健全的问责机制,容易产生道德风险,导致监管漏洞。目前的金融监管任期制度安排,往往与一国的政治制度相适应。英美国家的金融监管负责人往往与国家首脑的任期一致。这就产生了一个期限错配——监管决策期和风险暴露期不一致,囿于金融风险的潜伏性和长期性,金融政策虽是当下制定的,但其影响往往是几年抑或几十年,而此时监管者已经完成多次更迭,难以追溯。即便是金融风险迅疾暴露,有时也难免责任人已经卸任的尴尬,何况监管政策与金融风险的因果关系求证,更是一项复杂难以完成的任务。在这种逻辑下,金融监管者可能对资本标准予以降低、对不良资产情况予以掩饰或美化、对监管风险麻痹或无视等一系列道德风险激励,这背后有两个可能的内在驱动力。一个"是逃避监管不当的指责,总希望坏情况能改善,这种情况可称为'官僚赌博'",②而若情况现实改善,可作为政绩"取宠";而若情况变得更糟,多半任期已过,无从追责,在"大而不倒"的逻辑下,更有全体纳税人买单兜底。另一个可能是相关有影响人士的压力,如上级权威——政治愿景所需,或政治活动的赞助者,如美国的储贷协会就曾成功地游说议会不对美联储针对加强监管行为的拨款。③ 在这种情况下,监管者为保职位,就有可能放松监管。

二、混业经营趋势下金融监管机构的职权分工与制衡问题的影响

(一)以经济法视角分析监管职权机构分工与制衡的影响

金融法属于经济法体系,着眼于金融市场的不足,通过规范金融市场有序运行,避免市场失灵或市场低效情况的发生,衡平社会利益。

---

① [法]古斯塔夫·勒庞:《乌合之众:大众心理研究》,秦传安译,哈尔滨出版社2011年版,第115页。

② 慕刘伟、曾志耕、张勤:《金融监管中的道德风险问题》,载《金融研究》2001年第11期。

③ 参见慕刘伟、曾志耕、张勤:《金融监管中的道德风险问题》,载《金融研究》2001年第11期。

首先,混业趋势下金融监管职权分工与制衡的合理与否,影响着市场障碍的清除、高效金融市场和稳定金融结构的形成。垄断和不正当竞争是市场机制自身的障碍。而得当的金融监管机构有完善的关于反垄断和不正当竞争的立法、司法和执法体系,特别是合理的金融监管职权分工与制衡,通过规制垄断和不正当竞争,促成自由竞争的金融市场秩序。稳定高效的金融市场的一个考量尺度就是市场结构合理、金融主体共生互利,而后者是前者的实现路径。在混业经营中,通过金融监管者的反垄断和反不正当竞争执法行为,促成多层次的金融市场结构,相较单一形式的金融市场更有韧性,能够更强有力地抵御金融危机。

从某个角度看,是金融垄断导致了美国次贷危机。房地美和房利美垄断了二级抵押贷款市场,涉及次贷债券近5亿美元,缺乏竞争而致风险过度积聚;而标准普尔、穆迪、惠誉则垄断了次贷证券化产品的评级市场,不负责任地信用增级,也是导致本次金融危机的重要因素。而美国金融监管机构职责之一,就是规制垄断。[①]《格雷姆—里奇—比利雷法》(Gramm-Leach-Bliley)第114节规定了监管部门的反垄断职权:OCC、FED、FDIC发现适用联邦法律的国民银行与其分支机构,进行诸如资源不正当集中,削弱竞争或不公平竞争,利益冲突时,可采取适当措施,避免任何上述行为显著影响存款保险机构或任一联邦存款保险基金的稳健运行或其他不利。[②] 该法案赋予美联储对控制或固定价格行为的反垄断监管权,同时该法还规定对经济或刑事制裁的司法审查权。可见,本次金融危机也是金融监管职权在反垄断方面不到位的结果。

金融市场中不正当竞争的典型就是监管套利,这种(监管)重复导致狡猾的公司"货比三家",选择最友好的监管者,这也是为什么美国储蓄管理局监管了那么多大而失败的公司。[③] 职权重复的金融监管构架下,金融机

① 参见孙毅、郑玉琳:《从美国次贷危机中的金融垄断看我国金融反垄断体系的构建》,载《生产力研究》2010年第12期。

② SEC. 114. GRAMM - LEACH - BLILEY ACT. http://www.gpo.gov/fdsys/pkg/PLAW-106publ102/html/PLAW-106publ102.htm,2015-05-29.

③ THE ECONOMIST. Reforming Financial Regulations in America: Better broth, Still too Many Cooks. http://www.economist.com/node/13862497,2015-05-14.

构容易产生监管套利的激励——宽松的监管标准后，是较低的资本要求和可资利用的更高资本杠杆率。不正当竞争，扭曲了金融市场的竞争法则和资源配置机制，损及监管中立原则和金融效率。同时，不受规制或宽松规制的资本，大量溢出监管视野，例如，庞大的影子银行体系，形成难以识别、控制的风险，危及金融稳定。这在混业经营趋势下，这种不正当竞争行为的危害性更大，特别是在金融监管职权分工和制衡机制不科学、协调性不足的情况下，监管套利形式更加隐蔽而多样化。

其次，混业经营趋势下，监管权力设计得合理与否，影响着普惠金融供给，影响着金融公平与金融稳定。市场具有唯利性，对于公共物品的提供，私人投资者缺乏投资动力。而公共物品对于国计民生又十分关键，唯有国家投资经营。金融市场也是如此，对于一定体量的资金回笼快、经济效益高的金融项目和金融需求，金融机构能够及时提供相应的金融产品或业务。而暂时、较小容量的不具有经济效益的金融需求和供给，也就是公共物品，如地区开发、中小企业、对外投资等，可能为金融市场所忽略（此类项目运营周期长、风险系数高、投资回报低）。但这可能既是风险又是创新的摇篮。而通过金融监管职权的分工和制衡，就可以对政策性金融予以规范、导引，投向金融市场忽视的地区、产品和行业，造就普惠金融，实现金融公平，以最大化社会效益。同时，也实现了金融风险全覆盖，有利于维持金融稳定。

最后，混业经营趋势下，金融监管宏观调控职责分配得合理与否，影响着金融资源的优化配置和风险处理。囿于金融市场的自发性，在金融监管职权的法定设计中，赋予其引导宏观调控的职责。监管部门通过发布监管政策，防止资本过于集中，个别产业过热过剩，以免造成社会资源的不当配置，同时避免区域性、行业性金融风险的累积，确保金融稳定的大局。金融市场调节同样具有滞后性，往往以巨大的社会资源浪费为代价，这就需要金融监管职权设计与金融市场发展动态协调，防患于未然。在以金融业务交叉为特点的混业经营的和“各司其职”式的监管架构下，极易造成监管的空白、错位和低效。比如，银行通过证券化，实现了资产或现金流与证券转换的同时，也完成了流动性高低的转变，这就可能使信贷风险随之传染至资本市场。然而，该风险由于监管体系双层多头，导致两市场的监管分离封闭，而无法得以有效管理。

(二)案例分析:德隆案——金融监管机构职权分工与制衡不当对效率的影响

在混业经营趋势下,金融监管职权与分工面临着权力分配的重新洗牌。囿于各国金融发展阶段,尤其是混业经营成熟程度的不同,监管权力洗牌的时间也或早或晚,并非一致。制度变迁理论认为,当现实对制度提出新的需要,而旧有的制度不能实现时,就会导致制度的革新和发展。对金融监管而言也是如此,在金融混业日益向纵深层次发展的进程中,不合时宜的分业监管、国别监管的制度安排和权力设计,就会成为混业发展的羁绊。在制度与制度交接过程中,难免有监管制度与金融现实不匹配的空隙,导致金融风险滋生蔓延。德隆集团事件可以视作缺乏协调监管机制,存在金融集团监管真空,导致监管失败的典型案件。

德隆集团,起家于新疆乌鲁木齐第一家彩扩社。最鼎盛时期,控制横跨金融业、农业、制造业、文化旅游业等近200家子公司、孙公司,运作上千亿元资金,总裁唐万新试图效仿通用电气公司(GE),打造"中国式的财团和金融控股公司",然而,事与愿违。德隆资本膨胀过程的关键词是"产业整合"和"企业并购",绣花枕头背后是不计成本的扩张,难以产生正现金流,长期陷于资金饥渴症,旗下公司债务不断攀升。德隆系资金链濒临断裂,唯有选择股价跳水减轻债务压力。2004年4月14日,德隆系股票湘火炬、合金投资和屯河股份首度全面跌停(见表2-1),德隆危机全面爆发。

表2-1 2004年4月14日A股市场跌幅排名

今日跌幅排名	
合金投资	-10.00%
湘火炬	-10.00%
新疆屯河	-10.04%
创兴科技	-10.02%
世贸股份	-9.98%
……	……

资料来源:作者根据2004年4月14日A股市场涨跌幅表制作,2017年4月。

不到一个月，德隆帝国崩溃。德隆的覆灭，既有其本身的原因，诸如现代公司治理的缺失、不顾质量的多元化经营策略失当，[①]以资本运作为手段和结果而构建的股权结构的内在脆弱性等；更有彼时中国金融控股公司监管真空，未及时在事前予以有效监管的外部因素。[②] 彼时，我国法律尚未明确金融控股公司的法律地位，更无从提及对金融控股公司的监管框架。唯有作为母公司的商业银行处于央行监管之下，而德隆系产业控股式的金融集团，游离监管之外。从德隆系控制金融机构的融资方式来看，基本上都是借机构名义，在私募证券投资基金法律缺失之时，行私募集资投资之实，完全脱离监管视野。[③]

事后，"德隆风险处置小组"设立，在此过程中，举行了多次会议。既有法制办、央行、银监会、证监会、最高法院等中央部门的参与，又有地方性参与。央行牵头成立工作层协调机制，制定了《个人债权及客户证券交易结算资金收购意见》——以保障债权人利益，政法委发布通知，以配合德隆风险处置，具体工作由华融资产管理公司负责。而关于德隆风险券商的处置方案是由证监会和人民银行等商讨拟定的，银行债权人委员会成立，对于该集团的未到期债务，发布了一致性的处置方案。[④] 2005 年年初，《关于新疆金融租赁有限公司停业整顿的公告》公布，责令整顿。

可见，金融监管职权的分工与制衡问题处理不当，不仅失却了为金融主体健康发展的保驾护航之责，造成金融低效率。同时，也是对中国民营企业发展的一次深重打击。同时，金融监管当局未能及时事前予以监管干预，以致错过了最佳救助时机，极大增加了监管处置成本，造成监管低效率。

1. 对金融(经济)效率的影响

金融监管职权的分工和制衡问题对于金融效率影响，由德隆事前监管不足，以致破产一案可见一斑。同时，也从反面彰显了我国的金融创新不足，存

---

① 参见安启雷、张伟、李耿喆：《从金融控股公司风险处置谈监管部门稳定协调机制的改革》，载《上海金融》2009 年第 11 期。

② 参见丁绍宽：《我国金融控股公司监管制度之完善——写在德隆高管获罪之际》，载《法学》2006 年第 8 期。

③ 参见安启雷、张伟、李耿喆：《从金融控股公司风险处置谈监管部门稳定协调机制的改革》，载《上海金融》2009 年第 11 期。

④ 参见安启雷：《对德隆事件及金融监管格局的重新思考》，载《西部金融》2009 年第 8 期。

在金融压抑或低效。由此可以以金融创新为切入点深入分析。德隆集团,并不能真正代表中国企业集团产融结合发展模式。换言之,不能因噎废食,不能因德隆集团的失败,就否定产融结合,否定 GE 模式。在金融发展的历史和现实中,实践已经证明并将继续证明:监管真空和监管竞争,是金融创新的沃土和催化剂。学界经常有监管规避型金融创新的分类。换言之,金融监管职权的分工与制衡问题,通过影响金融创新,影响着社会金融资源的分配。时至今日,金融组织创新——金融控股公司、全能银行,金融产品的创新——储蓄保险、银信合作理财等在一定程度上都是监管真空、监管套利的产物。然而,金融创新是个亦正亦邪的角色,以分散和转移风险为初衷,在推动金融业和金融市场的发展、给金融机构带来高额利润同时,也在总体上增大了金融体系的风险。20 世纪 90 年代以来,全球几乎每一场金融都无不与金融创新产品有关。直到今天,世界范围内的每一次金融危机中,都有金融创新的身影。①

此外,随着混业经营的渗透发展,越来越多的交叉性业务、产品出现,模糊了原来壁垒森严的监管边界。一项跨市场金融业务的准入,需要多个金融监管机构的审核、长时间的协调才能实现,这在一定程度上,压抑了金融创新,也造成了不菲的监管成本。金融监管与金融创新是动态博弈的关系,压抑的金融创新背后,是不合理的金融资源(人、财、物)配置,阻碍了金融在实体经济中输血作用的发挥。

金融监管职权的分工和制衡不当,通过金融对实体经济的传导机制,对社会的经济效率同样也会产生不利影响。而德隆的伪产融模式,凸显了稳定企业营利模式的重要性,可以由融而产(如美国早期的摩根财团),也可以由产而融(如现在的 GE),针对德隆集团的监管,缺乏事前干预,导致金融风险区域性、行业性扩散,给我国民营经济发展蒙上了一层阴影。即金融监管职权协调不当,容易造成金融风险的累积潜伏,一旦风险暴露,就等于打开了潘多拉魔盒。随金融危机而来的是经济危机,而全球经济一体化,更增强了世界经济波动的同步性。同时,金融风险多维度化,而经济复苏艰难——同步

① 参见韩忠亮:《全球化背景下的金融监管的博弈研究》,北京大学出版社 2013 年版,第 105 页。

性的世界经济背后,是同步的市场供求,在同样遭受危机的情况下,“环球同此凉热”,经济增长动力不足,疲软下行。此时,企业融资成本较高,采购人经理指数下降,生产萎靡等,造成的结果将由全民埋单。正如巴里·格林(David Degraw)指出的那样:“联邦文件显示美国央行使银行公司卸下坏账至美国的资本负债表上。现在,为了避免美元和美国政府违约,美国人民被告知他们必须做出牺牲,以减少国家债务和预算赤字。然而牺牲对工人而言意味着贫穷——工资减少,大规模失业,医疗、社保等方面的削减。”①而非造成金融风险的个人或组织,诚然,金融危机属于典型的多因一果现象。从情理上而言,很难归责于单一的金融机构或监管部门。

2. 对监管效率的影响

德隆集团一案,彰显了在混业经营趋势下的金融监管真空,严重削弱了监管效率。混业经营的金融现实和金融分业监管制度的不相匹配,造成的问题之一就是监管真空。德隆集团形成,就是出现在我国对金融控股公司存在监管空白的情况下。随着金融机构经营范围的扩大,以机构为对象的监管范围界分也出现了扩大和交叉,监管真空与监管重叠并存问题更加突出,监管套利空间增加。单纯的机构监管理念和架构已越来越不适应金融业务发展的需要。②“市场从本质上而言已经全然混业化了,公司几乎从事所有种类的金融活动而不受行业界限的局限,而消费者们可以购买所有种类的混业产品,想想按揭与寿险的结合。不管这些趋势最终归宿如何,以行业为别的监管模式。已然失去了(存在)合理性,更为明智的是通过寻找新的一致性,遵循关键目标或者勉强忍受统一监管,如同英国的FSA。”③

就处理德隆一案,成立了德隆风险处置小组,涉及最高人民法院、公安部、中国人民银行、证监会、各地方等十几个部门和17省市区,先后出台各种

---

① David Degraw. *The Wall Street Pentagon Papers: Biggest Scam In World History Exposed: Are The Federal Reserve's Crimes Too Big To Comprehend?*. http://pubrecord.org/nation/8622/pentagon-papers-wall-street/, 2015-05-29.

② 参见王兆星:《机构监管与功能监管的变革——银行监管改革探索之七》,载《中国金融》2015年第3期。

③ Jeroen Kremers, Dirk Schoenmaker. The US Proposals for Regulatory Reform. David Mayes, Robert Pringle, Michael Taylor. *Towards a New Framework for Financial Stability*. Central Banking Publications, 2009.

文件,召开了20多次会议。直至2008年2月19日,对其重组工作才得以顺利完成——新疆长城金融租赁有限公司业务活动的开始。处置德隆系集团风险事宜的整个过程,从开始到最后用了将近4年时间,耗费了大量的行政资源,极大地增加了监管成本。①

此外,监管权力的消极冲突(监管真空),导致监管低效外,监管权力的积极冲突(监管重叠),也会增加监管成本。分业监管制度架构下,多元化的监管机构背后,是多元且迥异的监管目标、监管重点、监管文化,随着金融创新和混业经营的发展,不同性质的金融业务交叉和渗透扩大,因而就金融产品、业务的定性和监管权的归属问题等,往往出现监管竞争,更有出于自身监管利益或政绩的考量。

由于对金融产品的理解视角有别,在无统一监管者且缺乏有效金融监管协调安排的制度环境中,监管的积极冲突,将会增加监管政策的执行成本,造成行政资源浪费。同时会破坏金融市场、金融主体对监管的统一预期,扭曲国家对金融的健康导向。此外,就同一金融业务或金融产品,实行不同监管规则的监管竞争,是监管套利滋生的适宜制度气候。并且在多利益集团情况下,集团间竞争未必带来福利上升——竞争的好处往往体现为监管当局租金的上升,而不一定是消费者剩余的增加。②③ 特别是在金融控股公司这种组织架构下,母公司有强烈的守法成本最小化的激励,将公司的资产最大化转移至监管最为宽松的金融业务模块,减轻监管政策的资本要求束缚,增加营运资金,扩大杠杆率。这就有可能造成金融集团承担过度的金融风险,留下隐患。

自2008年金融危机之后,在国际层面也更为关注国家、地区之间的监管

---

① 参见《"德隆危机"风险处置落幕》,载新华网:http://news.xinhuanet.com/newscenter/2008-02/19/content_7631927.htm,2015年5月28日访问。

② 参见陆磊:《信息结构、利益集团与公共政策:当前金融监管制度选择中的理论问题》,载《经济研究》2000年第12期。

③ 一种物品的总效用与其总市场价值之间的差额称为消费者剩余。之所以会产生剩余,是因为我们"所得到的大于我们所支付的",这种额外的好处根源于边际效用递减规律。消费者剩余可以用来衡量公共支出项目的收益,但并非意味着消费者增加收入,就金融监管而言,通过监管减少金融市场中的资源浪费和不公平竞争,提高消费者剩余。参见[美]保罗、威廉·诺德豪斯:《经济学上册》(第19版),萧琛等译,商务印书馆2012年版,第156~157页。

协调与合作，出现更多的实体监管协调和趋同的转向，其主要动力之一就是危机之后，监管者对监管套利和监管竞争的关注。[①] IOSCO 现今目标就是协调监管，以便利跨境交易或者遏制监管套利——以及避免监管竞争，而不仅仅是传统意义上仅致力于消除国家之间的障碍，以便利监管者交换信息或提供协助以履行其监管市场的法定职权。[②]

第二节 混业经营趋势下金融监管机构的职权分工与制衡问题的处理机制

一、金融监管机构的职权分工与制衡问题的国际实践

合理完善的结构性制度安排是约束权力的制胜法门，特别是权力分散和权力之间的相互制衡。美国作为金融发达经济体的代表，综观其金融业发展历程，法律监管制度和金融业经营之间的博弈互动贯彻始终，法律监管制度在引导、规范金融业发展的过程中，展现了强劲的韧性和灵活性。作为上层建筑的法律监管制度紧密贴合美国各个历史阶段的金融发展现实，尤为称道，值得探寻借鉴。而在本次金融危机后，美国再一次改革金融监管体系，重塑监管格局。而澳大利亚作为双峰监管模式的代表，在本次金融危机中表现斐然，其监管机构之间互相尊重，以谅解备忘录的形式实现权力对话和监管协调，展现了金融监管职权分工与制衡的另一种解读。以下分别以金融危机后，美国和澳大利亚的监管权力分工与制衡机制为例，概述国际监管实践的一般做法。

（一）立法明确分工，协调监管

1. 美国《多德—弗兰克法案》与监管职权协调

2008 年金融风暴之后，美国出台了《多德—弗兰克法案》，针对混业经营的风险和发展趋势，对饱受诟病的金融监管体制进行了改革。该法案将每一

---

① Peterson R. J. , Procedural Versus Substantive Coordination in International Financial Market Oversight. ASIL Annual Meeting Proceedings. *American Society for International Law* , 2012, 106 (1), p. 324.

② Ibid. , p. 325.

个金融监管机构的职责予以厘清，以达到降低监管重叠的目的。

(1)金融监管权力的重新划分

一是撤销了储蓄机构监管局(OTS)。由货币监理署(OCC)承担对联邦储蓄协会(Federal Savings Association)的监管，美联储接收对储贷控股公司(Savings and Loan Holding Companies)的监管，FDIC 则接收对州储蓄协会(State Savings Association)的监管。

二是在财政部设立联邦保险办公室(FIO)，监管保险行业发展，然而其并不负责监管具体保险业务。保险办公室负责确定保险公司可能引致保险业或美国金融体系的系统性危机的监管问题或监管漏洞，可向委员会建议指定某保险公司或附属机构作为一个实体—如非银行金融公司接受美联储监管，①具体业务监管仍然由各州保险监管机构负责。

三是美联储权限的扩大延伸。在宏观层面，美联储负责宏观审慎监管，维系金融稳定。在微观层面，一方面，美联储对金融机构原有的审慎监管权得以强化。首先提高了对非银行金融公司和某些大型银行控股公司的审慎监管标准，包括制定审慎标准，涵盖基于风险的资本要求、杠杆限制、流动性要求或有资本、解决方案和信用敞口披露报告、集中限制、增强公众披露、短期债务限额、整体风险管理要求。② 其次美联储通过与金融稳定委员会和存款保险公司的协商，就上述金融机构针对金融困境的早期补救措施予以规制：确定公司财务状态的举措(监管资本，流动性措施以及其他预警指数)以及当公司财务不济时，强化的要求。③ 最后如果美联储认定其所监管的某一银行控股公司或非银行金融公司，总资产达 500 亿美元及以上，且构成针对美国金融稳定的严重威胁时，美联储可以在获得委员会全体投票成员不少于 2/3 的投票情况下，限制其合并、限制其发行某一或某些金融产品、暂停某一或某些活动、增加公司行为的限制条件、要求该公司出售或者转让资产或者

---

① SEC. 313. FEDERAL INSURANCE OFFICE.

② SEC. 115. ENHANCED SUPERVISION AND PRUDENTIAL STANDARDS FOR NONBANK. FINANCIAL COMPANIES SUPERVISED BY THE BOARD OF GOVERNORS AND CERTAIN BANK HOLDING COMPANIES.

③ SEC. 166. EARLY REMEDIATION REQUIREMENTS.

资产负债表项目于无关联实体。[①] 另一方面,在美联储下设专门的消费者金融保护局(CFPB),将以往隶属于九个不同部门的金融消费者权益保护职责集于一身,以更好地保护金融消费者权益。

四是监管主体对金融衍生品和对冲基金予以明确化。法案规定场外交易衍生产品的监管事宜,将由证券交易委员会和商品期货交易委员会负责,以弥补该领域的监管空白。而鉴于系统性风险产生的重要因素——对冲基金在国际金融体系的重要性,《多德—弗兰克法案》规定,对较大的对冲基金和私募股权基金予以监管,即资产规模超过1.5亿美元时,需要登记并接受检查及评估,证券交易委员会为接受登记方,检查和评估的实施者。[②]

(2)金融监管权力内部协调

美国双层多头的金融监管体系,导致权力主体的多元化,是监管冲突产生的重要原因。因此,在《多德—弗兰克法案》中,多有协调金融监管权力的规定,包括监管争议的解决、避免双重检查要求、避免双重的报告或信息要求、避免(监管)重叠规定。以下详细阐述:

第一,FSOC的职责之一就是解决成员机构之间的争议,在《多德—弗兰克法案》第119节做了详尽的安排,包括处理争议的范围(管辖权争议和陷入协商僵局的事宜),提请委员会建议的条件、时间,委员会作出建议的程序、形式与效力。[③] 就提请解决的监管争议予以界定,即向金融稳定监督委员会(以下简称委员会)请求建议——当两个及两个以上的金融监管机构(金融稳定监督委员会的投票成员,包括财政部长、美联储、货币监理署、消费者保护局、证监会、联邦存款保险公司、商品期货交易委员会、联邦住房金融局、国家信用社管理局)发生监管分歧时,既包括金融组织体即某一BHC和非银行金融公司,也包括金融业务或产品。金融监管争议的处理采用协商前置规则,同时规定了提请争议解决方的通知义务,即委员会判定争议所涉监管成员已经作了确实的善意努力,无法在没有委员会干预的情况下予以解决;且该争议所涉监管成员已向其他争议监管成员发出通知,表示其希望通过委员

---

① SEC. 121. MITIGATION OF RISKS TO FINANCIAL STABILITY.

② 参见周卫江:《美国金融监管的历史性变革——评析〈多德—弗兰克法案〉》,载《金融论坛》2011年第3期。

③ H. R. 4173. SEC. 119.

会解决争议的意愿,在上述通知发出 14 天后,向委员会书面请求解决争议。《多德—弗兰克法案》就委员会针对监管争议的建议,规定了程序、方式和效力。委员会建议的作出——委员会须在收到争议解决请求后的合理时间内,阅览各争议机构提供的相关信息后,予以建议同意其一主张或者采用折中方案。建议的形式——须以书面作出,并说明原因,同时须经由稳定委员会投票成员至少 2/3 投票通过。当争端所涉一方系美联储,货币监理署和联邦存款保险公司时,该建议无约束力。

第二,避免双重检查以及双重的报告、信息要求,该法案第 161 节系非银行金融公司及其子公司向美联储报告、接受检查的规定。该节第三款即协调事宜,要求此类附属机构报告或者开始本章所述的检查之前,美联储应向初级金融监管机构合理通知并且与之协商。以最大限度避免双重检查,以及双重的报告、信息要求。① 其他还有第 169 节避免(监管)重叠规定:美联储可以采取其认为的任何得当举措以避免本节项下针对银行控股公司和非银行金融公司的要求与其他法律条款双重适用的情形。②

2. 澳大利亚的《金融监管理事会宪章》《金融危机特别备忘录》与监管职权协调

在 2008 年的金融风暴中,澳大利亚的双峰式金融监管架构抵住考验,在各国金融监管当局慌乱无谋、拖沓事态,以致贻误最佳应对时机时,陡然一枝独秀。IMF 在其 2008 年 8 月发布的国别报告中称:澳大利亚的银行业,在资本充足率和盈利能力情况等方面基本平稳,而且拥有宏观稳健的金融体系。然而与此形成鲜明对照的是,危机已经将英国、美国等拖入泥淖。2009 年 10 月 6 日,澳大利亚进一步体现了金融体系为国家发展提供后盾的实力,储备银行发布加息,打破了危机后零国家加息的局面,这是转向发展面的信号。此后更有 6 次加息,这充分体现了澳大利亚金融体系的健康度及其对经济持续支持的力度。③ 在 2012 年 11 月国际货币基金组织通过的对澳大利亚的金

---

① SEC. 161. REPORTS BY AND EXAMINATIONS OF NONBANK FINANCIAL COMPANIES BY THE BOARD OF GOVERNORS.

② SEC. 169. AVOIDING DUPLICATION.

③ 参见朱崇实、刘志云等:《混业经营趋势下的中国金融监管法:挑战与革新》,厦门大学出版社 2013 年版,第 113 页。

融系统评估(FSAP)发现,澳大利亚的金融系统稳健有活力,且管理良好;有需要严格管理的一些风险;金融监管系统的框架高度遵守了国际标准;已经付诸实施的包括危机预备、恢复方案和跨境危机管理等举措,值得称赞。[①]因此,澳大利亚的金融监管职权设计,值得探究,特别是如何根据本国国情,探索构建适应混业绩经营发展的金融监管体制,安排监管权力的分离和制衡,规制混业产品及金融控股公司,值得深入分析。

首先,就金融监管机构的分工而言,有作为纲领性文件的《金融监管理事会宪章》,对澳大利亚各个金融监管机构的权力划分和制衡,予以原则性安排。澳大利亚主要的监管机构,包括澳大利亚中央银行——储备银行(RBA),审慎监管局(APRA),证券及投资委员会(ASIC)以及财政部(the Treasury),就金融监管理事会(CFR)而言,由储备银行行长担任理事会主席。

其次,澳大利亚监管机构之间两两签订了监管合作谅解备忘录,包括APRA与ASIC之间、APRA与Treasury之间,APRA与RBA之间,ASIC与RBA之间,内容涵盖了信息共享,任何可能对他方监管责任造成影响的监管决策及时通知等。就混业经营而言,最需要协调的是APRA与ASIC,两者也签订有谅解备忘录。两机构合作的基点在于——在ASIC方面,APRA同样需要负责就澳大利亚金融服务牌照持有者所涉一般保险产品的信息收集。对于该数据收集的联合管理,两机构将通过合作工作协议解决。此外,两机构更是在监管和政策发展(影响他方监管职责的决策、指引的变化或实施,予以及时通知或协商)、相互协助及协调、信息共享、主动帮助(因职权所获信息主动提供)、信息成本分担、国际代表权等方面达成协议安排。

除此之外,还有其他的双边协调安排,旨在促进密切协商,避免监管权限重叠和空白。在人事方面,最高层次同样考虑了协调的便利性,如通过相关治理会议,赋予他方代表权,APRA的主席一般是RBA支付系统董事会的成员,而财政部长则是RBA董事会的成员。CFR的每一成员都有责任在金融压力或金融监管问题具有跨境影响的境况下,与他国相应的监管机构保持联络、协调行动。

最后,金融危机状态下,各监管机构签订了《金融危机特别备忘录》。

---

① AUSTRALIA:Financial System Stability Assessment.

2008 年 9 月 8 日，澳大利亚包括 CFR、ASIC、APRA、the Treasury、RBA 在内的监管机构签订了特别备忘录，以在金融系统发生危机时，明晰各方责任，便利协调行动。该备忘录内容涵盖了目标、委员会和成员机构的责任、原则，以及对金融危机发现和反应。就金融危机的发现和反应，包括五个方面。其一是危机监测。RBA 负责监测金融市场、支付和结算系统，APRA 负责监测和审慎监管金融机构，ASIC 则负责金融服务提供者及漏洞的监测和弥补建议。Treasury 通过与其他产业和机构的联络，通知其他成员关于金融体系或者某一机构的状况，同时就此向政府献策。同时，还有一个兜底条款，即任何成员发现危机情况，属于他方监管职责时，应作为紧急事项即刻通知其他成员，并尽早就引发关注的某一金融机构或市场的状况和金融稳定潜在威胁的信息予以通告和建议。其二是危机评估和危机应对举措。RBA 负责评估和建议对重大金融危机系统影响的性质和规模。APRA 就某一金融主体的流动性和偿付能力等反映危机性质和程度的指标，予以评估，并给出建议。ASIC 有两方面职责，一是评估和建议影响，即危机对市场和投资和所有解决方案公开；二是联络，根据公司法案公开披露声明的决策和市场主体。Treasury 就涉及政府应对危机的行动，由部长向政府提出政策建议负责。其三是协调行动。对于单个危机机构或金融体系的危机，需要一个以上的成员负责应对时，将在成员间协调应对举措。其四是沟通的协调。每一成员将在其各自的职责内，与其利益相关者进行沟通，包括公共沟通。当该举措涉及一个以上的成员时，沟通将由政府在成员间协调。其五是跨境合作。对于类似情况产生的责任，成员将互相协助。《金融危机备忘录》对于澳大利亚在金融危机时刻的权责划分，极为具体明确，特别强调了在涉及多个监管主体时的协调，包括危机监测的通知和建议、危机应对举措、公共沟通和跨境合作等，凸显了监管协调和权力共享文化。

混业经营形势下，澳大利亚突出权力协调文化的监管权力设计，能够更加及时有效地防范和化解金融风险，契合宏观审慎监管之义。在金融危机之时，混业经营的深入发展以及金融体系内部的关联性，使“头痛医头，脚痛医脚”等各个金融监管主体的零碎敲打应对之策，不仅难以奏效，而且会使本已混乱的金融市场更加离散脆弱，市场信心更加低迷。而澳大利亚的金融监管协调较为健全，既有关于常规事宜的协调，又有针对金融危机等特别时刻的特殊协调,特别突出了在危机时刻,各个金融监管机构的责任,既包括自身监管权限的厘定与明确,也包括与他方监管机构的信息沟通、风险提示、监管建议等协调互助。在21世纪的金融危机中,英美等发达国家以及新兴经济体的金融监管之举,对照澳大利亚的金融监管体制,给监管者新的有益启示是:有效的金融危机应对,需要从宏观审慎监管视角出发,把握本国金融健康度、风险感染区和国际金融态势,并以微观审慎监管,特别是金融机构的资本状况、风险敞口、偿付能力等方面的数据分析和精准把握,协调各个金融监管机构,统一危机应对之策,承担共同而有区别的负责,并以信息互通和联合执法,共力以纾困。

(二)设立协调机构,消弭监管重叠

混业经营趋势下,金融监管协调的重要性愈加突出。各个国家或地区基本都有相应的金融监管协调安排。金融监管协调机制,因各个国家或地区的民主政治观念、法律文化传统、金融业结构和发育水平的不同而模式有别。有单设金融监管协调机构负责协调监管部门职权冲突的。例如,在印度,对金融监管协调负责的政府部门,是金融稳定和发展委员会,其组成包括监管部门。还有加拿大的金融机构监管委员会(FISC),负责金融监管协调和信息共享。有通过《谅解备忘录》加强机构协调沟通的,如香港的金融管理局、证期局、保监处以及公积金计划管理局四大监管机构之间,就是以备忘录为据,协调监管职权分工与制衡的。鉴于相关资料获取丰富程度和代表性,选取美国、澳大利亚为例,介绍法定监管协调机构和非法定(备忘录)监管协调机构的实践。

1. 美国设立金融稳定监督委员会

为了防范系统性风险,美国设立了以财政部长为首、美联储及其他联邦金融监管机构组成的FSOC。FSOC的主要职责在于对系统性风险予以监控和相应的处置,以维护金融体系的稳定。该委员会成立的目标有三:一是识别影响美国金融稳定的风险,包括起因于出现重大财务困境或相互关联的BHC或非银行金融公司的业务活动,但不限于金融服务市场,这就将对冲基金包括在内。二是提高市场自律,消除股东、债权人及其所在公司抱有的危机时刻政府出手解救的预期,即道德风险。三是应对美国金融体系稳定的潜在威胁。[①] 设立 FSOC 负责全盘监督管理包括对冲基金在内的非金融机构，以实现对风险的全覆盖，可以说是对之前监管模式的一个反思。金融监管法规的通过，是由委员会主席予以协调的，而在这些法规的具体实施事项上，扮演主导角色的是美联储。[②]

FSOC 的金融监管协调职责，在《多德—弗兰克法案》多有涉及，特别是第 112 节。第 112 节第(a)条委员会的宗旨与责任中第(E)款：委员会须促进成员机构和其他联邦与州机构之间，针对国内金融服务政策发展，规则制定，检查，报告要求和执行措施事宜，开展信息共享和协调。金融监管始于政策，终于执行。而金融监管冲突更是源于政策，本项规定就赋予了委员会协调各个监管机构监管政策之责，在监管规则出台之前，监管机构之间就相关金融产品或业务的风险敞口、将要采取的监管举措，以及市场行情认识等彼此交流监管意见，进而出台监管政策，这就可以将部分监管冲突消弭于萌芽状态。而对于已经出台的政策和规则，委员会对存在冲突和重叠的检查、报告要求和执行措施予以协调，以降低执法成本。第(F)款：向成员机构推介体现成员机构讨论结果的通常监管重点和原则。第(G)款：识别可能对美国金融稳定构成风险的监管漏洞。反思美国 2008 年金融危机产生原因之一，就是宏观审慎监管的缺位，微观监管的"井蛙之见"，不足以获悉金融体系全貌。除了美联储负责宏观审慎监管之外，为保险起见，《多德—弗兰克法案》同样赋予了 FSOC 以识别监管漏洞，防范系统性风险之责。这在互联网媒介和混业经营蓬勃发展的背景下，创新的金融组织形式和金融产品或业务类型推陈出新的浪潮中，具有特别的动态监管意义。第(H)款：在非银行金融公司出现重大财务困境或失败或出现第 113 节规定的情形，并对美国金融稳定可能构成威胁时，FSOC 可以要求美联储对其监管。[③] 本项规定，可以称为非常条款或紧急条款，即赋予 FSOC 紧急处理危机的职责。鉴于美联储丰富的

---

① SEE SECTION 112：COUNCIL AUTHORITY. DODD-FRANK WALL STREET REFORM AND CONSUMER PROTECTION ACT OF 2010.

② 参见中国国际金融法网：《沃尔克规则的主要内容、实施进展及最终规则》，载 http://chifl. shufe. edu. cn/upload/htmleditor/File/131226012907. pdf，2015 年 10 月 3 日访问。

③ SEC. 112. COUNCIL AUTHORITY(a) PURPOSES AND DUTIES OF THE COUNCIL. (2) DUTIES.

监管经验和金融市场知识，对金融机构的财务健康情况和市场反应以及宏观经济基本面的把握，美联储可以较好地处理危机。[①]

2. 澳大利亚的金融监管理事会

澳大利亚的金融协调机构系成立于 1998 年的金融监管理事会，成立之时，澳大利亚正在进行大范围的金融监管结构改革。CFR 承继金融监管机构委员会（The Council of Financial Supervisors），成立了 APRA 和 ASIC，成立 CFR 的目的就在于整体上协调各个监管机构的行动，其成员还包括 RBA，2003 年加入的 the Treasury。就金融监管理事会而言，由储备银行行长担任理事会主席。CFR 会议每季度召开一次，若遇特殊情况，则相机增加，会议由 RBA 行长主持，并由其负责秘书事宜。

CFR 的宗旨在于确定金融体系中的重要问题和趋势，包括可能影响金融稳定的实际或可能的威胁；应对实际或可能影响金融稳定的威胁时，确保得当的协调安排，同时协助解决成员间的责任重复问题；协调监管和报告要求，以最小化监管成本。[②] CFR 系成员间协调合作的高层论坛，非法定机构，除其各个成员外，无法定职责和权力。其作用在于通过协调监管机构成员在金融业的状况和风险方面，共享信息与看法，讨论监管改革事宜；以及当出现金融稳定威胁时，协调行动，从而促进澳大利亚监管的高性，推进澳大利亚金融系统的稳定性。CFR 还负有就本国金融系统监管安排，向政府建议的职责，同时还讨论各式国际金融改革在澳大利亚的发展和应用。比如，近几年，在金融市场基础设施方面和影子银行方面，CFR 就本国的定位进行了考量。

在《金融危机特别备忘录》中，规定了 CFR 的协调职责。如“引言”中，委员会提供论坛，以便利成员间协调，以确保构成金融稳定威胁的及时有效的确认和应对行动。在“责任”部分，明确委员会的职责是致力于提升监管的高性，同时促进澳大利亚金融体系稳定。而在危机评估和危机应对举措中。一旦重大潜在或实际的金融危机得以确定，委员会将作为一个协调论

① 这一方面是2008 年的教训，即如 AIG、贝尔斯登、雷曼等大型金融机构，均由各自的功能监管者开展并表监管，但在监管的综合性和完整性方面，远不如美联储。另一方面，则是美联储在 1987 年 10 月美国股市崩盘、“9 · 11”恐怖袭击等市场考验中的果敢表现，通过准确评估金融机构的损失、困难，以及对证券市场的影响，采取措施，使金融市场迅速恢复了正常运转。

② CFR. Charter，http://www. cfr. gov. au/about-cfr/charter. html，2017 - 04 - 22.

坛,评估状况,并考虑可能的反应选择。

在2012年10月,IMF所发布的FSAP之提高金融机构之系统性监管部分,指出“(澳大利亚)通过不正式安排,有效协调各个监管机构……在影响政府对全球金融危机的反应方面,CFR发挥了关键作用,如提供存款保证,成立金融债权机制的建议”。① 在RBA每半年发布一次的作为重要金融稳定工具的金融稳定评论中,更有CFR的影子,金融评论的产生需要机构间的协调,其日常讨论都是在CFR,在公开之前,敦促其成员紧跟国际金融市场发展及其对本国金融稳定的影响。

澳大利亚CFR有效运行的基石在于监管主体之间分享、协调监管权力的文化和意识,而这可能是很多国家或地区的监管主体所难以实现的。很多国家或地区也签订了监管谅解备忘录,但在缺乏权力分享与对话文化背景下,往往是一纸空文。正如露西·埃利斯(Luci Elli)指出的那样:在澳大利亚,我们认为一种合作、对话和互相尊重的文化要比正式的安排更重要。CFR也已证明自身通过低成本、机构间的灵活协调,以及双边关系(实现监管的有效性)。应对风险更亟须的是观察问题的智慧和一致行动的意愿,而这是机构间的精细安排和规则所不能创造的。②

二、金融监管机构的职权分工与制衡问题的国际实践之评析

(一)建设性:金融监管协调的供给与需求之均衡

回望金融监管的历史,是一个“放松监管—危机—加强监管—再放松监管—危机—再加强监管……”的过程,看似循环往复,然而每一阶段的监管都各有殊异。囿于每一次金融危机,暴露了不同以往的金融风险点和监管漏洞。而这些风险点和漏洞,不断改造着旧有的监管体制及对金融体系的认识,在维系金融安全与金融效率的路上继续前行。本次金融危机也不例外。

1. 以制度变迁理论分析金融监管职权的分工与制衡

新制度经济学派的代表诺斯认为,制度通过其对交换和生产成本的影响

---

① AUSTRALIA:Financial System Stability Assessment.

② Luci Ellis. Macroprudential Policy:A Suite of Tools or a State of Mind? October 2012. http://www.rba.gov.au/speeches/2012/sp-so-111012.html,2015-10-04.

来影响经济绩效。[①] 稳定的制度，能够减少不确定性，从而保证经济效率。当制度的需求和供给一致时，制度处于稳定状态，即均衡。反之，供过于求或供小于求，制度都会不稳定，制度架构下的参与者就有重构制度的需求，即非均衡。非均衡是指金融监管制度并非最有效或运行费用最低，因而处于变动中，该种变动趋于增加收益。制度均衡，是指金融监管制度中的各个监管主体都不具有改变现行制度的动机或能力，此时监管制度处于边际收益等于边际成本的状态。[②]

目前，金融监管也应注意考量监管制度的供给和需求，在合作中动态调整，推动监管趋向均衡，从而降低制度运行成本，增加监管收益。制度构架中，包括权力主体、机关及人员编制、权力范围、行权手段及程序、与其他权力主体的关系、违反处罚等激励约束机制。混业经营的发展和金融危机的冲击，使金融监管部门的重新进行权力配置，金融监管协调的布局安排相应地改变。而金融监管协调既存在于分业监管体制中——各个金融监管机构之间，也存在于集中式监管（混业监管）体制中——监管体制内部各个监管部门之间。

不同金融发展现实昭示的不同风险监控缺陷，不断提出新的监管体制需求，导引监管者不断修缮监管工事，推动了监管制度的演进。本次金融危机，就揭示了美国现有双层多头监管体制对宏观审慎监管，金融衍生品、私募股权基金、信用评级机构监管等存在监管纰漏。即美国金融监管协调制度存在变迁的必要性，需要改进，实现制度均衡。因而美国锐意改革，《多德—弗兰克法案》更是全面加强了美联储的宏观审慎监管权限，包括投资银行的监管权限，并增设了金融稳定监督委员会负责协调成员间的政策发展、规则制定、检查、报告和信息共享等事宜。美国可以说是以功能监管模式，对混业经营等金融创新应对的范例。

就澳大利亚而言，双峰监管体制契合了本国金融发展水平和监管文化，其金融稳定在本次金融危机中分外抢眼。这其中的关键就在于澳大利亚的监管者们能够及时发现制度需求，动态地调整金融监管协调制度，满足发展

---

① 参见万国华主编：《证券法学》，清华大学出版社2010年版，第459页。

② 参见范恒森：《金融制度学探索》，中国金融出版社2000年版，第94页。

变化的金融现实对监管协调制度的需求。“澳洲的决策者,不仅行动迅速,而且卓有预谋。在雷曼申请破产两天之内,CFR(包括储备银行、APRA、ASIC、财政部)就发布了危机计划。该计划以2007年下半年以来针对危机所涉的澳洲金融机构如何管理,进行了机密分析。当然,该计划同样也吸取了1997年亚洲金融危机的教训——保证银行能够获得离岸金融的支持以支撑澳洲当下的财政赤字的重要性”。① 然而不例外的是,为了避免CFR成员在金融危机时刻群龙无首、各自为政,在2008年10月亦签订了《金融危机备忘录》,对危机时刻,CFR成员作为一个整体的责任和目标的界定,以及CFR各成员的责任,权力,危机监测、发现、评估、反应等予以协调安排,更是2008年金融危机对其监管协调安排的更新和升级。

2. 混业经营和金融危机对金融监管协调安排的解构和重塑

随着金融自由化的推进,混业经营的发展势头愈加迅猛。而原来将银行、保险、证券等金融业务风险隔离的“防火墙”外化而成的分业监管体制,是分地盘式的封闭独立监管。此种监管模式可以将单一金融机构或金融创新的风险,消弭于内部,如不吸收公众存款的非银行金融机构的倒闭,也不会将风险殃及央行。时移势易,混业经营从产品、业务到组织形态全面开花的金融现实,需要相应的监管体制配套跟进,予以规范和支持。法律从来都不是严苛的刽子手,而只是适时的公平维护者和福祉创造者。于混业经营而言,也是如此。20世纪初英美国家的金融混业经营,逐利忘本,大量银行资金违规进入资本市场,源源不断地提供了“大萧条”的泡沫原材料。而我国20世纪90年代初的全能银行,亦是点燃了后续金融市场混乱之火。没有监管法律的金融市场,难以获得稳定持久的效率。

金融业态决定着监管权力的分配格局。混业经营情势下,银行、证券、保险业务之间的壁垒渐趋模糊,从最初的业务代理、战略联盟等初级合作模式,发展至资本合作、金融集团等高度融合模式。相对应的分业监管模式,如果再以格栅化方式划分监管领域,已难以有效控制风险——外部性已经溢出既

① Tiernan A. M., Weathering the Global Financial Crisis: Reflections on the Capacity of the Institutions of Australian Governance. http://papers.ssrn.com/sol3/papers.cfm?abstract_id=1665974,2015-10-10.

有的业别界限。而囿于不完善的市场环境中的内部利益冲突问题和金融行业财务结构的特殊性,系统性风险更易产生。这就倒逼各个监管机构之间进行监管权力的分享和对话,以金融业务性质决断监管权限归属单一监管机关抑或多个监管机关。

2008年金融危机,荡涤了金融市场,混业经营砥砺风暴。在美国等更加规范金融衍生品市场和金融控股公司的监管,维系金融稳定的大势之下,实现了金融效率。从金融控股公司发展势头遭受危机的重创,直到最近方才复苏,可见一斑。从表2-2可以看出2007年之前,美国金融控股公司的总数600家以上,2003年达至顶峰总数644家,国内金融控股公司达612家。而后在2007~2009年大幅锐减,一度降幅分别至12.79%和14%。大浪淘沙始见金,混业经营乃大势所趋,控股公司抗风险能力经此一役得以强化。2013年开始,控股公司的数量开始回升,且集团实力也在发展壮大。对此,美国FRS也一改之前划分金融控股公司的标准,由低于5亿元、5亿~10亿元、10亿~150亿元和150亿元以上四档,改为低于10亿元、10亿~100亿元、100亿~500亿元和500亿元以上四档。从这一分类的改变,也可以看出金融控股公司规模不断发展的趋势和潜力。至2015年年底,美国国内控股公司中,有25家合并资产达500亿元以上,31家在100亿~500亿元(见表2-3、2-4)。

表2-2 2002~2015年美国金融控股公司数量统计 单位:家

年份	2002	2003	2004	2005	2006	2007	2008
总数	632	644	636	629	643	640	602
国内金融控股公司	602	612	600	591	599	597	557
外国金融控股公司	30	32	36	38	44	43	45
年份	2009	2010	2011	2012	2013	2014	2015
总数	525	483	457	446	459	466	482
国内金融控股公司	479	430	417	408	420	426	442
外国金融控股公司	46	43	40	38	39	40	40

资料来源:根据FRS 2009年、2016年度报告整理所得,2017年4月23日。

表 2－3　2006～2012 美国国内金融控股公司合并资产分布情况

单位:亿美元

类别 年份	150	10～150	5～10	<5
2006	38	121	86	359
2007	33	136	93	335
2008	33	128	87	309
2009	35	111	74	259
2010	34	101	68	227
2011	36	108	59	214
2012	38	118	63	189

资料来源:根据 FRS 2006～2012 年度报告整理所得,2017 年 4 月 23 日。

表 2－4　2013～2015 美国国内金融控股公司合并资产分布情况

单位:亿美元

类别 年份	500	100～500	10～100	<10
2013	23	29	113	255
2014	23	32	122	249
2015	25	31	129	257

资料来源:根据 FRS 2013～2015 年度报告整理所得,2017 年 4 月 23 日。

(二)局限性:美联储与集中监管

权力和责任总是对称的。混业经营的发展,特别是以金融控股公司和全能银行为代表的金融组织形态,对传统分业经营组织形式的颠覆,导致监管对象与监管机构之间的博弈发生了质的改变:强大复杂的监管对象和弱小分离的监管机构之间的博弈。集权监管正是对庞大金融混业组织的一种回应,同时涉及监管机构内部如何协调。然而,集权监管效率如何,有待历史和现实回答与考验。

源于深厚悠久的分权制衡观念和崇尚自由竞争的思想,因而美国在制度设计上,尤为谨慎,唯恐集权导致“一权独大”无力监督的困境。因本次金融危机,赋予美联储宏观审慎监管的职责,负责系统性风险防护。其下设消费者保护局负责消费者保护,同时扩大了其在银行及非银行金融机构微观监管权,美联储集权倾向可见一斑。然而,美国也着力加强了对美联储的监督和权力限制,包括美国国会下属政府问责局将享有审计权,具体审计包括对FRB作为最后贷款人职责的行使,以及为执行利率政策开展的交易等方面的行为;美联储发放紧急贷款,必须是出于系统性考虑,禁止利用紧急贷款对个别企业提供救助,而且贷款担保必须有效;保证要有效,如果不是系统性原因,不得发放,同时单个个公司也不能以此享有救济。

由于深刻的分权制衡和自由竞争思想和2008年金融危机的爆发,美国对于集权监管十分谨慎。就金融监管机构的职权分工与制衡模式,是采取集权监管模式还是分散监管模式,学者们观点不一。

赞成者认为集权监管具有降低监管协调成本,有强大的应对和处理危机能力,以及增进跨境监管协调等优势。英国学者杰伦·克雷默斯(Jeroen Kremers)和德克·斯马克(Dirk Schoenmaker)就认为,跨业监管可以有效降低监管协调成本,而原本分离的监管职责由单个监管机构负责,有效降低了人员行政、信息沟通、现场检查和非现场检查等成本。① 同时,加强美联储的监管权力,更是对金融危机暴露出来的监管不力、美联储缺乏必要监管手段的回应。此外,支持合并(集权)监管的一个理由是,集权监管减少了监管主体,能够增进跨境(监管)协调。例如,学者李娜娜认为,在我国将三会合一设置金融监管委员会,可以有效降低现今三会并立局面下对外交往的成本。②

但有更多学者表达了不同见解。一是美联储集货币政策和金融监管权力于一身,难保货币政策的独立性和金融监管的有效性。③ 二是从传统权力视角出发,认为集中监管更容易导致监管俘获和监管惰性,④削弱监管有效

---

① Jeroen Kremers, Dirk Schoenmaker. The US Proposals for Regulatory Reform. David Mayes, Robert Pringle, Michael Taylor. *Towards a New Framework for Financial Stability*. Central Banking Publications, 2009.

② 参见李娜娜:《混业经营对我国金融监管机制的挑战与应对》,载《银行家》2016年第2期。

③ 参见饶波、郑联盛、何德旭:《金融监管改革与金融稳定:美国金融危机的反思》,载《财贸经济》2009年第12期。

④ 监管俘获论,是指监管机构受到了特殊利益集团的影响,不能够保护公共利益不受侵害。参见阎庆民:《现代银行业监管前沿问题研究》,中国金融出版社2010年版,第102页。

性。[1] 抵住危机考验的澳大利亚就是金融监管分权制衡的良好典范。至于集中监管增进跨境协调,并不能站稳脚。学者赫默尔(Hemel)认为:虽然历史数据强有力地显示,更多监管者会产生更多的国际监管协议。然而,是监管协议的内容而非监管协调的频率决定着监管协调的效果。例如,雷曼兄弟和花旗银行的危机昭示:巴塞尔协议的资本标准要求在一定程度上导致了本次危机。[2] 同时学者马君潞、常殊昱指出,应对混业经营借鉴美国经验,面临诸多考验,包括新旧机构之间的权力交接、权责明晰问题,还有监管垄断、监管效率降低等因单一监管机构权力过大可能引发的问题。[3]

可见,在决定一国金融监管职权分工与制衡时,是否集中监管,须全面制衡利弊,有时可能利弊相当。澳大利亚通过谅解备忘录形式,实现了监管主体之间的职权分工与制衡,但这并非适合其他国家或地区。没有放之四海而皆准的监管体制,囿于各个国家或地区国情、法律传统、文化观念、行政能力和金融市场发育水平的不同,监管协调的体例选择也就呈现不同的样态。混业监管是内部的协调,分业监管则是外部的协调,但无论哪种协调,都应该回应混业经营发展的现实对金融安全与金融效率的需求。

本章小结

前事不忘后事之师,2008 年金融危机再一次告诫世人:金融监管唯有不断跟进金融实践,及时发现并弥补漏洞,更新监管规则,才能获得一定程度的金融效率。然而,只有在金融不安全的时候,方提金融安全。每一次金融危机之后是每一次的监管改进。人力智识的有限性和本性的贪婪,决定了监管的时滞性。奥巴马(Barack Hussein Obama)宣称:“有了该法案(意指《多

① Daniel Hemelt, Regulatory Consolidation and Cross-Border Coordination:Challenging the Conventional Wisdom, *Yale Journal on Regulation*, 2011,28(1),p.250.

② Ibid..

③ 参见马君潞、常殊昱:《美联储权力结构变迁与混业经营监管的发展趋势》,载《金融论坛》2012 年第 1 期。

德—弗兰克法案》),美国人民再也不会为华尔街的错误而埋单。"①听起来就是个笑话。历史事件留给人类的记忆总是既新鲜深刻又陈旧浅薄,正如罗伯特·J. 希勒(Robert J. Shearer)指出的那样:人类是有记忆的动物,越是惨烈越是记忆深刻。而不确定的风险因素太多,难以预期,包括来自自然界和人类社会本身的,没有什么可以永远保值。而人类历史也已证明并将继续证明:共同的危机往往比共同的利益更能团结彼此。在危机时刻,出于共同的利益和形势,金融监管机构之间能够积极协调,维系金融稳定大局,危机过后,又开始因利益争论不休。

混业经营源于金融机构的对效率的追逐,配合着消费者偏好从价格向金融产品和服务综合程度的转变,依托现代信息科学技术的媒介发展而来。因此,当下的金融监管协调,在控制混业经营所致的新的金融风险分布和组合下,理应以金融效率为着眼点,同时兼顾监管的弹性和效率。

---

① 转引自周卫江:《美国金融监管的历史性变革——评析〈多德—弗兰克法案〉》,载《金融论坛》2011 年第 3 期。

第三章　混业经营趋势下金融监管信息征集与共享机制

综观各国的金融监管协调机制，无论金融业的经营形式如何，都会对金融信息的征集与共享予以安排规制。混业经营趋势下，实施宏观审慎监管，防范系统性风险的重要性更加突出。而"对系统性风险的识别与评估，不仅需要宏观经济数据，还需要市场信息、行业信息、跨境信息以及微观金融机构的资产负债信息，且系统性风险的全面识别与准确判断依赖于各参与和执行机构间有效的信息共享"。① 为何监管信息的征集与共享如此重要，对监管有效性有着怎样的影响？世界主要国家的监管信息征集与共享机制是怎样设计和运行的？2008 年金融危机后，美国推出的 LEI 系统构建和实施情况如何？本章将予以分别介绍和分析，并探究金融监管信息征集与共享的一般性规律。

---

① 王兆星：《后危机时代国际金融监管改革探索》，中国金融出版社 2013 年版，第 70 页。

第一节　混业经营趋势下金融监管信息征集与共享问题的根源与影响

金融信息是金融监管者决策和行动的指针。混业经营趋势下,交叉性金融产品或业务的跨界属性和金融控股公司或全能银行等金融组织复杂的权属关系,加大了金融监管当局获取金融信息的复杂性。学者李成指出:信息不对称程度与金融监管效率具有负相关性,①信息不对称程度越高,金融监管效率越低。本节将深入分析金融监管信息征集与共享问题的根源,同时探究这一问题对监管成本和监管效率的影响。

一、混业经营趋势下金融监管信息征集与共享问题的根源

金融监管信息的征集与共享,源于监管信息与监管决策的紧密关系。2008 年次贷危机中,美国监管失败的教训之一,就是危机前,美国的金融衍生产品市场过于复杂庞大,很多情况监管当局都搞不清楚。② 由于缺乏足够的金融市场信息,以致监管部门难以合理判别金融市场的风险性质和风险体量,导致监管失策。

(一)多元化的金融监管主体

限于当下金融发育水平和金融监管体制,多数现代国家的金融监管体系中,监管主体呈现多元化。一方面,多元化的监管主体是监管专业化、规范化的需要,但同时也导致了监管信息共享与征集问题。如中国仍是“一行三会”的格局,包括中国人民银行、银监会、证监会和保监会四家主要的金融监管机构。而荷兰等国家则是证券监管机构和银行监管机构合一、保险监管机构单设的格局。缺乏监管协调的分业监管模式,难以满足混业经营监管信息的需要。多元化的监管主体,决定了监管信息收集的多元化和

---

① 参见李成、文苑:《我国金融监管协调的重点、机制和效应》,载《金融理论与实践》2007 年第 10 期。

② 参见周小川:《金融改革发展及其内在逻辑》,载《中国金融》2015 年第 9 期。

监管权力的分散化,而混业经营监管需要整合监管信息。另一方面,集权模式可以有效降低信息征集和共享的成本,然而集权模式并不多见。英国的FSA曾经一统之前的9大监管机关,负责证券、保险、银行在内的监管,而今转向准双峰式。由FCA、CFA和BOE下设的金融政策委员会,共同负责。可见,多元并存的监管主体格局决定了监管信息征集和共享的必然性。

混业经营作为一种由金融市场内生变量引致的金融制度变迁,终将催生出与之配套的监管架构。混业经营有其自身的发展规律,自西方发展混业经营至今已有一个多世纪的历史,这期间经历了"混业—分业—混业"的蜕变,而今包括业务融合和组织体制的发展都日臻成熟。与之动态博弈的金融监管制度,囿于时滞性而开展着渐进式改革。在混业监管成型之前,需要对当下的监管体制完善打磨,以契合混业经营模式下风险变化特。例如,我国20世纪90年代中期以前,由混乱的混业经营引致的分业经营、分业监管模式发展至今,虽有些许松动。但总体而言,混业经营发展的市场机制和制度建设还不健全。因此,多头监管和分业监管,将在未来一段时间内继续存在。这就决定了多头监管主体格局下的监管信息征集和共享问题的长期性和必然性。

(二)金融政策的相关性

监管信息的征集问题和共享问题,其根本原因在于政策的彼此相关性。混业经营的发展和金融危机,强化了监管信息征集与共享的必要性,同时,这也是防范监管套利的需要。

其一,混业经营提高了金融体系的内部关联度,强化了金融监管政策的相关性,宏观审慎监管需要全面把握金融信息,确保监管的整体有效性。在混业经营行模式下,金融体系内部因资本和经营合作,如金融机构间的业务合作、战略联盟、共同产品研发和销售、关联交易、参股或控股等,而产生了盘根错节的关系。例如,股票质押贷款,股市若不景气,急剧下跌,股票价值缩水,就会连带银行,形成大量不良证券资产。而银行另一端是存款人,若发生挤兑,则银行就会因流动性不足,濒临倒闭。混业经营形势下,银行、证券、保险等金融机构早已溢出既有的经营范围,触角外伸,如产品层面的万能险、抵押贷款证券化,资本层面的交叉持股等。因此,单个金融监管机构出台的监管政策,不只对相应金融市场产生或松或紧的影响,更会因资本联系和业务合作,而波及其他金融市场。而包括金融机构的资本充足率、内部控制状况、混业产品的风险点和监管举措、防火墙的设置和运作等在内的监管信息,则是把脉市场风险实情、审慎监管决策的根基。金融监管机构之间,唯有通过适当的监管信息征集和共享安排,才能全面了解金融市场行情,明晰风险源头,最小化政策成本。

其二,面对混业经营模式,分业监管存在着明显的信息协调障碍,制约着监管政策有效性的发挥。不同的监管体制决定了不同的监管信息共享需求迫切性。分业监管体制下,各个金融监管机构,在国内外金融市场混业创新的冲击下,需要共享信息,以有效决策。"……由于各监管部门本身存在着对跨专业问题的认识能力有限的制约,而监管部门之间的信息沟通不畅使得这个问题的严重性被放大,监管的认识与反应往往滞后,缺乏带有预见性的监管决策与行动……这种某一监管部门政策制定与执行行为单兵独进的后果,最后殃及该部门自身的监管效率,使其政策的稳定性与延续性、监管行政权力使用的权威性等均大打折扣.甚至于半途而废。"①例如,1997年后,我国信贷资金违规进入股市,导致股票市场行情持续走高,产生股市泡沫。此时,央行发布《关于禁止银行资金违规流入股票市场的通知》并采取措施。但为时较晚,信贷资金已对市场造成了严重冲击。

其三,协调监管信息的征集与共享,是消减混业经营体制下监管套利政策的需要。监管套利的产生与监管规则的不一致和信息不对称有关。分业经营体制下,银行、证券、保险等业务,泾渭分明,接受监管的金融机构、各式金融业务或产品和适用的监管规则一一对应。但在混业经营体制下,银行可以经营保险业务,保险资金可以进入证券市场,更有银证通,投资连结险等复合了两个金融行业特性的产品等,这些冲击了既有对口监管制度。金融机构出于降低合规成本考量,有强烈动机通过业务包装或者金融控股公司的内部架构或关联交易等,躲避监管或者将自身置于监管标准最宽松项下。因此,金融监管政策需要考量对金融主体行为选择的影响,约束其选择可能性。在提出政策动议、政策制定、政策实施、政策效果反馈等环节,加

---

① 肖春海:《金融业混业经营条件下的金融监管》,中国财政经济出版社2003年版,第273~274页。

强对包括金融机构行为选择、市场流动性、金融案件等信息的交流与共享，提升监管政策的科学性，实现监管中立，维护自由竞争的金融市场秩序。

（三）信息共享平台缺乏，金融数据要求不一

监管信息征集与共享问题亟待解决的另一现实原因，是各个监管机构均有各自研发或购买的信息征集系统，同时也有根据自身监管要求设定的信息统计内容和标准。这在分业经营体制下，并不是问题，反而是专业化、规范化监管的体现。然而，在混业经营体制下，诸多金融业务或产品，还有全能银行、金融控股公司等已经不能完全归于某一类监管机构项下。各自为政的信息收集就会造成监管信息碎片化，加剧市场的不透明程度，同时影响监管政策效果。

其一，综合化经营的金融机构对应的应是综合化的监管架构，而信息征集和共享平台的缺乏，导致监管难以统一。金融服务的全面化，推进了金融机构和金融市场作为有机整体的形成，这就对监管提出了全面性、综合化等特征的匹配要求。① 信息征集和共享平台的缺乏在分业经营、分业监管体制下，不致产生太大的风险问题。然而在混业经营趋势下，监管机构之间金融信息沟通不畅，就有可能导致金融风险扩大蔓延，因此，混业经营对监管机构之间共享监管信息的迫切性更加凸显。混业经营在提升金融效率的同时，“它还加剧了信息的恶性循环和不对称性，削弱了各国货币政策的独立性，降低了各国抵御风险的能力”。② 由于各监管部门本身受限于对跨专业监管和风险的认识能力不足，加之各个监管部门之间信息沟通平台的缺乏，会扩大问题的严重性，进而导致欠缺预见性的监管决策与行动，制约监管实效。因此，在分业监管向综合化监管过渡阶段，唯有设计更科学、高效的信息征集与共享系统及相关协议安排，方能跟进金融发展步伐，监控风险。而对于综合性监管体制而言，要注意避免原来机构间的信息共享难题转变为部门内的共享难题。

其二，征集的金融数据格式、要求不一，增加了社会成本支出。监管信

---

① 参见巫文勇：《中国金融业监管制度改革研究：基于金融混业经营视角重新思索》，西南交通大学出版社2010年版，第232页。

② 尚金峰：《开放条件下金融监管》，中国商业出版社2006年版，第57页。

息征集和共享问题涉及监管成本和守法成本,各自为政的信息征集和使用,不是帕累托最优。社会的安定与发展,需要付出一定的代价。金融监管维系着金融效率与安全,也要注意绩效考核,确保信息收集和共享的收益大于支出。因此,监管共享的实践操作,都要求金融监管机构首先向直接监管该金融企业的监管当局获取,从金融机构获取信息必然比从其他监管机构直接获得信息更慢、更费事。① 在通过上述途径无法获得所需金融数据时,监管机构再向金融企业征集,以避免金融机构重复提供数据。例如美国,根据SEC的要求,银行监管者必须报送某些信息,如关于开展证券活动的银行。然而,在现实操作中,囿于各个监管机构的监管对象、监管目标、监管重点不同,各金融机构提交的信息报表等相关数据的内容和格式要求也不尽相同。上述"向对口监管机构获取信息的前置安排",固然可以在一定程度上减轻金融企业的守法负担。但从事混业经营的金融机构,大多仍面临多头监管,需要向多方提交形式不一的金融数据的问题。

二、混业经营趋势下金融监管信息征集与共享问题的影响

(一)对监管成本的影响

1. 通过非现场检查获取监管信息,有效降低了监管成本

混业经营趋势下,非现场检查获取监管信息的迫切性更加凸显。金融监管权中,金融检查权是非常重要的一项权能,包括现场检查(on-site examination)和非现场检查(off-site examination)。非现场检查是指金融监督管理部门,通过手工或计算机系统定期或不定期审查和分析金融机构各种报告和统计报表等资料,并据此审查金融机构对法律法规和监管要求的执行情况,及时发现存在问题。非现场检查能够反映金融机构潜在风险,尤其是在现场检查间隔时期,从而提前布置风险防范举措。金融业务不同于其他实体经济产业,通过非现场检查获取金融机构的统计和市场信息、内外部审计报告、风险评级情况,以及其他业务、财务信息和数据,而这些数据的取得无现场获取的必要。在金融混业经营大势下,金融产品、业务创新层出不穷,仅仅依靠现场检查难以及时发现问题、解决问题。因此,以美国为

① 参见刘向民:《美联储监管之责缘何扩大》,载《中国改革》2011年第3期。

代表的现场检查监管理念和方式在20世纪90年代以来发生了转变,较多倚重非现场检查。囿于各个国家金融体系结构、金融法制情况、金融市场发育程度、国际金融发展形势等因素的不同,各个国家的非现场检查的方法也不相同。例如,美国通过报刊及其他新闻媒体了解金融主体动态、金融主体的分支机构、经营范围变化等批准报备情况、对有关监管主体报告呈交(关于金融机构)的要求、call报告(为美联储、联邦存款保险公司和通货监理署独有)[①]等。

与现场检查相比,非现场检查具有诸多优势。首先,非现场检查不干扰金融机构的正常运营。如通过报送各种报表和报告(报表一般包括月报、季报、半年报、年报,报告包括资产负债表、外币敞口头寸表、投资债券分析表等),不会影响保险公司、银行等金融主体的日常经营行为,从而有效降低其守法合规的成本。利用计算机处理、网络传输技术,即可实现相关信息快速上报至监管机构,既提高了监管当局获取金融信息的时效性,同时也节省了金融机构的提交支出。其次,非现场检查使现场检查有的放矢,降低了监管成本。非现场检查通过分析数据,再行现场核查,将工作时长大幅缩短,同时也有效削减了这方面的经费支出。同时带着线索去现场,提高了查证效率。[②] 最后,非现场检查助益监管机构有效配置监管资源,降低监管成本。[③] 通过非现场监管获取金融机构的信息,监管机构可以第一时间发现重大风险的迹象,据此加强监管,及早处置风险。另外,通过非现场检查的信息,确定不同类型金融机构的检查频率和内容。比如,系统性重要金融机构和金融控股公司,鉴于其在本次金融危机中所产生的系统性风险及其在金融体系中的重要地位,就需要增加监管资源配置,严格监管指标。而对于是非现场检查分析结果良好的一般金融机构,可以进一步优化监管资源

① call报告,英文全称为Report of Condition and Income Data,简称Call Report。每一个投保的商业银行每季度都要向其联邦监管机构(FDIC,FRB & OCC)提交Call Report。这个报告提供了每一银行全方位的资产负债表和损益表。2005年10月,Call Report进一步现代化,Central Data Repository(CDR)中心数据储存库开始运营,革新了数据收集、验证、管理和分布方式。在该系统下,(金融)机构通过网络使用由FFIEC编辑的验证软件,即可提交报告数据。参见FFIEC. Call Report Modernization,http://www. ffiec. gov/find/,2016-03-11。

② 参见胡维:《大数据时代的非现场监管》,载《中国金融》2015年第15期。

③ 参见王正茂主编:《金融监管的国际比较》,国家行政学院出版社2011年版,第182页。

配置。

2. 混业经营对信息征集与共享成本冲击分析

混业经营作为金融业经营模式,并不必然导致金融监管架构的同步变革。因此,混业经营形势下,对应的监管模式可能是分业监管,也可能是混业监管。而在不同的监管模式下,信息征集与共享的成本也不同。

第一,混业经营、分业监管体制下监管信息征集与共享的成本。从金融监管机构的角度看,处在向混业监管过渡阶段,金融市场的混业发展水平不高,与此相对应之成熟的市场纪律和监管制度尚未架构,仍是处于雏形的混业监管市场纪律和分业监管体制。此时,从事金融混业经营的金融企业,需要就其所涉金融领域的业务、产品向归口监管部门提交报表和报告。其中难免数据的重复提交,从而增加金融企业的合规成本和交易成本,有违金融监管中立主义和金融效率的监管目标。从金融监管机构角度看,混业经营趋势下,多方监管机构获取相重复或交叉的金融信息,就会导致监管支出增加,包括获取数据的支出、雇用专业人才研究的支出、开发相关系统软件分析支出和数据运用的支出。同时,通过其他监管机构获取信息,还会产生信息获取支出、信息传输支出以及信息保密支出等。

第二,混业经营、混业监管体制下监管信息征集与共享的成本。成熟的金融市场,会逐渐繁衍相适应的市场纪律约束和监管体制。混业经营发展到高级阶段,混业监管的制度建设,包括监管信息征集与共享的安排也已健全到位。亚里士多德曾经说过:“对于同质的事物,我们要同等地对待;对于不同质的事物,我们要区别对待”。[①] 各国或地区的金融结构体系不同,自然混业监管体制也不类似,就当下而言,金融危机后,有以“央行职能扩大论”为典型的美国伞形监管架构重塑,美联储的职能进一步扩大;也有双峰式监管架构的推崇者——英国,架构了准双峰的金融监管框架,金融行为监管局(FCA)和审慎监管局(PRA)。值得注意是,两国均有意识到监管信息共享的重要性,并进行了相关的制度设计。就金融企业而言,开展分业经营的金融机构的负担无变化。而跨业经营的金融机构,在得当制度设计下,

---

① [德]基恩斯·魏德曼、谢瑞芬、门超:《欧洲金融市场的一体化——基于中央银行的视角》,载《中国金融》2015 年第 21 期。

只需向单一监管中心提交一套报表和报告等数据即可,这将极大地降低金融机构的守法成本,助益金融效率的提升。“(统一型监管体制下,金融监管机构)所监管的金融机构也可以通过一体化报告系统的运用,统一监管数据库的搭建,从而减少重复报告现象(极易出现在分业监管体制下)。”①就监管机构而言,不同的信息征集与共享安排,将会产生不同的成本。“统一型监管体制条件下,金融监管机构可以采取集中统一的中央支持系统,包括人力资源、信息服务、财务控制等。”②以金融控股公司为代表,统一的金融机构对应统一的监管中心的情势下,监管中心需要根据混业经营的风险特性和监管技术要求,妥当设计混业金融机构所需提交的报表和报告等数据的范围、内容、格式、频率等要求。这需要监管协商、专业人才研究和市场调研,同时需要研发监管信息征集与共享的平台系统,并予以维护更新。尽管这将是不菲的支出,但这属于金融基础设施建设,为“长期投资”,为维护金融稳定所必需。

(二)对监管效率的影响

金融混业经营和金融危机,凸显了监管信息征集与共享对监管的重要意义。随着跨国金融机构和资本全球化,金融混业经营已从发达经济体渗透至新兴市场国家,蔓延到全球各个角落。2008 年的金融危机,检验了现有的以货币政策、宏观经济政策、财政政策、微观审慎监管、金融行为监管、金融市场、金融安全网等构筑的“自以为稳固”的金融稳定机制。这场检验,凸显的一大缺陷就是对因跨行业、跨市场传染产生的系统性风险,现有的金融监管难以防范。特别是庞大金融机构复杂的业务机构和金融产品,大量资产证券化表外衍生的影子银行体系,对监管者的理解和认识能力提出了较高要求。对于此类金融主体、金融业务或产品,加强信息共享,对于防范跨机构、跨市场的风险传染,提高金融监管效率至关重要。

而历史悠久的英国北岩银行,即因监管信息沟通不畅,导致挤兑危机爆发,并最终被国有化。受美国次贷危机影响,英国北岩银行出现流动性危机,因英格兰银行(英国央行/BOE)、FSA 和财政部三方信息沟通不畅(尽

---

① 王正茂主编:《金融监管的国际比较》,国家行政学院出版社 2011 年版,第 40 页。

② 同上书,第 39 ~ 40 页。

管三方签订有《谅解备忘录》,但三方信息交流机制运行不佳)信息共享效率低下。加之危机处理协作机制存在缺陷,贻误最佳救助时机,错判北岩银行首次贷款救助时机以及后续援助的迟延,导致英国发生了自 1866 年以来首次挤兑事件,最终以对北岩银行实施国有化告终。可见,金融信息的征集与共享,对于维护金融市场的稳定而言,至关重要。

首先,监管数据的可得性影响着混业监管效率。真实、准确、完整、及时的监管信息的获得,对于监管资源的科学配置十分关键。在混业经营趋势下,金融创新层出不穷。而在全球金融机构、金融市场联系日益紧密同时,风险跨市场、跨机构、跨境传染系数也更高,在 21 世纪初金融危机阴霾未散之际,通过对监管信息的分析运用,从而确保金融稳定和金融效率,系当下金融监管目标。通过对监管数据的趋势分析和比较分析等,有重点、有选择地设计和改进监管方案,严格或放松对监管对象的包括资本充足率、流动性、资产质量、强制信息披露情况、偿付能力等的监管要求,增加或减少对某类或某个金融机构的检查频率等,监管聚焦更有可能产生风险的金融行业、金融区域和金融机构,从而有效防范风险,维系金融稳定。同时,通过监管数据的处理和分析,制定现场检查预案,有重点地检查资产充足状况、内部管理、盈利状况等,有的放矢,能够更有效地达成监管目标。

其次,以监管信息为基石,建立金融风险预警系统,能够及时发现风险,启动危机处理预案,迅速介入处理,降低监管成本,减少金融风险传染扩大化的损失。混业经营情势下,通过跨市场业务、财务指标、杠杆率、风险拨备、特定行业更高的风险权重等指标对金融机构实施有效监控,能够及时发现“敏感”异动方向。例如,分析金融机构的主要业务经营比率和比率“通常界限”,对有可能发生的金融风险进行预警,进而及早介入金融机构予以干预,并部署风险处置安排,避免多米诺骨牌效应传染至其他金融机构乃至实体经济。此举可降低监管机构在金融风险扩大化的处置成本,同时也避免或者尽可能弱化了可能造成的金融效率和金融稳定环境(包括银行挤兑、市场信心、消费者福利等)损失,实现金融稳定和宏观经济发展环境的有效维系。这也体现了金融信息对监管效益的增进作用。

最后,金融信息收集、处理成本的降低,有赖于监管者之间信息共享,从而推进监管效率。混业经营情势下,监管机构需要更加配合,以实现宏观审慎监管,防范系统性风险。监管机构之间通过法律法规规定或是谅解备忘录等多边或双边安排,设立日常信息共享机构或专门负责人,共享日常监管信息,减少了向金融机构收集的时间、人力、物力成本。而直接从其他监管机构获取的监管数据,大都经过一定的技术处理和分析,进一步减少了监管机构处理、分析成本。通过现代电子技术创建统一的信息收集和共享平台,包括统一的法人识别码(LEI)系统的创建,监管机构能够获取及时更新、完整的金融机构、金融市场的动态信息。特别是在混业经营大势下,大量成长起来的大型跨国、跨市场的金融控股集团的数据信息全貌,促进高效、科学监管决策的实现和监管效率的提高。

第二节　混业经营趋势下金融监管信息征集与共享问题的处理

一、混业经营趋势下金融监管信息征集与共享问题处理的国际实践

鉴于金融信息在监管决策中的关键地位,各国都对金融监管信息的征集和共享作了一定的安排,并在金融发展中不断完善。2008 年金融危机后,美英等国进一步改革了本国的金融监管体制,同时也对金融监管信息的共享进行了重新安排。鉴于混业经营的发展和金融国际化的迅猛势头,国际社会也更加注重监管信息的共享,而酝酿多年的法人识别代码(LEI)系统的构建和推广,也在探索实践中。

(一)立法明确监管信息征集与共享的分工

关于金融监管信息的征集与共享分工,基本上各国都以法律形式明文规定每一监管机构的职权,包括征集和共享信息的范围、程序、时限、形式等。例如,英国通过《英格兰银行法》和《财政部、英格兰银行和金融服务局之间的谅解备忘录》划分英格兰银行(英国英行,BOE)、财政部与 FSA 之间信息收集、交换与共享方面职责,日本通过《金融监督厅设置法》及相关法案明确总务机构协调信息交流的权责。以下分别以美国和德国为例,介绍金融监管信息征集与共享分工的立法安排。

1. 美国金融监管信息征集与共享的安排

对各个监管者之间的信息征集与共享的协调合作作出明确规定的，是1999年通过的《金融服务现代化法案》（以下简称GLB法案）（以下委员会是指美国证券与交易委员会SEC）。该规定使SEC可以获得联邦银行机构的信息，包括业务数据、检查结果、报告、记录和其他信息。同时为了避免监管信息的重复征集和重复检查，法案规定SEC应最大限度地运用其他监管机构先行征集的监管数据、报告等监管信息和检查结果，以减轻金融机构的负担，同时有效减少监管成本的支出。

根据该法案，美联储是监管信息征集与共享的协调者，在不抵触的法律前提下，证券、银行与保险的监管者应当尽可能满足另一方监管者的需求。在保险监管法规制定时，若涉及银行或证券业务，需向其征询意见。若发生抵触，美联储负责协调，向哥伦比亚联邦巡回法院提出废除旧法条，或是举行听证会，向国会或总统提出修改意见。①

委员会有可获得和使用、保密既有报告的义务。GLB法案修改了《联邦存款保险法案》第18节“关于存款保险机构的规范”中有关记录保存要求的内容：（1）要求每一适格的联邦银行监管机构，在与委员会协商并考虑委员会意见后，应根据1934年《证券交易法》的第3条（a）款第（4）项和第（5）项之例外规定，对银行提出记录保存要求，该记录保存要求须足够与要求一致，同时便利上述例外规定的实施。（2）每一联邦银行监管机构须提供委员会根据第（1）项规定请求的任何信息。尽管有其他法律规定，委员会都不得被迫公开任何此类信息。但该项规定并未赋予委员会向国会隐瞒信息的权力。②《1940年投资顾问法》在210节之后增加了如下新内容：协商（a）检查结果与其他信息（1）适格的联邦银行机构应该根据委员会的请求，提供任何检查结果、报告、记录或该机构可以获得的——根据该编项下第203节登记的银行控股公司、银行或者银行独立的部门可能拥有的信息。③ 委员会使用既有报告的义务。根据（B）款的规定，委员会应该最大

---

① 参见万峰：《金融集团监管：国际比较与中国选择》，中国金融出版社2013年版，第94页。

② SEC. 204. INFORMATION SHARING.

③ SEC. 220. INTERAGENCY CONSULTATION.

限度地、接受被监管的投资银行控股公司或其附属机构，根据法律规定向其他合适的监管机构或自律监管组织提供的报告。报告的范围包括根据SEC请求的任何报告。(C)款规定检查权限之尊重其他其检查结果——为了本节目的，委员会最大限度使用如下检查结果，包括根据1956年《银行控股公司法案》第2条第(c)款第(2)项(D)、(F)、(G)分项或者第4条(f)款下的监管机构对该机构的检查报告，或者由合适的州保险监管机构对颁发牌照的保险公司进行的检查报告。①

2010年7月，《多德—弗兰克法案》正式生效，该法案创设了金融稳定监管委员会，负有监管信息征集与共享责任，内容较为广泛，包括信息收集、研究、分析、共享、避免重复收集和保密等。具体可见第112节的规定：(A)收集来自成员机构、其他联邦和州金融监管机构，以及联邦保险局的信息。如有必要，评估美国金融体系面临的风险，并可指示金融研究办公室收集银行控股公司和非银行金融公司的信息。(B)可向金融研究办公室指导方向，并要求其提供相关数据和分析，以支持委员会的工作……(E)促进成员机构和其他联邦与州机构之间，在针对国内金融服务政策发展，规则制定、检查，报告要求和执行措施的开展信息共享和协调。②

《多德—弗兰克法案》同时规定了FSOC的信息获取权，具体内容包括呈报信息的机构、信息主动呈报权利、减轻信息呈报负担的安排、信息引发的紧急检查权和收集信息的类型、范围。就呈报信息的机构而言，FSOC可以接收由金融研究办公室、成员机构及联邦保险局呈报的任何必要数据和信息，并可以要求该等机构呈报必要数据和信息，以监控金融服务市场。同时《多德—弗兰克法案》规定了金融研究办公室及成员机构的信息主动呈报权利，即无论是否存在不同法律规定，研究办公室、任何成员机构及联邦保险局均可以向FSOC呈报信息。就减轻报告负担部分，不仅包括减轻本国金融公司的报告负担，同时也包括减轻外国金融公司的报告负担。联邦储备委员会的紧急检查权，联邦储备委员会根据所获信息，无法就某一非银

---

① SEC. 231. SUPERVISION OF INVESTMENT BANK HOLDING COMPANIES BY THE SECURITIES AND EXCHANGE COMMISSION.

② SEC. 112. COUNCIL AUTHORITY (a) PURPOSES AND DUTIES OF THE COUNCIL. —(2) DUTIES.

行金融公司是否对美国金融稳定构成威胁作出判断时,可由其对该非银行金融公司实施检查。[①] 此外,FSOC 还负责规定数据中心收集的数据的类型和范围。

第 153 节规定了金融研究办公室的职责范围,其中关涉监管信息和数据征集与共享的内容如下:就涉及监管信息和数据征集与共享安排的法律规定,包括:其一,权限设立的目的和职责部分:支持委员会及其成员机构达成目标,履行职责,正如 A 子编所言:"1. 代表委员会收集信息,并将此信息提供给委员会及其成员机构;2. 致力于报告数据和收集收据的类型与格式的标准化……7. 协助成员机构确定该等成员机构根据本法授权收集的数据的类型和格式。"[②]其二,行政管理权部分:主要规定了金融研究办公室与委员会、成员机构和经济分析局共享数据和信息及条件,包括安全保护级别、开展金融分析、保密等。其三,规则制定权部分:成员机构与委员会,就报告和收集的数据之类型和格式制定统一标准事宜,予以协商。

就涉及监管信息和数据征集与共享安排的组织结构,包括:金融研究办公室下设数据中心和研究分析中心。前者主要负责数据的收集、保存、发布等;后者主要负责开发和维持独立的分析能力和计算资源。数据中心代表 FSOC,负责从成员机构、商业数据提供商、公开的数据来源以及金融实体处,收集、确认和保存全部必要数据。同时根据自身判断或与 FSOC 的协商,可要求任何金融公司提交定期报告和其他报告,以评估其金融活动及对金融稳定的威胁。在金融公司呈交报告之前,数据中心先行与负责该金融公司对口监管的成员机构、优先金融监管机关或外国监管机关协商,采信获取信息,以减轻报告负担。就收集金融交易数据和持仓数据时间安排,金融研究办公室须与 FSOC 磋商确定。同时数据中心有发布金融公司参考数据库、金融工具参考数据库、金融研究办公室的数据格式和标准以及保密的责任,同时需要保障信息安全和金融实体和工具维持目录。

2. 德国金融监管信息征集与共享的分工安排

德国关于金融信息统计的法律法规,包括欧盟和国家两个层面。在欧

---

① SEC. 112. COUNCIL AUTHORITY(d)AUTHORITY TO OBTAIN INFORMATION.

② SEC. 153. PURPOSE AND DUTIES OF THE OFFICE.

盟层面,有两个法令针对欧洲中央银行体系对其成员国的金融统计信息的收集权,进行了详细规定,一个是 No. 2533,另一个是 No. 2433。在德国国家层面,相关的法律有《德意志联邦银行法》(Bundesbank Act)、《银行法》(Banking Act)、《联邦统计法》(Federal Statistics Act)以及《联邦数据保护法》(Federal Data Protection Act)。

根据法律规定,德国央行拥有金融信息收集权,系主要的金融信息收集部门。德国联邦监管局可以依法从央行获取金融机构的各类统计报表数据。二者之间共享数据库和信息系统。根据《统计法》和《联邦银行法》的规定,联邦银行系唯一可对金融机构行使统计权力的机构,金融服务监管局无权向金融机构征集统计信息。金融机构每月须向联邦银行(全国的分支机构)报送各类统计报表。① 除此之外,联邦银行还负责对金融机构资本金和流动性等数据进行分析,并将分析报告连同统计数据一同提供给监管当局。② 联邦银行通过联邦银行超级网接收各金融机构自动报送的数据。联邦监管局可从央行获取各类统计报表及分析结果等数据。联邦银行和联邦金融监管局都要遵守《联邦数据保护法》,二者共享数据库与信息系统,并建立联合数据文件。《银行法》规定:二者可以职责履行所需,被授权自动进入由对方维护的数据库。同时,联邦银行为了数据保护,在每十次监管机构获取数据后,建立相应的日志,予以记录。此外,如果一方认为对方数据不正确,须及时指出,对方可以视情形,及时予以改正、暂时停止进入或删除数据。③

此种由联邦银行单独行使信息收集权、与联邦监管局共享信息的征集与共享的安排,彻底解决了多个信息征集主体可能出现的重复征集问题,有效降低了金融机构的报送报表的守法成本。同时由于信息共享的单向性,即仅由联邦银行向联邦监管局提供,相较多个金融监管主体之间多线、双向共享监管信息的现实协调操作,也大幅降低了信息共享成本。

---

① 参见肖筱林、舒晓兵:《从"分业监管"到"混业监管"——德国金融监管体制的变迁》,载《生产力研究》2008 年第 12 期。

② 参见梁山:《德国中央银行监管角色及其对我国的启示》,载《南方金融》2012 年第 2 期。

③ 参见李京阳:《德国中央银行的金融统计制度》,载《上海金融》2008 年第 12 期。

（二）签订备忘录，约定信息征集与共享的权责

1. 澳大利亚的监管信息征集与共享安排

澳大利亚主要的监管机构包括RBA、APRA、ASIC、the Treasury，两两签订了监管合作谅解备忘录，包括APRA与ASIC之间、APRA与Treasury之间，APRA与RBA之间，ASIC与RBA之间，这些谅解备忘录就包括信息共享内容，以及任何可能对他方监管责任造成影响的监管决策。就混业经营而言，最需要协调的是APRA与ASIC。通过分析两者之间的谅解备忘录发现，两监管机构合作的基点在于——在ASIC方面，APRA同样需要负责就澳大利亚金融服务牌照持有者所涉一般保险产品的信息收集。对于该数据收集的联合管理，两监管机构将通过合作工作协议解决。具体可见备忘录的信息共享、主动援助和信息条款的成本部分，包括APRA和ASIC的信息征集的分工、信息提供、信息保密、防止重复收集信息的安排：

第一，备忘录强调充分及时的信息交换是两方协调的重要方面。第二，在监管信息的征集分工方面，APRA负责大范围收集其审慎监管实体的信息。而ASIC则负责大范围收集其在澳大利亚金融系统的监控和推进市场完整性及消费者保护方面的信息。第三，在监管信息的共享和主动提供方面，规定：当一方所持有的信息，为另一方职责所必需时，属于依法共享信息的情形，信息持有方须善意及时提供。每一监管机构在履行职责、行使权力时，若所获信息裨益他方执行或守法时，应及时通知，主动提供，即使没有收到他方对此种信息的请求。第四，就信息的保密安排，规定：当交换保密信息时，认可另一方所涉法律的机密性和保密要求，提供方有权规定保密等级。而且任何一方都不得披露机密信息给第三方，除非提供方同意或者依法授权。第五，两方将协同工作避免信息收集的重复，以最小化金融机构的报告负担。第六，根据立法限制和合适成本平摊，安排所需收集信息。一般而言，提供信息方将负担信息的检索和提供费用；若此费用不菲，可以与信息请求方就此交涉，协商成本共担安排。①

---

① 见信息条款的成本部分：Cost of Provision of Information，参见Memorandum of Understanding between the Australia Prudential Regulation Authority and the Australia Securities and Investment Commission。

2. 英国的金融监管信息征集与共享安排

英国在 1997 年改革了金融监管架构,合并了证券、投资、保险、信托、养老金等九大金融监管机构,成立了金融服务局 FSA,统一负责监管英国的金融市场。同时,为了推进金融监管协调,同年英格兰银行,财政部和 FSA 三方签订了《谅解备忘录》。

《谅解备忘录》开宗明义,为构建三方合作框架,明确责任和协调工作达成金融稳定共同目标而订立。而《谅解备忘录》规定的责任分工四项原则之一,就是定期信息共享——以推进每一监管机构尽可能有效地履行职责。信息征集与共享内容主要规定在《谅解备忘录》的第五部分和第六部分。

第五部分"信息征集",本部分主要就 FSA 和英格兰银行的征集信息的职责分工、如何避免重复收集作出了原则性的安排。双方约定:FSA 通过履行法定责任,将收集其授权及监管公司的大范围的信息和数据;FSA 和央行将协力避免相同数据的分别收集,减少公司负担。在需要同一信息时,两机构将就收集方和传输事宜达成一致协议;英格兰银行将在履行职责时收集数据和信息。①

第六部分"信息共享",本部分则主要就信息共享的人事设置和制度安排、信息提供、使用和保密等予以规范。双方约定:信息共享将在几个层次进行。英格兰银行副行长(负责金融稳定)将是 FSA 的董事会成员,而 FSA 的主席也将是英格兰银行理事会的一员。除高层之外,在其他层次也有紧密和定期的交流。FSA 和英格兰银行将在两机构间设立借调人员计划,以强化和培育合作文化;FSA 和英格兰银行将成立信息共享安排,以确保关涉其履行各自职责的所有信息得到完全和自由地分享。每一方都应提供对方所请求的相关信息。接受信息方需确保在履行职责范围内使用,同时未经法律允许,不得传输于第三方。② 看似缜密的信息共享安排,却在 2007 年北岩银行流动性危机检验中暴露了不足。

---

① Information Gathering. See Memorandum of Understanding between HM Treasury, the Bank of England and the FSA.

② Ibid..

2008年危机后,英国对现有的金融监管架构进行了改革,将FSA一分为二,成立了FCA和PRA。FCA对FSA信息策略进行了反省,认为:过去FSA就向金融企业获取数据和信息方面,并不总是清晰有效,存在诸多诟病之处。包括征集监管数据和信息的频率和时间不合理、数据和信息的运用和管理的透明度低、技术服务支撑不到位等。

在FCA和PRA之间,对于接受双重监管的公司,在情况必要时,予以信息共享;同时针对非双重监管公司,为确保获得对(金融)市场的完整认识,必要时也要共享信息。同样地,在FCA和PRA之间也签订了《谅解备忘录》,并就信息征集与共享做了安排,以推动双方协调数据征集工作,避免双重监管数据请求。《谅解备忘录》要求双方就征集的数据或表格的变化,进行定期协商,包括共享数据用途的限制;促进监管者之间有效共享数据之数据系统的管理。① 就数据征集的分工而言,所有的电子审慎报告都将继续通过GABRIEL(全称为GAthering Better Regulatory Information Electronically,意为以电子方式更好地收集监管数据,系FCA收集和储存公司数据的在线系统)②提交,同时,对报告有明确的时间要求,如果公司未能按时提交,将被征收250英镑的行政费。如果公司不提交要求的信息,将采取行动,即公司将失去业务活动准入许可。③ 双重监管公司将通过该系统提交FCA要求的相关问题,以及PRA对其报告内容要求。而基线数据,如公司的登记名称、商号、注册办公所在地和主要营业场所等,将由FCA负责收集。

英国作为英美法系的代表,不成文法在国家、民众生活中占据着十分重要的地位,而以《谅解备忘录》的形式确定金融监管机构之间的信息征集与共享责任,根源在于英国具有判例和契约精神等提供着深厚的效力土壤。

---

① See Memorandum of Understanding between the Financial Conduct Authority(FCA) and the Prudential Regulation Authority(PRA).

② GABRIEL系FCA策略性的监管报告系统,供公司以电子化方式提交数据,系一个极富弹性、具有较好的用户友好性的网络报告平台。参见FCA. Introduction to Gabriel,https://www.fca.org.uk/publication/documents/introduction-to-gabriel.pdf,2017-05-08。

③ FCA. Introduction to Gabriel. https://www.fca.org.uk/publication/documents/introduction-to-gabriel.pdf,2017-05-08.

(三)LEI 系统的构建与实施

2008 年金融危机,更进一步地凸显了金融交易全球化而金融监管非全球化的尴尬处境。而混业经营态势的推进,各国继续各自为政构建宏观审慎监管框架,则将使这一尴尬处境更加窘迫。对此,美国率先提出为金融市场构建 LEI 系统,以求解决微观金融信息收集不力的现状。以连续、高质量聚合的金融信息采集和分析为基础,部署宏观审慎监管,监控和防范系统性金融风险。宏观审慎监管和政策决断都是由经济研究推动的,因此,对行业的数据进行收集和适当分析对决策具有直接影响。通过 LEI 标准系统的实际运用,能够推动更有效的监管体制和更有智慧的政策。①

《多德—弗兰克法案》授权金融研究办公室(OFR)就美国金融企业如何在向其报告时识别自身,设立标准。同时,《多德—弗兰克法案》要求美国期货交易委员会(CFTC)和 SEC 就报告掉期交易,包括如何识别交易对手方发布规则。② 2010 年 11 月,金融研究办公室发布《关于金融合约中的法人识别问题的声明》,首次提出在美国金融市场构建一个统一的、标准化的 LEI 系统。该系统旨在为每一参与金融交易的法人实体分配一个单独的数字化身份识别码。③ 这个身份识别码就是一个参考代码,横跨各个市场和管辖权。这个唯一实体编码,能够帮助风险管理者和监管者及时、准确识别金融交易参与方。④ 与之配套的是制定一套标准化的数据报送准则,美国境内所有金融交易方都须遵照此规则及时向 LEI 系统提供并更新信息。⑤ 该系统指定的代码具有长效性,并有一定的扩容空间(考虑行业覆盖

---

① Bottega, John A. and Powell, Linda F., Creating a Linchpin for Financial Data: The Need for a Legal Entity Identifier. http://ssrn. com/abstract = 1723298 orhttp://dx. doi. org/10. 2139/ssrn. 1723298, 2015 - 12 - 02.

② 美国财政部, Legal Entity Identifier (LEI) - Timeline of Major Events, https://www. treasury. gov/press-center/press-releases/Documents/081211% 20LEI% 20Major% 20Timeline% 20of% 20Events. pdf, 2015 - 12 - 02。

③ LEI 系统为参与金融交易的机构分配唯一的 20 位编码,前 4 位是 pre-LEI 编码(各地区发行 LEI 编码的机构代码)第 5 ~ 6 位保留为 0,第 5 ~ 18 位由 pre-LEI 发行,第 19 ~ 20 位为校验码。

④ 举例而言,一个大型国际银行,可能有 LEI 识别其上代实体同时对于其下每一从事买卖股票、债券、掉期或者其他金融市场交易的实体都有一个 LEI。

⑤ 参见王达、项卫星:《论国际金融监管改革的最新进展:全球金融市场 LEI 系统的构建》,载《世界经济研究》2013 年第 1 期。

面、潜力行业和监管创新等因素),为所有适格的市场主体所获得,可信、安全,避免腐败或滥用。[①] 金融机构在LEI注册时需要提交一些相关信息。[②] 美国Pre-LOU(美国的DTCC/SWIFT)建设时间相对较早,为独立建设由CFTC发起,名称为GMEL,注册网站为https://www.ciciutility.org,功能比较完备,进展较快。本地系统(LOU)逐步营运,同时也是发行LEI编码最多的,于2013年10月3日获得国际互认。

同时由OFR负责与美国各级金融监管部门进行沟通协调,以使LEI系统与现有金融监管框架实现无缝对接和资源整合。比如,将LEI融入财务报告要求的规则制定中,同时主张将LEI应用到美国三大关键数据中,包括由银行完成的call reports,证券金融报告和提供材料。在LEI系统的数据标准推广方面,美国先从OTC市场开始,因为场外衍生交易市场没有明确的数据报送规则,而后是银行、保险、证券等传统金融市场领域。

美国各大金融监管机构均在积极推进LEI系统的使用和推广,推动包括银行、保险、基金和证券等各个领域的金融企业加入到LEI。截至目前,美国联邦储备系统(FRB)、CFTC和美国保险协会要求在提交行业对银行控股公司、掉期交易和保险投资的各种报告中有LEI。此外,SEC、市政证券规则制定委员会和CFTC已建议将LEI列入信用评级披露、货币市场基金的月意见书、私募基金经理的报告和期货结算商的所有权报告。SEC和CFPB就是否有需要在掉期交易和房屋抵押贷款披露中加入LEI,正在申请提交提案。[③]

LEI系统将裨益金融业、监管者和政策制定者跟踪风险和金融体系内的联系。就金融企业而言,LEI系统可以提高企业在内部报告、风险管理,以及收集、筛选和汇总数据方面的效率,同时通过减少多样化的识别报告系统导致的重复和重叠,缓解金融企业的监管报告负担。而对于监管部门而

---

① OFR. OFR Statement on Legal Entity Identification for Financial Contracts. http://www.regulations.gov/#! documentDetail;D = TREAS - DO - 2010 - 0008 - 0001,2015 - 12 - 02.

② 注册LEI编码需提交以下信息:机构的官方名称;总部和组成单位的地址;发放、更新、终止全球LEI的日期;对具有终止日期的实体还应记录终止理由,以及继承其业务的法律实体的LEI;业务注册信息;其他参考信息等。后又增加了法律形式、工商注册信息(可选)。

③ OFR. Legal Entity Identifier-Frequently Asked Questions. http://financialresearch.gov/data/legal-entity-identifier-faqs/,2015 - 12 - 04.

言,可以更好地监控和分析金融稳定的威胁,同时确保了双方使用数据的一致性和可用性、可理解性。

二、混业经营趋势下金融监管信息征集与共享问题处理的国际实践之评析

(一)监管发展与技术因子——以LEI系统为范例

金融监管,作为社会制度的重要组成部分,深受社会大环境的影响,并随之演化。作为整体的社会生态,决定了其中包括金融监管在内的社会制度的样态和功效。社会生态中的技术因子,代表了自然科学对社会科学的影响与支持作用。

一方面,科学技术作为金融基础设施的重要组成部分,系监管信息征集与共享实体机制运行的关键性支撑力量。综观世界金融监管的发展历史(也包括金融业),特别是监管信息征集与共享的历程,在每一次大发展背后,未尝不是现代科学技术进步与突破的结果。尤其是新时代以来以计算机、数据、网络、通讯技术为代表的软件科学的发展,包括数据采集、数据传输、数据分析与处理、数据储存与备份等,极大地提高了监管信息征集与共享的有效性。在质量维度,现代技术使得监管数据的准确性大幅提高,在数量维度,监管数据的可得性、完整性得到进一步提升。即时通讯技术的发展使得监管部门全天24小时不间断地获取金融企业、金融市场信息成为可能,监管信息获得的及时性得到有力的技术保障。同时,混业经营趋势下,金融数据更加复杂多样,对数据真实性甄别与后续处理技术就显得尤为关键。在丰富、代表性充分(各个金融行业,各金融企业的财务报告、资产负债表、交叉业务等)、跨市场金融信息汇总的基础上,以及现代金融监控系统技术支撑下,才有可能构建科学有效的金融风险预警体系,及时发现金融运行中的问题,化解、防范金融系统性风险,维系金融稳定。

另一方面,科学技术推动了混业经营发展,使监管信息征集与共享显得更加必要而关键。科学技术的发展,推动了全能银行、金融控股公司等金融组织形式创新——使金融组织的层次架构更加繁复,包括所有权、参股或控股关系。加之银证、银信、银保、证保等业务形式或产品种类等在内的金融创新,使金融信息征集与共享的必要性日渐凸显。随着现代科学技术在大

众生活的推广和沉淀,互联网金融的兴起,资金跨市场流动瞬间即可完成。全球金融市场的联动性进一步提高,同时,金融风险的传染范围和速度也借助科技迅速扩大和提高。因此,在混业经营形势下,监管信息征集与共享显得更加必要而关键。

科学技术是一柄"双刃剑",对监管数据征集与共享层面而言,也是如此。技术的原点、过程和终点,从来都需要假借人力完成,而最后又是服务于人。这就可能产生金融数据迷信,而忽略经济发展的现实。2008 年次贷危机中,评级机构的失职不言而喻。种种因数据而数据、因利益而数据的行为,比比皆是。提供客观、中立的金融信息是评级机构的宗旨。对于构建监管信息征集与共享机制而言,也是如此,客观、中立的金融监管信息,是金融市场监管的有力武器,也是确保混业经营形势下金融监管协调实效的基石。

其一,金融数据的征集与共享应坚持技术中立原则,征集监管数据对金融企业而言,不能实质性地影响金融企业的业务经营。全球法人识别编码 LEI 系统也着重强调了该问题。在 OFR 于 2012 年 8 月 12 日发布的《全球 LEI 系统建立的最新进展与未来展望》报告中指出:LEIs 的发布一定要及时且非歧视,发布新的 LEI 的过程一定不能对实体的业务造成实质影响。① LEI 系统的数据更新应在最小拖延时间内完成,同时市场参与者和监管者可以质疑进入门槛和提出修改动议。同时,该过程同样包括对现存实体包括通过名称搜索,营业地址搜索和其他字串结合等特点,以避免对金融企业运营带来不利影响。

其二,金融数据的保密和安全工作,应注意防控技术风险和操作风险,要有稳健的质量保证(如确保重复识别号码不被错误地指定),不断以最新的技术标准更新,予以保障。就 LEI 系统的发布与数据库维护和公开所涉的所有 IT 系统的安全性和可靠性,务必要达到或超过最新的行业标准及高可得性的市场服务,而负责开发和发布 LEI 相关数据的实体,一定要有该领

---

① OFR. Office of Financial Research Issues Statement on Progress to Date and Next Steps Forward in the Global Initiative to Establish a Legal Entity Identifier(LEI). http://financialresearch.gov/press-releases/2011/08/12/office-of-financial-research-issues-statement-on-progress-to-date-and-next-steps-forward-in-the-global-initiative-to-establish-a-legal-entity-identifier/,2015 - 12 - 04.

域的专家。

其三,监管信息征集与共享相关的金融基础设施建设,一般要非营利。对于LEI系统建设一定要建立在非营利的基础上,同时要有相关利益方平衡代表出席,商定其内部治理正式章程,同样应接受监管。而LEI系统的质量保证过程应有得当的管理和审计。

(二)监管信息征集与共享发展与金融危机等金融形势的关系

每一次金融监管发展的背后,几乎都有一场金融危机。从一定意义上而言,一部金融监管史,就是一部金融危机的治乱循环史。金融危机推动着金融监管的发展历程。金融危机检验了既存金融监管制度对金融创新的容纳空间和规制实效,并凸显了需要弥补的漏洞。然后,监管制度跟进式改革,从监管理论到监管制度再到监管实践的全面整体的革新。金融监管信息征集与共享的发展,也是如此,跟随着每一次金融危机检视,不断更新完善。金融业最初是不受监管的市场机制自然发挥作用的领域,从英国规制证券过度投机的《泡沫法》和美国1863年《国民货币法》开始,金融业进入受规制的时期。

英国金融信息征集与共享机制变迁,也带着深刻的金融危机的烙印。2000年建立起财政部、英格兰银行和FSA三方信息征集与共享安排的缺陷,在2007年北岩银行危机中,暴露无遗。2000年,英国改革了金融监管架构,FSA一统全部金融行业的监管,形成与英格兰银行、财政部三家共同负责的金融监管框架。尽管三方签订有《谅解备忘录》,对监管信息的征集与共享作了周密安排。但2007年9月,北岩银行因流动性不足,爆发挤兑危机,还是以实例宣告了三方监管信息征集与共享安排的失败。至此,英国重新改革了金融制度,将FSA分为FCA和PRA,而FCA重新检视了FSA信息收集工作,同时与PRA通过备忘录等形式加强双方的信息收集与共享协调。

FCA在2013年9月4日发布的《FCA数据策略——我们将如何管理和使用收集的数据》中,指出了FSA数据收集和使用的不足之处。企业方面认为:多次要求呈交数据和信息,但就其必要性未曾给出清晰解释;不合理的(收集数据和信息)时间长度,导致企业需要就此转移资源;就数据和信息的用途沟通不畅,导致企业质疑数据和信息收集的必要性。而除此之外

FCA 认为 FSA 信息策略也存在诸多问题。包括就企业的诉求缺乏得当内部管理——而这些诉求有助于确保请求的适当性、沟通的持续性和已收集数据和信息的重复使用;在收集、储存和使用信息的整个过程中,缺乏必要的技术以全面分析和使用数据和信息。① 因而 FCA 下一步需要就信息和数据的收集在如下方面,予以改进:高效处理和控制;清晰分类;目标导向;基线数据须牢靠丰富;得当收集;管理和储存都有合适的技术方案。

同时,就 PRA 和 FCA 之间的信息共享与合作,在 FCA 和 PRA 之间也签订了《谅解备忘录》,并就信息征集与共享做了安排,以推动双方协调数据征集工作,避免双重监管数据请求。FCA 设有数据和分析部门,负责监督其与 PRA 的数据分享和协调责任。英格兰银行就监管数据的收集和管理与 FCA 密切合作。而许多 PRA 企业的监管数据继续将由 FCA 收集,包括通过 FCA 的 GABRIEL 系统报告,提交公司控制人和紧密联系报告以及企业常备数据变化的报告。

美国监管信息征集与共享安排与 2008 年金融危机。金融危机后,美国全面强化宏观审慎监管,其中举措之一就是加强金融数据的征集与共享。其一,美国在 2008 年金融危机后,成立了金融稳定监督委员会,负责协调美联储、货币监理署、联邦存款保险公司、证券交易委员会、商品期货交易委员会等几大金融监管机构。同时就金融稳定监督委员会成员之间金融监管信息的征集与共享,成立了专门负责机构——金融研究办公室(OFR),负责金融数据的收集、整理和分析。其二,2008 年金融危机的爆发,显示了构建金融监管国际协调框架的迫切性。美国首先推出 LEI 系统,并积极推进该系统在全球的推广和实践。在混业经营和金融全球化的背景下,金融交易全球化和金融监管国别化之间的矛盾愈加突出,全球范围内监管套利和系统性金融风险的防范更加困难。而在金融市场搭建 LEI 系统,通过微观金融数据整合、分析,可以为国际宏观审慎监管奠定基础,从而提高防范系统性金融风险的有效性。

---

① FCA. The FCA Data Strategy-How We Will Manage and Use the Data We Collect. http://www. fca. org. uk/your-fca/documents/corporate/the-fca-data-strategy-how-we-will-manage-use-data,2015 - 12 - 08.

本章小结

作为金融监管者,自然对其监管的公司和市场如何行为感兴趣。混业经营形势下,金融服务、金融产品的种类日趋丰富多元,而这些能够时常提升监管者的金融认知,因而包括从金融市场运营的公司的数量和类型,到更复杂的金融市场运行是否良好等问题,都需要以这些问题的起点。即通过对监管者保有的数据和信息经常检视,予以回答。这就提出了获得与之相应的信息源,即受监管公司大范围数据报告的需要。

混业经营趋势下,金融监管体制的现行运作囿于多头监管主体、金融政策的相关性、信息征集要求不一,缺乏信息共享平台等,金融监管者之间监管信息的征集与共享协调工作显得尤为重要。良好通畅的监管信息征集与共享机制,能够通过非现场监管、金融风险预警系统的构建、统一信息征集与共享要求,有效降低监管成本,提升监管效率。

金融危机包括2008年波及全球的金融危机,则以现实考验了各金融体的监管信息征集与共享机制。美国、德国、澳大利亚、英国等国,从自身监管体制、法律传统出发,以法律规定、备忘录等形式明确各监管方的信息征集与共享权责,防止重复信息征集,提高信息使用率。这其中以LEI系统为代表的技术因子的研发和推广,改善了监管信息的征集与共享碎片化局面。同时架构于微观金融数据收集和整合基础上的宏观审慎监管,代表了后危机时代全球金融监管的发展态势。

第四章 混业经营趋势下金融监管行动一致性机制

20 世纪美国著名经济学家萨缪尔森(Paul A. Samuelson)曾言:"了解情况的最终目的是要有助于控制和改良。"①对于金融监管协调而言,也是如此,金融监管协调机制最终目的在于"控制和改良"防范和化解系统性金融风险。在混业经营趋势下,金融自由化和金融全球化的深入发展,以及互联网金融的兴起,导致金融创新层出不穷。跨国界、跨市场、跨行业的金融产品或业务或组织,挑战着原来封闭保守的金融监管体制。因此,混业经营要求监管协调机制实现监管权力、金融信息以及监管行动等全方位一体化的协调。换言之,混业经营趋势下的金融监管协调,不仅需要金融监管科学合理的职权分工与制衡机制,实现监管权力有效运行和相互监督,和健全高效的金融监管信息征集与共享机制,以提升监管决策的联动性和实效。混业经营趋势还要求金融监管行动具有一致性,以树立监管作为规范金融市场运行的统一性和权威性,提升系统性风险的防范

① [美]保罗·萨缪尔森:《经济学》(上册),商务出版社 1981 年版,第 10~11 页。

和化解能力。

第一节　混业经营趋势下金融监管行动不一致问题的根源与影响

混业经营趋势下金融监管行动一致性问题，是金融监管协调机制构建的重要组成部分。徒法不足以自行，社会学法学派首创者埃利希曾言：法发展的重心不在立法、不在法学，也不在司法判决，而在社会本身。这都深刻地指出了法律发展的源泉和动力原点在社会这一真理。因此，寻求提升金融监管行动一致性的答案，也要回归社会——混业经营发展趋势和金融监管架构，追溯金融监管行动不一致的根源，并探究其对执法资源和监管效果的影响。

一、混业经营趋势下金融监管行动不一致问题的根源

金融监管行动不一致，源于金融监管主体的多元性这一根本性情势。然而，囿于防范监管垄断和监管俘获、提升监管专业性的需要，以及混业监管导致金融风险失败的历史等，多元化监管主体并存的格局较难改观。即便是建立(曾经)了大一统金融监管体制的德国和英国，却分别受制于金融机构约束自律的金融生态环境的不可复制性和2008年金融危机冲击后金融服务局FSA一分为二，而未成世界气候。因此，下文分析金融监管行动不一致问题的根源，未就多元化的监管主体赘言叙述。而是从金融监管主体本身履行职责视角出发，予以探究。

(一)金融监管信息不一致

从某种意义上而言，金融是一个信息行业。从监管当局的角度来看，“其监管活动的开展及效果完全依赖于其所掌握的金融信息。”①监管行动始自监管信息，具言之，包括市场准入、持续监管、危机处理和市场退出。在整个监管过程中，起决定作用的是监管信息，包括所获监管信息的数量和质

---

① 王国刚、胡滨：《宏观审慎监管理论及实践研究》，中国社会科学出版社2013年版，第58页。

量。通过对金融数据和信息的征集和分析，监管者决定监管行动的内容、力度、频率和范围等。

分业监管体制下，金融监管者在监管信息征集与共享协调安排缺位的情况下，就会出现监管行动不一致。在现代金融体中，除了少数统一监管国家外，多数国家还是分业监管体制，系多元化的金融监管主体并存的格局。混业经营日益深入发展的形势、分业监管处于向混业监管过渡阶段背景下，防范系统性金融风险的需要，使多元化的监管主体不能按照原来金融机构性质以条块分隔监管领域，监管主体之间的在信息征集和监管行动等方面的配合和协调成为必需之举。因此，在此金融混业经营形势下，"多对一"是金融监管常态，即多个金融监管主体针对同一家金融机构或同一金融产品或业务进行监管，例如银证通这一金融产品，就涉及银行和券商两类金融机构，需要银监会和证监会两家金融监管机构予以监管。若此时缺乏金融数据和信息的及时共享机制安排，就极易出现不同的金融监管者对同一被监管主体掌握的数据和信息不一致，包括获取金融数据和信息的时间、频率、广度、深度、完整性等方面。此外，在信息收集方面，各监管主体都以本部门职能为中心，进而有侧重点地开展收集工作，①在不同的金融数据和信息约束下，就会导致金融监管行动不一致。

双峰式监管体制下，通过监管信息的征集与共享安排，确保金融市场监管行动的一致性。2008 年金融危机后，国际社会更加注重宏观审慎监管，将监管建立在金融信息基石上。有关金融主体的数据和信息越是透明、及时、完整、准确、真实，监管行动越是科学、一致、高效。宏观审慎监管也不例外，其与微观审慎监管的分工与配合，也包括信息征集与共享的分工。宏观审慎监管主体获取信息，包括向其他机构，如英格兰银行、财政部获取，也包括自身收集，而微观审慎监管主体获取主要向金融机构获取。典型的如澳大利亚的审慎监管局（APRA）与证券与投资委员会（ASIC）之间签订《谅解备忘录》，对信息征集与共享的分工予以安排：充分及时的信息交换是两方协调的重要方面。《谅解备忘录》规定：在 ASIC 方面，APRA 同样需要负责就澳大利亚金融服务牌照持有者所涉一般保险产品的信息收集。对

---

① 参见叶文庆：《宏观审慎监管机构的监管权力探讨》，载《上海金融》2013 年第 3 期。

于该数据收集的联合管理,两机构将通过合作工作协议解决。① 此外,英国在2008年金融风暴之后,新成立的审慎监管局和行为监管局也签订有《谅解备忘录》,就金融信息的征集与共享进行分工,以确保监管行动的一致性。以此避免金融监管者之间就同一金融主体,监管行动不一,扭曲市场预期,导致监管政策效果摩擦或抵销。

此外,LEI系统的推出,也可以看作21世纪危机后,美国等发达经济体为应对混业经营全球化这一金融形势,通过统一监管信息获取口径,确保本国乃至全球金融监管行动一致性的重要举措。

(二)金融监管激励不相容

在经济学家眼中,金融监管主体也是理性经济人,有自己的风险—收益分析,因而也有自己的行为偏好——在约束条件下,寻求自身利益最大化。这一利益就是监管激励(正激励)。显然,在现代社会不同政治体制下,监管主体的正负激励的内容、程度、形式也大不相同。但相同的是如果监管主体之间就监管激励发生冲突,趋向选择符合自己利益方向的行动,引致监管行动不一致。

在英美等民主政治体制发展较为成熟的国家,民情、选票、成就是考量金融监管政绩的重点,若不得选民青睐,往往难以为继。陷入主权债务危机的希腊,因为财政赤字,为减损民众福利的政策屡屡不得实施,阻力重重,就是例证。金融监管机构需要每年向议会报告,包括过去一年的监管支出、监管行动、监管效果等,以证明自身存在的必要性和重要性,避免机构裁撤或者财政紧缩。如SEC在2016年的年度报告中,首先就在管理讨论和分析部分,总结回顾其在2016财政年的重大成就,如完成了868项执法活动,为SEC历年之最,罚单高达40亿美元。其中一项系业绩亮点,介绍SEC卓有策略的工作机制以及相应的监管支出,并总结策略目标下的表现,②特别

① See Memorandum of Understanding between the Australia Prudential Regulation Authority and the Australia Securities and Investment Commission.

② 策略目标1:建立和维护有效的监管环境,支出1.718亿美元;策略目标2:推动和促进联邦证券法律的遵守,支出10.59亿美元;策略目标3:便利投资者决策所需信息的获取,支出2.2876亿美元;策略目标4:通过对人力、信息和金融资本的有效整合,提高委员会表现,支出2.763亿美元。参见SEC. 2016 Annual Report. https://www.sec.gov/about/secpar/secafr2016.pdf,2017-05-11。

是已完成的重大任务,参见下表:①

绩效目标(在年内审议的投资顾问,投资公司,以及经纪交易商的百分比)

单位:%

名称＼年份	2010	2011	2012	2013	2014	2015	2016 计划	2016 实际	2016 结果
Investment advisers	9	8	8	9	10	10	11	11	Met
Investment companies	10	13	12	11	10	15	15	17	
Broker-dealers (exams by SEC and SROs)	44	58	49	46	49	51	50	50	
	负责司/办公室:合规检查和考试办公室								

注:本指标展示了由 SEC 或 SRO 检查的注册者数量占其总数百分比情况。该指标包括所有类型的检查:风险优先级检查,建议或投诉跟进的检查,有限范围的探察新型风险领域的专项检查,对经济交易商的合规情况监督检查,由财政质量业监管局(FINRA)展开的质量检查。

数据来源:跟踪和报告考试国家文献系统(趋势),(IA,IC 和 BD SEC 数据)和 SRO 数据库(BD SRO 数据)。

资料来源:根据 SEC2016 年度报告制作,2017 年 5 月 11 日。

在这种政治体制下,监管者为提高监管业绩考虑,倾向于扩大监管权力范围,同时避免或较少监管边缘业务或产品(此类金融业务或产品的监管,容易吃力不讨好)。因此,混业经营趋势下,监管主体为自身政治利益(合法性证成)和经济利益(财政拨款)这一正向激励,往往就新出现的监管对象,进行监管争夺或监管推诿,导致监管重叠或监管真空。

而在当前有些国家,例如中国,考量金融监管政绩的往往是其上级主管

① SEC. 2016 Annual Report. https://www.sec.gov/about/secpar/secafr2016.pdf,2017-05-11.

机关。而最高金融监管机构，如证监会、银监会、保监会，需要向国务院报告。在这种形势下，囿于监管专业性，金融监管报告的审议，往往流于形式。同时掣肘于较低的金融监管透明度，真正作为金融监管受众的广大金融机构、金融中介机构和金融消费者，无从就其监管业绩置喙。在这种政治体制下，监管当局主管的职位升迁，往往与其业绩无所关联。但监管正激励的作用机制仍在运转：在多重监管任务激励下，监管者将对多维任务中更容易被衡量的指标采取较大的激励强度，激励强度不均将导致监管者在选择监管行动时有所偏颇。因此，监管者更倾向于在容易出监管政绩的金融领域采取监管行动，以彰显自身监管价值，同时符合监管主管显耀政绩的需要，这跟行政官员考核政绩重点在GDP所致结果一样，各地官员GDP崇拜，GDP项目为王，大搞形象工程。而混业经营趋势的深入发展，使金融监管领地在扩大的同时，囿于金融创新相较监管体制变革的超前性和金融监管协调机制的不健全，新兴金融业务或产品的监管权限模糊性也在提高。所以，就监管便利性引发监管争夺，导致监管行动的不一致，也就在情理之中了。

（三）金融监管目标、监管文化存在差异

金融监管行动不一致，是金融监管冲突表现的一部分。监管冲突在基本意义上，是指“由于监管权限本身划分不清，或者由于金融创新的发展超出既有规则框架，导致不同监管机构之间职权的冲突。”①换言之，随着金融市场发展，边缘、交叉金融产品或业务出现，囿于立法疏漏，未能动态调整监管权限，清晰厘定金融监管边界，也会导致监管行动不一致。但从深层次而言，系监管目标、监管手段，乃至监管文化的差异，引发监管行动的矛盾与分歧。人类社会设置了多元化的监管主体，以求监管制约和监管竞争。一方面，这是早期滞后的金融监管应对金融创新不力，导致金融混乱、行业危机的教训。另一方面，则是历史过往中权力垄断的恐怖和阴影所致。经历了自然混业经营时期，因金融监管不善导致金融危机，踩下了统一监管的刹车，转向多元监管。

监管目标不同引发监管行动的不一致。专业性监管格局下，一方面是银行业、证券业、保险业等各金融行业监管部门监管目标和监管文化的差异，目

① 廖凡：《竞争、冲突与协调——金融混业监管模式的选择》，载《北京大学学报》（哲学社会科学版）2008年第3期。

标导引行动,从而引发不同的监管行动偏好。银行业监管部门力求稳健,维护存款人的利益;证券业监管目标在于维系证券市场的公开、公平和公正,提高资本市场的透明度,保护投资者;而保险业监管目标系,在于确保保险公司的充足的偿付能力。不同监管目标驱动下系不同的监管重点,导引不同的监管行动。专业性监管的另一方面则是导致同一行业的监管者,其目标也存在着些许差异。例如,对于美联储会员银行,如果是在州层级注册,就有两个监管者,美联储和州银行监管部门。但不同的是,在目标的时间性方面,不同于州监管者的“短视”,美联储更侧重长期性;在目标的具体内容方面,美联储关注金融体系的整体性稳定,而州监管者的关怀更本地化,推动本区域经济前进。这就导致两者监管活动中,矛盾不断涌现。① 又如,对于银行管制规则的宽严问题上,FRS 和 OCC 意见产生分歧,成为联邦储备银行会员的选择权,即监管主体的选择权,是掌握在银行手中的。②

监管文化不同也是引发监管行动不一致的重要原因。银行业和保险业的监管文化,趋于稳健保守,旨在维护存款人的利益;而相对激进灵活的证券市场,证券业监管文化则较为强硬严苛。不同监管文化驱动下系不同的监管重点,导引不同的监管行动。例如,美国的 SEC 与 CFTC 之间,两者的监管文化不同。CFTC 倾向于原则监管,而 SEC 则是通过提高保证金要求和短线交易限制以抑制投机的文化。而两者又必不可免地有交叉监管领域。因此,在监管文化没有得到妥当处理的情况下,二者之间的合作将遗留后患或者消弭衍生品交易。因此,两者需要在诸如内幕交易和风险揭露领域,消融两者之间的文化差异。③

对不同金融监管者之间监管文化存在差异的认识,屡屡体现在现实的金融监管协调与合作中。例如,在 FCA 和 PRA 签订的《谅解备忘录》中规定:对于接受双重监管的公司,在正常情况下,监管者不会联合开展监管行动,因

---

① 参见周伟:《金融监管的协调论:理论分析框架及中国的现状》,载《财经科学》2003 年第 5 期。

② 参见杨松、张永亮:《新自由主义、金融危机与金融监管体制之变革》,载《法学杂志》2012 年第 1 期。

③ Markham, Jerry W., Merging the SEC and CFTC—a Clash of Cultures, *University of Cincinnati Law Review*, 2009, 78(2), pp. 611 – 610.

为这将混淆两者的(监管)目标、(监管)重点和(监管)文化;它们对一个公司各自的风险预测反映了彼此之间大相径庭的监管目标。[①] 而在英格兰银行、财政部和 FSA 三方签订的《谅解备忘录》信息共享部分规定:FSA 和英格兰银行将在两机构间设立借调人员计划,以强化和培育合作文化。[②] 这从反面印证了英格兰银行和 FSA 之间监管文化的差异性。

监管目标、监管文化差异性程度取决于金融业的发育水平,即金融业的发育水平决定了金融监管体制。在金融业发展的初级阶段,与金融分业经营对应的是分业监管,结构性地予以监管,防范风险。此时,各个金融监管主体的监管目标、监管文化差异性较大。而当金融业发展到混业经营阶段时,金融监管转向功能监管,以金融机构或金融产品或业务的性质,判定负责监管部门。此时,金融风险的防控,更加强调监管协调与合作。金融监管文化和监管目标趋于一致,而在这中间的过渡阶段,则需要各个金融监管机构之间的有效协调和合作,厘定监管权限,协调监管行动。

二、混业经营趋势下金融监管行动不一致问题的影响

分业经营阶段,囿于金融发育水平和金融管控,未出现大规模的混业经营。分业监管体制与彼时的金融风险较为匹配,各个金融行业的金融风险基本发生在业内,较为封闭,不会殃及其他行业。然而,出于对金融效率的追求,金融混业经营阶段的创新类金融产品早已溢出了既有的行业边界,给金融监管带来不小的挑战。如果此时监管行动不一致,容易导致风险滋生和监管套利,引发金融不稳定和金融低效率。

(一)对执法资源的影响

混业经营趋势下,金融产品或服务以及金融组织形式的创新,需要新的监管制度与之匹配。然而,金融发展与金融监管之间的博弈过程,即市场机制与政府干预之间的磨合,会产生一定的社会成本。

其一,对交叉性金融产品或业务的市场准入和检查行动的不一致,将加

---

① See Memorandum of Understanding between the Financial Conduct Authority(FCA) and the Prudential Regulation Authority(PRA).

② Information Exchange. See Memorandum of Understanding between HM Treasury, the Bank of England and the FSA.

大金融监管支出。混业经营趋势下,在竞争示范效应和多元化的市场需求的催动下,大量跨行业、跨市场性质的银保、银证、证保、银信等创新类金融产品或业务涌现,不再局限于旧有的单一金融产品功能设计,因而单一对口的金融监管部门,也无力全面把控交叉性金融产品的风险。此外,开展金融创新活动的衡量和参考基本规则,就是对于金融市场准入政府的态度。换言之,"金融创新的幅度与金融监管的水平与程度应大致相适应",这是一个普遍规律。① 混业经营趋势下,需要改革完善既有的监管体制,将金融创新纳入金融监管框架内。而包括市场准入和持续监管、检查行动等,若所涉金融监管者之间对于进入门槛资格、检查要求缺乏协调安排,重复审核金融企业的资质,增加监管人力资源、时间等监管支出,影响监管资源的合理配置,同时也会加重金融企业的守法负担,重复准备申请材料、提交申请、时间等,压抑金融效率。

其二,在多元化金融监管主体并立,且缺乏有效协调安排的境况下,增加对外交流沟通的成本,制约金融监管双边、多边交往的成效。在混业经营趋势下,金融全球化和金融自由化势头更加迅猛,资本的跨国流动更加频繁、大规模,而金融全球的概念日益凸显。混业经营的风险,睥睨国界,在全球各个国家、地区的金融链条已然一体情势下,"牵一发而动全身"不再是夸张之词,远如 1997 年的东南亚金融危机,近如 2008 年美国次贷危机。对此,美国前财政部长蒂莫西·盖特纳(Timothy Geithner)在表达美国决心时曾言:"风险不分国界,市场是全球的,挑战也是全球的,一国内部的机构高标准需要以强有力的国际标准为补充。"②这就表明了各个国家、地区之间金融监管当局对外交往,需要互相协调是客观现实要求。而多个监管主体并立且彼此之间缺乏有效协调时,将提高双边或多边监管交流的成本,包括时间、程序、人力等。如英国行为监管局(FCA)和审慎监管局(PRA)达成的《谅解备忘录》,显然就意识到该问题,因而就两机构在对外交往事务的分工,进行了相应的设计安排:就交换议程和涉及共同利益领域的信息,达成一致安排。如两机

① 参见张波:《金融市场准入监管理念的多维视域》,载《经济导刊》2010 年第 1 期。

② 祁敬宇、王刚:《后危机时代的金融监管研究》,首都经济贸易大学出版社 2011 年版,第 247 页。

构之一系欧盟监管论坛成员,如欧洲银行业管理局(EBA),欧洲保险和职业养老金管理局(EIOPA),欧洲证券和市场管理局(ESMA),以及欧洲监管机构(ESAs)和其他国际论坛,如巴塞尔银行监管委员会,国际证监会(IOSCO)等。这样的对外交往的事例,可能包括FCA参加关注消费者问题的工作组,PRA反映FCA对宏观问题的观点方面(因为FCA将成为那些非PRA授权公司的审慎监管者。)①同时,澳大利亚的金融监管机构也意识到多元化监管主体对执法资源的影响,在《特别危机备忘录》的跨国合作部分约定:监管成员之间相互协调,推进对外监管合作。

(二)对金融监管效果的影响

第一,市场准入不一致,将扭曲金融市场预期,造成市场主体认知错乱,影响金融稳定和金融效率目标的实现,同时有违公平这一金融监管价值导向。混业经营趋势下的市场准入需要保持一定的弹性。既能为跨市场、跨行业的金融产品、金融制度、金融机构、金融技术等方面的金融创新,提供一定的试错探索空间和发展完善的契机,同时又不致监管过于疏散,导致金融风险滋生蔓延。特别是近年来,在中国等新兴市场国家,以众筹、P2P为代表的互联网金融异军突起,成为倒逼解放金融压抑的杠杆,具有进步意义。但因其与传统金融的差异性,也存在监管滞后和风险隐患。市场准入作为金融监管的第一道闸门,对互联网金融需要分别限制互联网企业股东、互联网金融平台发行人和互联网金融平台投资者。② 否则,互联网巨头与金融的结合形成垄断,将获得叠加的超额利润。同时,大量资质过低、风险承受能力低的主体进入金融市场,将有损金融消费者的利益。

第二,危机处理中,监管者行动不一致,有可能贻误最佳救助时机,扩大风险面,加重经济金融损失。混业经营趋势下,金融市场的发展需求和风险组合都发生了变化,需要"大金融监管"跨业维度的视域,协调各个监管者行动。特别是危及救助这一特殊而紧急时刻的协调配合,至关重要。例如,英国的北岩银行,通过大规模的同业拆借和大量参与信贷资产证券化活动,迅

① CO-ORDINATION WITH OTHER AUTHORITIES. See Memorandum of Understanding between the Financial Conduct Authority(FCA) and the Prudential Regulation Authority(PRA).

② 参见刘海二、张晋芳:《互联网金融监管的政治经济学分析》,载《南方金融》2014年第12期。

速扩张资产负债表规模，后爆发流动性危机。在危机救助活动中，割裂的“三头监管体制”未能有效发挥监管职能，印证了监管行动协调不力，致使贻误最佳救助时机的教训。此外，对美国2008年次贷危机的反思中，也不乏对美国错综复杂的金融监管系统协调不力的指责。混业经营的大潮已席卷而来，金融监管行动越是协调一致，越是契合金融市场发展动态，从而也越能够降低因监管产生的社会资源支出。2009年，杰伦·克雷默斯和德克·斯马克在《美国监管改革意见》中指出：通过研析信贷危机中双峰监管体制，发现跨业监管能使监管更有效——更少的信息和协调问题，更少的员工。① 而澳大利亚金融监管层显然也意识到监管协调对于监管实效的重要性。在2008年9月8日，包括委员会、ASIC、APRA、the Treasury、RBA在内的监管机构于签订了《特别备忘录》，以明晰金融系统发生危机时的各方责任，便利协调行动。《特别备忘录》包括五个方面内容：一是危机监测；二是危机评估和践行针对危机的反应；三是协调行动——对于单个危机机构或金融体系的危机，需要一个以上的成员负责应对时，举措将在成员间协调；四是沟通的协调；五是跨境合作。②

第二节　混业经营趋势下金融监管行动不一致问题处理实践与评析

与金融监管行动的范围相同，金融监管行动一致性问题也涉及市场准入、人员培训与交流、现场检查、争议处理、危机处理、国际交往六个主要方面。混业经营趋势对金融监管行动的一致性提出了革新要求。各个金融监管主体在采取监管行动时，不仅要考虑本监管部门和本金融行业的利益，同时要树立协调监管理念和宏观审慎监管理念。本节将介绍针对金融监管行

① Jeroen Kremers, Dirk Schoenmaker. The US Proposals for Regulatory Reform. David Mayes, Robert Pringle, Michael Taylor. *Towards a New Framework for Financial Stability*. Central Banking Publications, 2009.

② See Memorandum of Understanding on Financial Distress Management Between the Members of the Council of Financial Regulators.

动不一致问题的处理实践,分析发现金融监管行动更加强调技术参与度,同时存在问责机制的尴尬和金融监管权需要监督等问题。

一、混业经营趋势下金融监管行动不一致问题的处理实践

混业经营趋势下的金融监管行动更加强调一致性。以下分别以英国、新加坡、美国、澳大利亚为例,介绍各国的金融监管主体在市场准入协调审核、人事培训与交流和危机处理方面的一致性行动实践。

(一)市场准入协调审核

市场准入协调审核,主要针对跨市场的金融主体、跨业金融业务或产品。所涉监管机构需要对金融主体,特别是金融集团的市场资质、抵御风险能力进行综合评价。[①] 对金融业务或金融产品的风险点予以评判,从各监管部门视角予以准入审核。英国金融服务监管局(FSA)分为审慎监管局(PRA)和行为监管局(FCA)后,二者在市场准入审核方面的协调如何,值得探究。

1. 以英国 PRA 与 FCA 的操作实践

2008 年的金融危机,对世界各国或地区的金融监管体制,带来了程度不一的冲击。英国更是大刀阔斧,进行了"金融大爆炸"之后最大规模的金融监管体制改革,由统一型的金融监管格局转为准双峰的监管架构。每一次监管改革都因金融危机而起,弥补上一次的监管漏洞和不足,但每一次新的监管架构能否抵御下一次危机,都是未知数。审慎监管局(PRA)和行为监管局(FCA),协调监管工作和监管行动,包括对企业的授权和个人批准,在《金融服务与市场法》(FSMA)及双方签订的《谅解备忘录》中作了详尽安排:

FCA 将负责所有 FCA 和 PRA 授权企业和批准个人的单一注册。根据 FSMA 4A 部分的规定,相关的审慎监管者将引导和管理对授权企业的单一行政过程。对于双重监管企业(存款机构、保险机构和其他重要投资公司),

① 由于内部的资本交叉和风险的交易、重新组合,使金融集团的风险敞口和资本实际分布与总额都不同于原有的单个金融机构,产生新的风险衡量和资本充足标准问题。参见肖春海:《金融业混业经营条件下的金融监管》,中国财政经济出版社 2003 年版,第 233 页。

PRA 将尽量寻求获得 FCA 在授权方面的同意[①]。根据 FSMA 55E 节规定，当FCA 所授权的企业系含有一个双重监管企业组织的一部分时，授权之前FCA 须与 PRA 协商；与在 FSMA 法令中规定相一致，PRA 在指定某一投资公司受其审慎监管之前或引发这样的指定之前，须与 FCA 协商。这是所涉双方委员会部长采取相关法定决定的正式责任；根据 FSMA 的规定，当 PRA 和FCA 在“重大影响”角色都有利害关系时，双方均须同意指定。[②]

2. 监管沙盒

对于金融混业经营而言，如何在推进金融创新的同时实现金融风险可控，是困扰金融监管部门的一大难题，尤其是金融混业创新跨越金融行业界限，需要多个金融监管部门协调审核市场准入资质的情况下。英国 FCA 针对金融科技推出的监管沙盒，澳大利亚、新加坡以及中国香港等国家或地区，都根据本地情况予以改良设计，可以视作一个有益尝试。

沙盒原本是计算机中的术语，指隔绝病毒的软件设计。2015 年 10 月，英国 FCA 提出监管沙盒（regulatory sandbox），以推进造福消费者的金融创新、金融服务竞争。监管沙盒，是指设立一个“安全区”，在此区间内，企业能够测试创新产品、业务、经营模式和交付机制，同时无须接受试点活动所需的正常监管。公司可以在一个真实的环境中进行测试，测试一般要经过以下七个步骤：

（1）企业申请使用沙盒。公司向 FCA 提交测试计划，包括列明新的解决方案和如何满足标准。（2）FCA 评估。FCA 评估申请，如果合格，即满足五大标准，[③]即被接受，同时指派一个负责人作为公司联络人。（3）公司和 FCA合作并同意测试方法。如果申请被接受，FCA 将与公司协作设立最佳的沙

---

① 备忘录附件一包括（i）Applications to grant, vary or cancel a regulatory permission 授权，准入的变化和撤销；（ii）Approved persons 批准的个人；（iii）Passporting 执照；（iv）Change in Control 控制权的变化；（v）Part Ⅶ transfers 第七部分的转移；（vi）Enforcement and legal intervention 实施和法律干预。详见 Annex1：Regulatory processes, enforcement and legal intervention。

② 同上。

③ 1. 企业是否在范围内；2. 是否是真正的创新；3. 是否存在消费者福利；4. 是否需要沙盒，包括工具和原因；5. 公司是否做好测试准备。参见：FCA. Regulatory sandbox. https://www.fca.org.uk/firms/innovate-innovation-hub/regulatory-sandbox#apply，2017 - 06 - 06。

盒选项、测试参数、结果措施、报告要求和保护举措。(4)发放沙盒选项。FCA允许公司开始测试。(5)测试和监控。公司开始测试和实施第三步中达成的方案。(6)公司提交最终报告(关于测试结果)、FCA评估最后报告。(7)公司决定是否提供解决方案,在FCA接受和评估最终报告后,由公司决定是否在沙盒外提供新的解决方案①(见图1)。

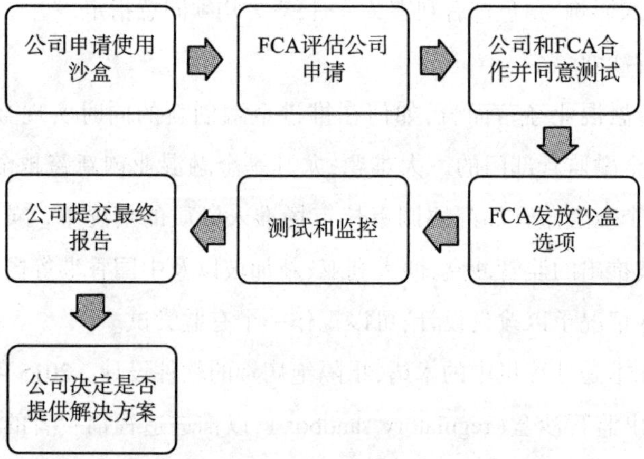

资料来源:本书作者根据FCA Regulatory sandbox制作,2017年6月。

图1 公司的沙盒计划步骤

第一批监管沙盒申请在2016年7月8日关闭,共计收到了69份申请,其中24个申请被视为符合沙盒资格标准,接受发展到测试。第二批监管沙盒申请在2017年1月19日关闭。符合条件的公司的测试建议正在研究中。

对于参与沙盒计划公司,其金融创新产品和业务,接受的监管约束较少,同时在上市之前,由金融监管机构介入,可以及时发现风险点,以及布局消费者保护举措。金融监管部门在金融创新产品或服务在市场准入时期,就予以协调。双重监管公司,就合适的沙盒选择与PRA协作。在必要时,将与PRA协商或者根据两者之间的备忘录条款或者2000FSMA相关条款,取得PRA的同意。这就避免了金融创新产品或业务市场准入的双重标准,进而有效降

① FCA. Regulatory sandbox. https://www. fca. org. uk/publication/research/regulatory-sandbox. pdf,2017-06-06.

低金融创新产品或业务准入成本,同时也能避免上市之后面临监管标准不一的尴尬境遇,有效降低监管协调成本。例如,FCA 将就适用于双重管制公司的限制或规则豁免与 PRA 进行磋商。

(二)人员培训与交流

为了促进同一管辖权内多个金融监管机构的协调,包括监管政策变动、检查行动、信息征集与共享等日常监管等,需要监管人员作为监管协调的载体。协调的基石在于监管人员。通过对监管人员的培训和交流,才能塑造协调监管的意识和文化,从而避免为了本部门或个人利益采取一些有损其他部门的行为,同时也可以减少信息不对称。①

1. 人员任职交流

不同金融监管部门员工的跨部门认知和学习,自身监管协调能力的提高与培养,都需要通过任职交流方式才能实现。例如,英国,不仅包括高级管理层的人员交叉,②还包括基层人员的相互借调。在高级管理层层面,在财政部、FSA 与英格兰银行签订的《谅解备忘录》的信息共享部分规定:(信息共享)将在几个层次进行——英格兰银行的副行长(主管金融稳定)将是 FSA 的董事会成员,而 FSA 的主席也将是英格兰银行理事会的一员。在所有层次均有紧密和定期的交流。在基层监管人员交流方面,则由 FSA 和英格兰银行将在两机构间设立借调人员计划,以强化和培育合作文化。③

2. 人员培训

新加坡和美国的金融监管机构均采取设立学校的方式,培养金融监管人员,以提高金融监管人员的专业素养和金融监管协调意识。以学校模式培训监管人员,较之学术论坛、学习小组等临时性、非常规学习组织,更具有专业性、规范性,同时,也提升了培训的有效性。

美国的联邦金融机构检查委员会(FFIEC),职责之一就是设立培训学校,对监管人员进行培训。1978 年,美国颁布了《金融机构管制和利率管制

① 参见卢春燕:《混业经营趋势下的金融监管协调机制——基于国际经验的比较与借鉴》,载《特区经济》2006 年第 2 期。

② 参见李连友、罗嘉:《中外金融监管协同机制比较研究》,载《求索》2010 年第 3 期。

③ INFORMATION EXCHANGE. See Memorandum of Understanding between HM Treasury, the Bank of England and the FSA.

法》，根据此法成立了金融监管部门之间的协调机构——FFIEC。[①] 该委员会系成员间机构，有权向成员机构发布统一原则、标准和报告格式，成员机构包括美联储系统，联邦存款保险公司、国家信用联盟管理局、货币监理署和消费者保护局，同时可就促进统一性向金融监管机构提出建议，2006 年州联络委员会加入。[②] FFIEC 下设金融检查者教育办公室（EEO）。

FFIEC 监管人员培训工作的目标，旨在通过培训，促进成员机构间的监管协调，提升监管效率。作为履行职权的一部分，FFIEC 为联邦和州的金融机构检查者开展培训项目。此举目标在于通过推进检查者教育的一致性来推进监管效率；发展、维系和传达及时、有效和最新的机构间培训；作为由成员机构提供培训机会的信息交流中心；为 FFIEC 及其任务实施提供支持。

FFIEC 对金融监管人员的培训工作成绩斐然，已经形成较为规范的培训机制，同时及时更新培训内容，跟进时代的金融发展形势。从 1979 年开始，FFIEC 为 11 万位参与者提供了培训。所有的项目均在检查教育工作组主持下进行，该工作组成员系委员会成员机构的长官，同时有来自州联络委员会的一名代表负责监督检查者培训。项目均根据接受委托的检查者的需要设计而成。培训办公室主要依靠私人部门提供讲师，包括银行家、律师、会计师和顾问等将（监管）外部金融市场带入教室。这就为机构委托培训提供了讲师补充来源。参与机构的职员提供关于监管主题的讲座。金融检查者教育办公室的讲课内容将每年评估，以确保监管层能够在变化的经济环境中保持对各种主题的认知。

FFIEC 人员培训技术逐步提高，不断更新学习材料，设置可选课程和特定课程等多样化课程，同时接洽国际金融会议，提升金融监管者的专业素养与国际视野。与新近发展。从 1999 年开始，FFIEC 通过 FFIEC InfoBase 更新培训或信息。培训办公室与 IT 小组委员会协力继续调整 FFIEC 信息技术检查手册信息信息库。办公室与 BSA 工作组继续更新在线银行信息法案/反洗钱检查手册信息库。所有信息均可在其官网（www. ffiec. gov/exam）获

---

① 参见宋清华：《金融监管协调机制：国际经验与中国的选择》，载《武汉金融》2007 年第 12 期。

② 州联络委员会包括来自州银行监管协会、美国国家储备管理委员会、国家信用社监管协会的代表。

得。EEO在2002年和CSBS(提供两个在线培训课程)建立合作关系后,开始持续提供包含其课程和会议的可选择培训。EEO持续为参与者提供特定课程补充CD,作为参与者培训需要的增值工具。这进一步提升了用户体验,推进金融监管者有针对性的提升自我,进行个性化学习。此外,设立了邮箱(ffiecfeedback@ fdic. gov),以为个人反馈或额外培训提供了直接联系渠道。2014年,EEO重新引入国际银行会议,通过提供三次会议——其中有两个都是在地区召开的,开发农业贷款研讨会。EEO计划将在需要或请求的基础上,持续新的农业贷款研讨会和国际银行会议项目。[①] 此举能够进一步提升金融监管者的国际视野,帮助金融监管者以更加宏观的视角认识、理解和实施金融监管,从而提升监管行动的一致性。

(三)危机处理

混业经营趋势下,受现代互联网技术推动,金融风险的复杂性进一步提升:组合变化更加多元,风险触点增加。加之在2008年金融危机中,各个国家或地区的金融监管机构危机处理协调不力的"前科",因而危机处理的协调得到前所未有的重视。以下分别以澳大利亚的《特别备忘录》和英国的特别处理机制为例介绍不同的危机处理协调机制。澳大利亚作为"双峰"监管模式的代表,再次成功抵御金融危机,其极具灵活应变能力和可操作性的金融监管协调制度,值得深究。[②] 2008年澳大利亚发布了有关金融危机管理的备忘录,进一步细化了危机管理安排。而英国则建立了特别处理机制,对问题银行,予以干预和处置。

1. 澳大利亚——《特别备忘录》

2008年9月8日,就危机处理,澳大利亚包括委员会、ASIC, APRA, the Treasury, RBA在内的金融监管机构签订了《特别备忘录》,以在金融系统发生危机时,明晰各方责任,便利协调行动,包括:[③]

---

① FFIEC. About the Examiner Education Office. http://www. ffiec. gov/exam/about. htm, 2015-12-26.

② 参见郑睿:《澳大利亚金融监管协调机制研究》,载《吉林工程技术师范学院学报》2013年第11期。

③ See Memorandum of Understanding on Financial Distress Management Between the Members of the Council of Financial Regulators.

其一,危机监测。该部分规定了各个金融监管机构的危机监测责任,同时规定了兜底条款,以提高危机监测的协调性。RBA 负责监测金融市场、支付和结算系统,APRA 负责金融机构的监测和审慎监管,ASIC 则负责金融服务提供者及漏洞的监测和弥补建议。Treasury 通过与其他产业和机构的联络,通知其他成员关于金融体系或者某一机构的状况,同时就此向政府献策。此外,还有一个兜底条款。即任何成员发现危机情况属于他方监管职责范围时,应作为紧急事项即刻建议该成员,并尽早就引发关注的某一金融机构或市场的状况和金融稳定潜在威胁的信息,予以通告和建议。

其二,危机评估和危机的反应。该部分规定了危机评估程序、应对危机建议方面的分工与配合。一旦重大潜在或实际金融危机得以确定,委员会将作为一个协调论坛,评估状况,并考虑可能的反应选择。如果决策和实践直接系某成员权限,则由该成员机构负责执行。RBA 负责对重大金融危机系统影响的性质和规模的评估和建议。APRA 就某一被监管机构的金融危机的性质和程度,包括流动性和偿付能力,负责评估和建议。ASIC 就危机对市场和投资的监管影响、任何解决方案的公开影响、与市场主体的联络和根据公司法案的公开披露声明的决策负责,予以评估和建议。Treasury 就涉及政府行动的反应,由部长向政府提出政策建议负责。

其三,协调行动。该部分规定了针对危机,成员机构间危机行动的协调事宜。对于单个危机机构或金融体系的危机,需要一个以上的成员负责应对时,举措将在成员间协调。当财政部长或政府做出决策反应时,财政部需及时告知其他成员。成员将协力践行政府决策,并就针对危机的行动进程,与财政部长和财政部保持联系。

其四,沟通的协调。在当今信息社会,沟通协调对于维系公众的市场信心,十分重要。特别是在金融危机时期,透明及时的沟通,有助于抑制市场恐慌情绪的产生和蔓延,克制不理性行为。该部分规定了成员机构在公众沟通方面的分工与协调。委员会每一成员将在其各自的职责内,与其利益相关者进行沟通,包括公共沟通当该举措涉及一个以上的成员时,沟通将与政府在成员间协调。RBA 负责流动性支持和支付体系的公共沟通。APRA 负责所涉监管机构监管举措和 FCS 实施的公共沟通,单个监管机构的沟通优先于任何协调行动。ASIC 负责于公司法和金融市场有关的监管举措的公共沟通。Treasury 负责政府决策,以及 ADI 或一般保险公司践行 FCS 决策的公共沟通。

其五,跨境合作。该部分确定了成员在危机时刻,涉及国家金融监管协调时,成员之间相互协助的责任。

2. 英国——特别处理机制(SRR)

21 世纪英国的金融危机始自 2007 年 8 月的银行间市场流动性紧缩,对此,英国迅速采取了监管行动。其中包括通过 2009 年银行法,标志着银行重整立法:从司法型重整模式转向以监管型重整为主的模式,[①]表征之一即构建特别处理机制(SRR),以"稳定金融和保护储户"作为解决危机的首要目标,将其救市的举措制度化。SRR 包括稳定化措施(包括私营机构购买、过渡银行和临时国有化)、银行破产程序和银行管理程序三个部分,在 SRR 运作中,FSA(由 PRA 承继)、英格兰银行和财政部将分别扮演不同的角色,是实施 SRR 的主要部门,以下详述之:

第一,就实践规则而言,由财政部制定,[②]而实践规则的程序,需要财政部与英格兰银行、FSA 协商。[③]

第二,FSA 享有 SRR 启动权,实施条件除了满足 FSMA 规定的最低市场准入条件,且将时间以及相关事宜一并考虑,而在用尽监管救济或者该银行有办法使得自身达到外(该条件是否达到,FSA 需要与英格兰银行、财政部协商),还需要财政部或英格兰银行提供金融方面的支持。[④]

第三,在采用私营机构购买或者过渡银行策略时,根据《2009 年银行法》规定需要成就的特殊条件中,BOE 应该与 FSA、财政部商讨,包括判断 A 条件成就与否和如何采取措施。[⑤]

第四,在临时国有化策略需具备的特殊条件中,在财政部决定某一条件

---

① 参见方芸:《法律视角下银行重整的模式选择——以英国银行重整立法为研究对象》,载《求索》2015 年第 5 期。

② BANKING ACT 2009, §5(1).

③ Ibid., §6(1).

④ Ibid., §7.

⑤ BANKING ACT 2009, §8. 条件 A 是行使权力系解决或减轻对英国金融体系稳定性的威胁所必需。

是否满足时,必须与 FSA 和英格兰银行协商。①②

第五,就银行联络小组组成而言,财政部应该确保小组包括:财政部指定的成员;英格兰银行指定的成员;FSA 指定的成员;金融服务赔偿计划的计划经理指定的成员等。③

2009 年夏天,早期的信息交换三方常委会已替换为法定的 CFS 金融稳定理事会,而三方 MOU 也已替换为正式的协议和参与条款。此举重要之处在于使得该协作安排有一个更为清晰的目标定位、实施的运作程序,以及行使权力和职能所必需的职员和资源。④

综上所述,澳大利亚的《特别备忘录》和英国 2009 年《银行法》规定的 SRR 特别处理机制,均以金融危机为导向,更加强调清晰的职责分工、详细的实施程序。这也是金融监管有效性的关键因素。

二、混业经营趋势下金融监管行动不一致问题的处理实践之评析

(一)建设性:凸显协调监管理念,更加强调技术参与度

在混业经营趋势下,金融监管协调的实质与形式也与时俱进。在社会金融发展水平提升、科学技术进步、金融危机考验、监管理念更新等综合生态的影响下,金融监管协调不断变革、完善。金融监管协调也在混业发展的路径下,在稳定性与灵活性之间持中守衡。就监管行动一致性而言:

第一,混业经营趋势下,监管协调更加注重合作理念,协调执法,同时更加重视监管对象的配合。混业经营趋势下,金融业风险组合和样态均发生了变化,包括法律风险,潜在的流动性风险,金融集团内部利益冲突可能导致积聚的信用风险,还有操作风险等。⑤ 这在金融控股公司中,表现尤为明显——风险敞口和资本实际分布与总额,因内部资本交叉和风险交易、组合,

① BANKING ACT 2009, §9(4).

② 指 B 条件,即行使权力系保护公共利益,当财政部已就解决获减轻对英国金融体系稳定性的威胁,而向某一银行提供财政支持。

③ BANKING ACT 2009, §10(3).

④ George A. Walker. Financial Crisis-U. K. Policy and Regulatory Response. *International Law*,2010,44(2),p.779.

⑤ 参见肖春海:《金融业混业经营条件下的金融监管》,中国财政经济出版社 2003 年版,293.

新的风险衡量和资本充足标准需要研析界定。

因此,对于监管者而言,一方面,须把握监管的战略转折点,构筑跨市场的流动性监管框架。通过积极主动地协调各自的监管行动,提升跨部门的合力监管效率,以有效防范和应对混业经营趋势下的金融风险。例如,从监管行动一致性的宏观层面来看,有英国的 PRA 与 FCA 之间,就协调监管行动签订的《谅解备忘录》;澳大利亚包括委员会、ASIC、APRA、the Treasury、RBA 在内的监管机构签订的《特别备忘录》,以应对金融危机等特殊情境下金融监管行动,此外还有 ASIC 与 APRA、RBA 两两之间为协调日常监管行动,而签订的《合作谅解备忘录》等。就监管行动一致性的微观层面而言,则有新业务、新机构在市场准入方面的协调审核,监管者之间目标、监管文化不相冲突下的联合检查,高层兼任、互相借调工作人员的人事交流,以及对外交往的协调等。

另一方面,混业经营趋势下,监管者需树立"预应性"的监管理念,从规制性监管导向转变为从旁监管导向,注重与监管对象的交流与合作。适度的监管策略,需要在金融效率(金融创新)和金融安全(金融稳定)中求衡。前者需要尊重和发挥市场的自发性和创造性。后者需要政府从旁监管,因而在监管行动中,监管者需要树立公共治理的理念,注重监管对象的参与。例如,在美国 FFIEC 培训中,培训办公室(EEO)主要以私营部门提供的讲师,包括银行家、律师、会计师和顾问等将外部专家为讲师补充来源,从而确保监管层在变化的经济环境中保持对各种主题的认知。又如,新加坡亲商政策,以市场咨询的方式,提倡监管者与被监管者之间"磋商式"的监管方式,规范和引导风险为本的监管行为。而英国监管沙盒,更是将监管提前,FCA 与金融公司就金融创新产品、业务或经营模式,协商确定沙盒选项、测试参数、结果措施、报告要求和保护举措,突出金融公司的参与度,提高监管有效性。再如,在 2008 年危机处理中,"大而不倒"的理念和实践受到猛烈抨击,催生出生前遗嘱制度(Living Wills),针对偿付性危机爆发时须采取的相应处置程序和恢复计划,金融机构应提前制定,以此来保证大型金融机构的规模,降低其复杂度,提升透明度。① 这需要金融机构内部治理机制和管理信息共享方面的

① 参见隋平:《金融机构"大而不倒"问题及其法律规制》,载《江西社会科学》2014 年第 1 期。

建设。因此,良好的金融治理应是不同的金融监管机构与公众以及被监管机构之间,通过利益的相互调和,采取联合行动,以最有效的方式、最小的社会成本实现监管目标。

第二,金融监管行动中更加强调监管的技术性,包括现场检查和监管人员培训等,以提升监管协调的有效性和协调性。

其一,混业经营趋势下,在移动新媒体和网络技术进步的推动下,监管的技术性内容进一步提升。在检查手段方面,更多依靠现代信息技术,如电脑、云计算、大数据等提高了监管检查的实时性和准确性。虚拟网络技术的发展,使得现场检查的组织形式和人员结构也会发生一定的变化,如网上远程监测的运用——在虚拟的网络空间检查银行的经营活动和业务程序。① 而检查方法方面,既有现场查阅文件账簿,还有针对金融机构程序和系统的评估。在检查标准方面,FFIEC 向成员机构发布统一原则、标准和报告格式。

其二,在对金融监管人员的培训中,更加注重技术方面的投入,提升监管学习的可获得性,提高对监管人员的专业培养和训练。科技改变金融监管,通过科技在监管培训中的应用,能够更有效地提升监管人员的专业技能与素质,从而全面提升金融监管水平。例如,美国 FFIEC 通过 InfoBase 更新培训或信息,EEO 与 IT 小组委员会协力继续调整委员会信息技术检查手册信息信息库,而办公室与 BSA 工作组持续更新在线银行信息法案和反洗钱检查手册信息库。同时,从 2002 年开始,EEO 通过与 CSBS 合作,开启在线培训课程。FFIEC EEO 持续为参与者提供特定课程补充 CD 作为其培训需要的增值工具。这些都是技术在推动监管人员培训方面的有力证据。

(二)局限性:问责机制的尴尬与对金融监管权的监督

金融监管行动不一致,系监管目标、文化的冲突。混业经营趋势下金融信息的爆炸与监管所获信息的偏狭矛盾,更系监管激励不相容的外化。在 2008 年金融危机后、混业经营趋势明朗的背景下,各国金融监管改革的措施中,不乏监管结构改革、监管权限的重新划分、监管部门裁撤更新、监管负责人的“辞旧迎新”等。沃伦·巴菲特(Warren Buffett)曾说:只有退潮了,才知道谁在裸泳。就金融监管而言,金融危机后,才能看到金融监管相较金融的

① 参见王正茂主编:《金融监管的国际比较》,国家行政学院出版社 2011 年版,第 252 页。

真实短板——微观的金融监管能力不足以把控金融脆弱性。

同时,金融监管行动不一致的背后,是监管问责机制的缺乏。① 但囿于人类作为生命体的寿命有限性、监管人员的"经济人"特性、监管行为的非理想化、监管腐败、监管业绩考量的繁复性和长期性、金融社会发展的稳定性和综合性,监管行动处于尴尬窘境。这一窘境在混业经营形势下,更加明显。金融监管制度的运行离不开机构,离不开个人,而作为监管人员的个人具有普通人的欲望和缺点,容易被利益集团俘获,并为其代言。而金融行业作为社会中的资金密集型行业,监管人员对被监管者的影响力非同一般。因而被监管者有强烈的动机,同时也有资本俘获权力,甚至成为权力本身。例如,2007 年,证监会发审委员冯小树以其岳母彭萍嫦的名义成立公司,提前布局入股鱼跃医疗、三川股份和宝莱特,出资 740 万元,6 年时间,获利 2.48 亿元。正如弗里德里希·迈内克(Friedrich Menek)所言:"一个被授予权力的人,总是面临着滥用权力的诱惑、面临着逾越正义与道德界线的诱惑。"②如果监管部门不当行使其手中的垄断性监管权力,将会给经济社会带来极大的危害。监管时滞和信息不完备,导致监管行为非理想化。前者包括监管者对金融现象认识的滞后、监管行为决策和实施的滞后、监管效果和对其不当校正的滞后。这在金融机构之间交织纵横的内外部联系,跨市场流动性愈加频繁、大规模的混业经营时代,监管滞后更加制约监管有效性。信息不完备,金融机构在利益驱使下,会选择隐瞒甚至扭曲真实情况,这就加剧了各个金融监管机构对金融运行规律认知的差异性,从而导致监管行为非理想化。此外,监管行动与金融风险的因果关系求证,更是一项复杂而不可能完成的任务。在这种情况下,金融监管者就有放松监管的道德风险激励——降低资本要求、对金融主体的负面信息予以掩饰等,造成监管风险系数的提高。

有效的金融监管问责机制固然难以建立。然而,可以从对金融监管权的监督入手,予以匡正,将金融监管权力运行的过程和结果对社会的不利影响最小化。不受监管的权力,犹如脱笼的怪兽,随时都有可能伤人。各国一般

---

① 广义的监管问责包括道义责任(对社会公众)、政治责任(对执政党和政府)、民主责任(对选民)和法律责任。

② [美]埃德加·博登海默:《法理学:法律哲学与法律方法》,邓正来译,中国政法大学出版社 2004 年版,第 377 页。

通过立法机关的监督、法院的司法审查、行政系统内部监督、金融监管机构自身治理和社会监督等对金融监管权,予以监督。第一,界定金融监管的权限范围,“法无明文规定即禁止”。第二,立法机关的监督。例如,美国国会,负责对监管机构立法政策执行和守法情况监督,并对金融监管机构滥用权力进行监测和制止等,还包括调查这一非正式方式。第三,法院的司法审查作为一种后备威慑力量,同时也是传统权威性的监督,监督金融监管机构的行为是否符合宪法和法律。第四,行政系统内部监督。例如,英国财政部对 FSA 人事任免权、对年度报告的审查和调查权(针对监管失误)等。第五,金融监管机构自身治理。例如,英国 FSA 建立的董事会制度和“股东大会”制度。①第六,社会监督。通过完善科学的金融监管权监督框架的构筑,消弭权力专断和权力滥用现象,促进监管主体的依法决策和理性决策。

本章小结

金融监管协调中,监管行动不一致,有着深刻的制度文化根源。除了监管主体多元化之外,更有监管主体之间监管目标、文化的冲突等原因。混业经营趋势下,监管行动不一致,是金融信息的爆炸性与监管主体所获信息的封闭性之间矛盾,以及监管主体激励不相容外化的结果。混业经营趋势下,监管主体之间监管目标、监管文化的冲突,将有所消弭。后危机时代,各国金融监管改革愈加倾向“大视野”——宏观审慎监管,而 2008 年的金融危机更是告诫监管机构“城门失火,殃及池鱼”,若不协调监管行动,特别是在危机时刻,往往导致更大范围的经济金融损失。此外,监管行动的不一致,将加大金融监管人力、物力、时间、技术等各项资源支出。同时由于缺乏沟通,更会制约监管有效性,从而引发道德风险、金融压抑,导致整个社会的福利水平的降低。而这也无疑与金融混业经营模式相悖,因此,需要加强监管行动的协调,以提高金融监管与金融经营模式的匹配度。从澳大利亚协调金融危机时

① 参见张忠军:《金融监管权的监督问题研究》,载《首都师范大学学报》(社会科学版)2007 年第 1 期。

期监管行动的《特别备忘录》,到美国 FFIEC 下设的 EEO 开展的金融监管人员培训,再到英国 PRA 与 FCA 就市场准入等方面的沟通和交流以及监管沙盒,可以窥见监管协调理念的深入和实践,公共治理在金融监管领域的落地。同时,也可以发掘科学技术推进人事培训、金融检查等监管行动的建设意义。此外,也应看到,金融监管权问责机制的缺失,是导致金融监管行动怠惰的关键因素,需要完善立法、司法、行政、社会等多方面的监督,予以有效制约。

第五章　混业经营趋势下金融监管的国际协调机制

金融监管协调的国内与国外两个层次紧密关联，是一体两面的关系。① 前述三章就混业经营趋势下金融监管协调的国内机制，分别从职权的分工与制衡问题、监管信息的征集与共享问题、监管行动的一致性问题三个问题，从根源、影响、国际实践及其评析角度进行了深入分析。金融全球化和金融自由化的发展，使金融效应日益溢出国界，2008 年的金融危机更是打破了系统性风险不会从发达国家衍生的神话，同时也证明了一味强调市场力量的市场原教旨主义和强调微观审慎监管的巴塞尔协议的缺憾。更为重要的是，这次金融危机也让国际社会认识到加强金融监管协调的重要性——金融服务全球化和金融监管国别化的矛盾日益突出。而在旧有的金融监管博弈中，加入了混业经营、金融危机等新元素和国际监管协调组织的参与，这将促进金融监管国际协调的完善发展。

---

① 参见仙慧：《后危机时代的国际金融监管协调》，载《新金融》2015 年第 11 期。

第一节　混业经营趋势下金融监管的国际协调问题的根源与影响

一、混业经营趋势下金融监管的国际协调问题的根源

之所以出现金融监管的国际协调问题，依制度变迁理论视角，即是金融发育的现实发生了质或量的变化。既有的分散化的国别式监管架构难以有效防范系统性风险，即原有的监管均衡被打破，需要推进新的制度变革，实现监管制度与金融发展的新均衡。于今而言，则是混业经营的发展和2008年的金融危机，助推国际金融监管协调实现新的均衡。对于金融监管国际协调的根源，从不同的视角可以窥见不同的风景丘壑，理论视角的分析有管辖权、外部性、公共物品、博弈论、全球治理理论等，现实视角则有金融全球化和金融自由化、各国金融监管体制的差异性等。鉴于此，以下将从金融监管国际协调的根本原因、现实推动力和客观必要性三个方面，结合理论和经济金融社会发展的现实，予以阐析。

（一）根本原因——国家利益是为金融监管国际协调的原始驱动力

国际机制理论依其演化发展有三种理论，其中之一即自由主义。自由主义的基本主张是：国际社会处在无政府状态，但并非无序，国家以绝对收益为目的。而以协调与合作的方式解决国家之间的利益冲突问题，取得集体最佳结果中，国际机制是制度保障。从金融监管国际协调的发展历程中，不难看出，国家利益是各国纵横捭阖的原发动力。特别是发达国家，由于较高的金融发育水平、较为成熟完善的金融监管法制、深厚的法律文化传统，牢固地占据金融国际监管协调的主导地位，通过把握国际社会中“话语权”和“规则制定权”，保障并扩大其金融利益。在混业经营趋势与新兴和发展中经济体崛起的背景下，发达国家的主导地位受到一定的冲击，而各国围绕国家利益展开金融监管国际协调的积极性更强。

发达国家的主导金融监管国际协调的例子，比较明显的就是巴塞尔协议Ⅰ和巴塞尔协议Ⅱ，回顾发掘其背后的制定历程，就可见一斑。各个国家（主要是发达经济体）在协调过程中为本国利益驱使，所建议的各形各色的

条款，是为例证。比如，巴塞尔协议Ⅰ是典型的美国主导下的产物。1982年拉美出现债务危机后，美国国会意图提高商业银行的资本充足率，以应对大型跨国商业银行的流动性危机。但商业银行认为此举会削弱其在国际金融市场上的竞争力，尤其是当时的日本和西欧，其商业银行的资本充足率远低于美国。为此，美国希望通过促成国际统一的银行资本标准，达到既能防范金融风险，同时不致削弱美国国际竞争力的目的。美国向巴塞尔提议后，G10形成两大阵营，[①]德日法坚决反对。而后美国通过拉拢英国，对日本政治施压，瓦解了阵营，G10达成一致，巴塞尔协议Ⅰ出台。而巴塞尔协议Ⅱ更是在多方参与的复杂博弈格局下形成的，其中美欧双方特别是美德之争，是此轮博弈的主旋律。[②] 双方围绕评级的资产、商业地产抵押贷款、抵押债券市场争议不休，耗时8年，巴塞尔协议Ⅱ方出台。这背后是美、德两国不同的金融结构、经济产业结构、法律文化等现实写照下，不同的国家利益驱动。

新兴和发展中经济体的崛起冲击了发达国家的主导地位。随着新兴市场国家和发展中国家的近三四十年来的快速发展，其在国际政治经济舞台上，维护其国家利益的需要增加。金融监管国际协调的实质，是国家之间实力的博弈。发展中国家的经济实力纵然一时比不上发达国家，但其羽翼渐丰，“隐隐有发之势”。例如，“中国已成全球最大贸易国和第二大投资国，人民币崛起为第二大贸易融资货币。”[③]更有研究表明，世界经济重心有从发达经济体转向新兴市场和发展中经济体的趋势。例如，在2008年危机前相当长的一段时间内，新兴和发展中经济体对全球经济增长的贡献和占全球经济总量的比重一直在30%；2010年，新兴和发展中经济体对全球经济增长的贡献高达70%。[④] 同时从1980～2015年，发达经济体与新兴市场经济体和发展中国家，在GDP所占世界比重和GDP增长率方面的表现，也可

① 十国集团，又被称为G10(Group of Ten)，会员包括比利时、荷兰、加拿大、瑞典、法国、瑞士、德国、英国、意大利、美国、日本(1984年瑞士加入该集团，但该组织名称不变)。

② 参见王达：《美国主导下的现行国际金融监管框架：演进、缺陷与重构》，载《国际金融研究》2013年第10期。

③ 万泰雷、李松梁、黄鑫：《国际金融监管合作及中国参与路径》，载《国际经济评论》2014年第3期。

④ 参见朱民：《世界经济结构的深刻变化和新兴经济的新挑战》，载《国际金融研究》2011年第10期。

以佐证(见图5－1和图5－2)。从1980～2015年,发达经济体GDP所占世界比重从63%下降至42%,发达经济体GDP增长率自1990年开始,低于新兴与发展中经济体。新兴与发展中经济体逐步意识到:唯有参与国际规则制定,在顶层设计、议题议定、标准设定等方面更多地发出自己的声音,考量自身金融发展特性,方能更好地维系本国金融利益。

混业经营的发展使国际社会,特别是发达国家意识到:金融全球化已成为不争的事实,而唯有更具代表性的金融监管国际协调,才能更好地维系本国金融利益。2008年金融危机后,新兴市场国家和发展中国家的利益诉求日渐显现。例如,G8扩容,中国、印度、南非、巴西、墨西哥等新兴经济体的加入,扩展为G20,为共同利益,协力国际金融监管。

资料来源:国际货币基金组织(IMF)数据库,制作时间:2016年1月19日。

图5－1　发达经济体与新兴市场和发展中经济体GDP占世界比重(1980～2014年)

国际监管竞争有碍国家利益实现,需要金融监管国际协调予以规制。19世纪英国首相帕麦斯顿曾说过:"没有永远的朋友,没有永远的敌人,只有永远的利益"①,一语道破了国家之间处理外交关系的圭臬。在金融监管领域,也是如此,不同国家囿于各自的金融利益,进行监管竞争,竞相吸引来自他国的资本流入。适度的监管竞争有助于监管者互相学习,更好地改进监管手段,促进金融效率的提高。然而,不当或过度的监管竞争会导致金

① 转引自张清敏、李敢窥:《中国对外行为的思想根源探析》,载《外交评论》(外交学院学报)2011年第4期。

融风险滋生,危及金融稳定大局。在国际金融监管中,最为常见的就是监管标准方面的竞争,而差异化监管标准可能导致福利竞相下降的"趋底"(race to the bottom)。① 不当或过度的监管竞争将会拉低国际金融监管标准,并与倡导发挥市场作用和金融机构内部控制与风险管理相呼应,从而导致金融创新过度,监管套利激励增加,系统性风险滋生。过去的2008年金融危机,以及因由国际游资引发的英镑危机、墨西哥危机、泰铢危机,就是例证。因此,国际社会更加关注监管协调,特别是在本国金融稳定性下降,而来自外国金融机构的竞争压力增加时,国内监管者更愿意通过让渡部分经济金融权利,达成监管共识,防范系统性金融风险。

资料来源:国际货币基金组织(IMF)数据库,制作时间:2016年1月19日。

图5-2　发达经济体与新兴市场和发展中经济体GDP增长率(1980~2014年)

(二)现实需求——2008年金融危机的爆发和防范混业经营监管套利的需要是国际金融监管协调开展的现实推动力

其一,2008年的金融危机让埋头只顾自身发展的各个国家、地区认识到:要想实现长久稳定可持续的发展,必须开展金融监管的国际协调。金融监管制度方面的缺陷是国际金融危机产生的原因之一,此次金融危机充分暴

① Esty D. C., Geradin D., Regulatory Co-opetition, *Journal of International Economic Law*, 2000, 3(2), p. 235.

露了金融全球化和监管国别化之间不相称，金融监管的国际协调机制松散无力等现实。在分析1997年东南亚金融危机的对策时，前美联储主席格林斯潘曾经深刻地指出：监管主体必须对监管对象保持一致。

随着金融一体化的发展，越来越多的金融机构、金融业务，通过在国外注册登记、设立分支机构、异地销售金融产品等，越出国界，形成了覆盖全球的金融网络。随着跨国银行和支付体系的扩大和延伸，各个金融机构之间通过交易对手地位和在业务过程中发生的支付关系，以及结构繁复的衍生金融工具，日益密切地联系在一起。然而，金融全球化在促进金融资源全球配置，提高金融效率和推进经济发展的同时，与之相伴的还有金融风险的全球化以及金融危机在全球范围内的传染。一个或几个国际银行出现问题，就会牵连整个金融体系，导致局部性或全球性金融危机爆发。早在1999年德意志银行行长所作的《金融市场监管的国际合作与协调》报告中，就已指出：由全球金融一体化推动的市场和金融中介的变化节奏，已然暴露了这种方法（各个专门化的国际金融监管组织，以自己的方式在特定行业提高金融体系的稳健性标准和风险意识的方法）的局限性。①

2008年金融危机，从发达经济体的美国次级抵押债券危机转变为全球性金融危机，大大超过了以往危机的波及范围和破坏力。这次金融危机再次告诫世人：仅仅确保本国金融机构的稳健性是不够的，国别化的监管理念已经严重滞后于全球金融一体化的事实。同时，各个国家、地区在危机后协力纾困，通过联合降息、在资本市场禁止“裸卖空”，剥离不良资产，国有化部分危机金融机构等联合举措，也彰显了各国意识到金融监管需要国际协调的重要性。

其二，金融一体化和混业经营为代表的金融自由化的发展，助长了监管套利行为，需要金融监管国际协调予以规制。这在金融分业监管体制下，表现为：以信托部门为载体，商业银行可以变相涉足投行业务。反之，以金融控股公司为媒介，投行将业务扩张至商业银行范围。② 混业经营的发展使不同

---

① Hans Tietmeyer. *International Cooperation and Coordination in the Area of Financial Market Supervision an Surveillance*. Berlin：Deutsche Bundesbank，1999（5），p.7.

② 参见郭春松、朱孟楠：《加强金融监管的国际协调与合作》，载《上海金融》2004年第10期。

金融操作和机构之间的界限愈加模糊,不同的金融机构和金融业务接受不同的监管标准,就会引发监管套利。一方面,金融机构将金融业务通过包装,将分支机构设在监管宽松国家或地区,选择监管宽松的金融环境,以"各个击破"的策略对付分散的监管者。而以降低资本充足率等要求、以更高的杠杆率投入经营的行径,增大了风险。随着技术进步和资本市场的强劲发展,监管套利行为愈加普遍。另一方面,混业经营使得针对银行的监管措施面向非银行金融机构监管时,欠缺成熟性,导致金融风险扩大。而当由特定当局监管的公司和机构通过"走向全球"逃避监管时,监管国际化就发生了(监管国际化,是监管机构行政力量在国内支持摇摇欲坠的自然反应,通过合作获得支持)。[①] 换言之,在当局不能以其他方式阻止监管套利发生时,就必须以与其他国家监管当局协调的方式予以回应。

因此,各国认识到:当前的宏观审慎监管架构,之所以面对监管套利乏力,防范系统性风险产生和蔓延孱弱,就在于当前各国监管的碎片化。而美国基于防范系统性金融风险,推出的LEI系统方案,之所以从"先美国,后全球"转向"推动全球共识和实践",也是考虑到监管套利的可能性。防止"将使得跨国金融机构很容易成为'搭便车'者,从而既能享受到该系统带来的信息公开的好处,又可以规避向系统上报数据和接受监管的责任。"[②]

(三)客观必要性——各个国家金融监管法制和监管标准不一,提出了金融监管国际协调的客观必要性

首先,各个国家、地区不同的经济金融现实、法律传统、国民性格决定了监管法制的不同样态,从而呈现出多样性的监管法制和监管标准,而这为监管竞次和监管套利提供了温床。美国崇尚自由、民主,强调分权,因而构筑了"双层多头"的金融监管体制,既有横向不同金融监管机构之间的分权,也有纵向的联邦与州金融监管机构的分权。在联邦层面有美联储(FRS)、联邦存款保险公司(FDIC)、金融稳定监督委员会(FSOC)、金融机构检查委员会(FFIEC)、证券交易委员会(SEC)、美国信用合作社管理局(NCUA)等监管

---

① Macey Jonathan R., Regulatory Globalization as a Response to Regulatory Competition, *Emory Law Journal*, 2003, 52(3), p. 1362.

② 王达、项卫星:《论国际金融监管改革的最新进展:全球金融市场LEI系统的构建》,载《世界经济研究》2013年第1期。

机构横向的分权和制衡。在州层面有银行业监管机构、保险监管机构等地方性监管机构的分权和制衡。与之对应，美国的金融监管法律繁多，总体上鼓励金融创新。而同样作为发达国家的英国，危机前系 FSA 统一负责金融监管，危机后则构筑了 FCA、PRA 和货币政策委员会（MPC）（所属英格兰银行）的金融监管架构（包括英格兰银行和财政部）（见图 5－3）。

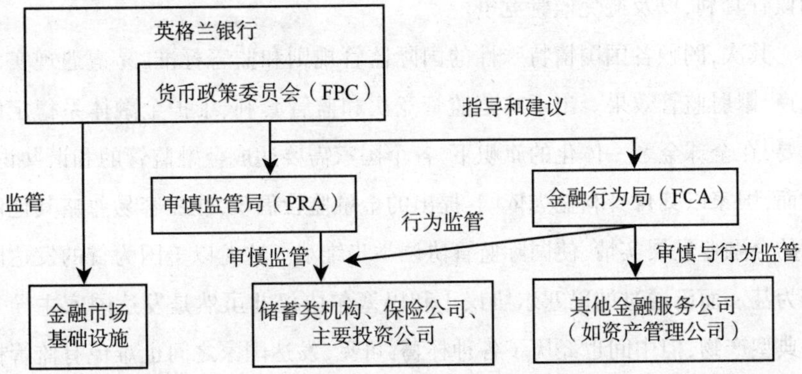

资料来源：卜永祥：《金融监管体制改革研究——国外现行体制比较》，载 http://opinion.caixin.com/2016－02－22/100911236.html，2016 年 2 月 22 日访问。

图 5－3　英国现行金融监管体制

受美国，英国判例法传统的影响，两国在金融监管中更多强调金融机构的自律，同时金融监管措施也因金融机构的不同而更具差异性。例如，在 FCA 和 PRA 签署的《谅解备忘录》中，就双重监管公司，“为支持上述过程，FCA 和 PRA 相互交换关于某公司的资产和流动性评估、审慎管理、安全稳健性、重大风险等方面的信息，国内将成立针对单个公司和组织公司的‘监管联席会’，以得当判断风险如何以及减轻风险的举措是否对另一方履行职责能力有重大影响”。①

然而，就金融监管当局而言，囿于国家利益的考虑，其有强烈的动机通过降低监管标准，吸引跨国金融资本，以维护本国金融中心的地位或者享有更低的资本使用成本，以保持或提升本国的国际竞争力。这就可能导致监管竞

① See Memorandum of Understanding between the Financial Conduct Authority (FCA) and the Prudential Regulation Authority (PRA).

次，进而形成监管不足，诱发系统性风险。而就金融机构而言，在不同的监管标准和法制下，信息技术的发展使得在国外开展金融业务愈加便利，通过逃避严格的监管标准，进行监管套利。因此，监管法制和监管标准不一致的客观现实，引发了监管竞次和监管套利，需要金融监管的国际协调。例如，作为证券监管国际组织的IOSCO，其目标就是协调监管，以便利跨境交易或者遏制监管套利，以及避免监管竞争。①

其次，罔顾各国国情特殊性的国际监管规则和监管标准，易遭遇现实滑铁卢，掣肘监管效果。出于防范监管竞次和监管套利、维护金融体系稳定的需要，在全球金融一体化的旗帜下，各个国家需要达成金融监管的和谐共识。然而，国家以其自身利益为依归，提出的金融监管倡议，往往容易忽略其他国家的金融业发展实情，使国际监管协调举步维艰。这尤以美国为首的发达国家为甚。而已通过的巴塞尔协议Ⅰ和巴塞尔协议Ⅱ虽然是发达国家主导下的典型产物，但中间也经历了各种杯葛，可见，发达国家之间也难免有监管标准或监管法制冲突。再如，巴塞尔协议Ⅲ，尽管由于2008年金融危机的爆发，发达国家迅速达成了共识。但仍就执行展开了角力，形成了美英和法德两大派。美英两国经过数轮注资和去杠杆化举措，能够较为平稳适应巴塞尔协议Ⅲ中提高核心资本充足率、强化流动性监管、控制杠杆比率等要求。而对法德等欧盟国家而言，大规模的去杠杆和政府注资，不利于实体经济的恢复。两国强调巴塞尔协议Ⅲ应该考虑不同的国情，并不顾英国反对，通过了欧盟版的"巴塞尔协议Ⅲ"。

而对于在金融监管规则制定中，几无发言权的发展中国家而言，对于国际监管规则的实施更是抱持怀疑和谨慎态度——因为这些规则忽略了发展中国家的金融发育水平、经济发展的重点。斯泰恩·克拉森（Stijn Claessens），杰弗里·R. D. 昂德希尔（Geoffrey R. D. Underhill）和张晓柯在《巴塞尔协议Ⅱ中的政治经济学——穷国的代价》一文中，分析认为：巴塞尔协议Ⅱ可能有助于提升全球金融市场的整体效率，同时对于构建整体上一个

① Peterson R. J., Procedural Versus Substantive Coordination in International Financial Market Oversight. ASIL Annual Meeting Proceedings. *American Society for International Law*, 2012, 106 (1), p. 325.

综合有效的金融监管和风险管理系统非常重要。但这作用是扭曲的,对于发达国家而言可能是有效的同时,对于发展中国家而言可能是成本。[①] 具言之,巴塞尔协议Ⅱ将通过发达国家银行借款的成本和规模与国际借款的顺周期性,影响发展中国家的资本流入。这一成本转换对于经济合作与发展组织中巴塞尔协议Ⅰ零权重的新兴市场国家(目前是捷克、匈牙利、墨西哥、波兰、斯洛伐克、韩国和土耳其)而言,十分显著。[②]

最后,全球金融一体化推进的现实,需要金融监管国际协调予以呼应。而在国家之间的博弈中,加入了混业经营、金融危机和国际监管协调组织等新元素,推动金融监管协调。通过对国家之间的博弈分析发现,在一次性的博弈中,(竞争,竞争)系次优的监管选择,系典型的囚徒困境。全球金融市场需要妥善应对。即便(对各国而言)最大的福利可以通过国际监管核心规则与原则的和谐一致达成,但单个国家倾向于脱离这种束缚,以监管竞争的方式追求国家利益,比如贸易保护主义政策。[③]

而在长期、多次的博弈中,由于双方从多次博弈中获取了信息,"合作,合作"系最优监管选择,该策略系无限次重复博弈的子博弈完美纳什均衡。[④] 在现实中,由于外界诱惑,寻求短期利益最大化,偏离"合作,合作"策略,[⑤]同时由于达成最优博弈策略的时间长度所限,现实中很难达到。然而混业经营、金融危机和国际金融监管协调组织等新元素的加入,使得国家与国家之间的"合作,合作"策略,更容易触发。具体而言:其一,混业经营的发展,使得越来越多的金融机构,特别是大型金融机构间的联系日益紧密。与此同时,也使危机传染的速度、途径、破坏力更甚,而这提出了国际金融监管协调的需求,通过监管改革,达成制度均衡。其二,2008 年金融危机的灾难硝烟,仍旧重重。这激励各国监管者倾向合作,导致"合作,合作"博弈结果。[⑥] 其

---

① Stijn Claessens, Geoffrey R. D. Underhill, Xiaoke Zhang. The Political Economy of Basle Ⅱ: The Costs for Poor Countries, *The World Economy*, 2008, 31(3), p. 341.

② Ibid., p. 327.

③ Christian Tietje, Matthias Lehmann, Role and Prospects of International Law in Financial Regulation and Supervision, *Journal of International Economic Law*, 2010, 13(3), pp. 677 – 678.

④ 陈启清:《竞争还是合作:国际金融监管的博弈论分析》,载《金融研究》2008 年第 10 期。

⑤ 赵然:《金融危机背景下的金融监管国际合作》,河南人民出版社 2013 年版,第 155 页。

⑥ 仙慧:《后危机时代的国际金融监管协调》,载《新金融》2015 年第 11 期。

三，在既有世界监管组织机构的居间调停，又有惩罚等保障举措，博弈双方更加倾向选择合作策略。①

二、混业经营趋势下金融监管的国际协调问题的影响

（一）对各国金融利益的影响

混业经营迅猛趋势下，全球金融利益之间的相互依赖、相互关联性，进一步增强。危机之后，各国更加关注全球运营的市场主体，以及监管套利和监管竞争。在此背景下，金融监管的国际协调，系对国际金融利益的分割，更是影响着国家的金融安全和实体经济，牵动着各国的神经。同样，有些国家可能打着"国家理性选择"的幌子，实行贸易保护主义政策，阻碍金融监管国际协调，从而加大了国际金融市场的不稳定性。②

然而，回顾金融监管的国际协调的历史，不难发现，发达国家始终占据主导地位，包括国际金融监管协调组织的成立与发展、国际金融监管标准和规则的制定与执行等。这背后更是发达国家金融利益的诉求和维护——通过在国际金融监管协调组织的成员资格和投票权重的设计，国际金融监管标准的博弈，国际最佳行业实践的发掘和推广，以及广大非政府组织、民间智库的游说[如在巴塞尔协议的制定过程中，就有美国的国际金融研究所、G30③ 等组织的身影，前者曾施压巴塞尔协会采用了风险价值模型（Valueat Risk，VAR），后者提出的加强市场作用的监管理念被视为巴塞尔协议Ⅱ三根支柱的起源]等，发达国家成功地将其金融利益在国际市场上，得以捍卫和扩大。然而，发达国家提出的监管要求，往往是从其本国国情出发的：金融发育水平

① 陈启清：《全球化背景下的国际金融监管合作研究》，中共中央党校出版社2009 年版，第143 页。

② Ernst-Ulrich Petersmann, *Constitutional Functions and Constitutional Problems of International Economic Law*, University Press, 1991, p. 116.

③ 三十人小组（Group of Thirty，G30），成立于 1978 年，是一个由央行、监管决策者以及金融界和学术界权威人士组成的非营利性的咨询小组，其主要宗旨是探讨对国际经济金融问题、私人和各个部门决策的国际影响、市场从业者和决策者可行选择，加强成员间的交流和共识。G30 对国际经济金融规则的制定、国际金融机构和有关当局的经济决策具有一定影响力。中国人民银行行长周小川于 2005 年应邀加入 G30。参见 Group of 30. About. http://group30.org/about，2016－03－11。以及益言：《金融改革报告：促进金融稳定的框架（摘要）》，载《中国金融》2009 年第 5 期。

较高、监管法制较为完备成熟、社会经济发展方式更为高级(普遍倚重服务业)等。这就导致发达国家的利益立足点,放在更多关注如何在确保基本金融稳定的基础上,通过鼓励金融创新以提升金融效率方面。

而对广大的发展中国家而言,在国际金融监管协调中,往往处于被动接受的地位,难以有效维护其金融利益,更有经常为国际金融监管标准侵害的实例。例如,巴塞尔协议Ⅱ,通过提高资本充足率的标准化活动,对于非 G10 国家的新兴经济体和发展中国家中较小的银行而言,其客户将看到资金成本上升,而融资支持消减。另有证据表明,流向发展中国家的资本的顺周期性将会随着国际活跃银行外部评级的运用而增强,而这将导致外部融资的可用性波动增加,鉴于发展中国家已经遭遇了波动的资本流动,已然非常不幸。① 发展中国家囿于初级阶段的金融发展水平、不健全的监管法制,面临着双重困境。既要发展本国的经济,满足国民的基本生活需要,社会的发展目标处在低层次;又要在变动的国际经济发展中,引入相当的国际经验,引领本国的金融实践。

"世易时移,变法宜矣。"国际金融监管协调的供给与国际金融监管协调的需求在变动中寻求新的制度均衡。而今随着混业经营的发展和 2008 年金融危机的现实一课,国际社会愈发认识到:在金融全球化形势下,加强金融监管的国际协调对维护国家金融利益的重要性。学者邱兆祥、王修华认为在金融国别化造成了国际金融监管领域空白的产生,协调好金融监管全球化与金融监管国别化的矛盾,其根本在于协调好各国金融监管的出发点和利益点。② 就发达国家而言,新兴市场国家和发展中国家的加入,能够强化国际金融监管的薄弱环节。根据木桶原理,若国际金融监管规则和标准,对新兴市场国家和发展中国家而言,协调收益与不协调的机动性相比,若前者小于后者,理性的国家从自利行为原则、比较利益出发,就不会支持,国际监管协调也是缓慢低效,进而有损各国金融利益。对于发展中国家而言,随着金融结构的趋同、对外开放程度的提高,发展中国家与发达国家的利益共同面扩

---

① Stijn Claessens, Geoffrey R. D. Underhill, Xiaoke Zhang. The Political Economy of Basle Ⅱ: The Costs for Poor Countries, *The World Economy*, 2008, 31(3), p. 340.

② 参见邱兆祥、王修华:《试论后危机时代国际金融监管协调与合作》,载《教学与研究》2010 年第 11 期。

大,有利于推进金融监管国际协调。发展中国家只有参与到金融监管规则的制定和执行中,才能更好地维护、发展本国的金融利益。

(二)对全球金融业发展的影响

国际金融监管不协调,构成了全球金融业发展的一大障碍,包括信息成本的增加、监管重复性和监管不确定性等,从而导致经济效率的损失。学者陈志武认为,金融的核心是跨时间、跨空间的价值交换。① 因此,金融市场的透明度、金融法制情况等对于金融交易而言非常重要。此外,国际金融监管不协调也与金融业整合的趋势不符,即金融机构间规模升级和性质上的混业经营。金融业的一体化,不仅是同行业机构的合并这一水平方向的,也是银行、证券、保险和基金管理企业的合并垂直方向的。而一体化的主要动力是"服务交付的高技术成本、专业人员的技能以及对资本效率的追求"。② 这也是金融全球化的原始驱动力和发展趋势所向。而国际金融监管不协调,成为金融全球化深入发展的桎梏。

其一,国际金融监管不协调对金融全球化发展的直接阻碍。金融全球化的首先要义,则是资本的自由流动。华盛顿共识 10 条核心建议,③对发展中国家的忠告之一,即是"让资本流动尤其是境外直接投资自由化"。而国家囿于贸易保护主义,对是否允许资本自由流动及其限制条件,都有不同的法律规定。有各种阻碍形式,增加了资本流动的成本,如托宾税。此外,各个国家对金融业务、金融机构、金融从业人员的市场准入方面的限制措施,规定标准宽紧不一。有的完全禁止进入,有的则限制进入的法律形式,有的则审查外国金融机构的经营范围、贷款是否超过上限,还有的禁止外国银行接受居民存款等。比如,美国保险业方面,就有法律规定:再保险业务不向非美国人

---

① 参见陈志武:《金融的逻辑》,国际文化出版公司 2009 年版,第 2 页。

② [马来西亚]沈联涛:《十年轮回——从亚洲到全球的金融危机》,杨宇光、刘敬国译,上海远东出版社 2009 年版,第 276 页。

③ 华盛顿共识 10 条核心建议:1. 维持审慎的财政政策;2. 取消补贴,将公共开支集中于社会基础建设,如教育、医疗和基础设施;3. 改革税收制度,使其更公平,给企业家回报;4. 保持基于市场的实际正利率;5. 将汇率交给市场来决定;6. 取消贸易保护措施,降低关税壁垒,让贸易自由化;7. 让资本流动尤其是境外直接投资自由化;8. 将国有企业私有化,政府应尽最少参与商业活动;9. 除了对金融机构的审慎监管之外,总体上减少监管,让市场力量发挥;10. 对私有财产给予法律保护。

开放。[1]

其二,国际金融监管不协调对金融全球化发展的间接阻碍。首先,金融全球化使得越来越多的金融机构走出国门,混业经营的触角遍布全球,而由于金融监管不协调的存在,就会导致金融机构可能"经营违法",衍生法律风险。例如,对资本市场监管严厉的美国,先后出台了《1933 年证券法》(Securities Act of 1933)、《1934 年证券交易法》(Securities Exchange Act of 1934)、《2002 年萨班斯—奥克斯利法案》(Sarbanes-Oxley Act of 2002)、《2010 年多德—弗兰克华尔街改革和消费者保护法》(Dodd-Frank Wall Street Reform and Consumer Protection Act)、《2012 年创业企业扶助法》(Jumpstart Our Business Startups Act)。除此之外,还有 SEC 的相关规章,以及三个完全独立的证券所——美国证券交易所、纽约证券交易所、纳斯达克的自律监管规则等,在信息披露规则、公司治理规范等方面,对上市公司予以规制。赴美的上市公司就会面临证券违法及处罚风险——对上述规则的触犯,以及随之而来的行政、刑事处罚。据统计,自 2001 年到 2010 年这 10 年间,涉嫌违法违规行为的中国公司占赴美上市中国公司总数的 16.7%。[2] 其次,金融监管不协调的存在,导致金融监管法律适用的不确定性。特别是由于信息网络技术的进步、混业经营的发展,交易方式更加多样化,致使传统法律适用的联结因素受到了挑战,对于适用母国还是东道国的法律,变得无所适从。最后,国际金融监管不协调的存在,还可能导致在对金融机构混业经营的监管中,存在监管重复和监管空白,制约规模效应和全球化利益的实现。例如,对高管人员任职资格的规定,两国都可能予以审查。而在资本充足率、流动性等方面,因为界定和计算方法的差异,也会发生冲突。例如,欧盟 2007 年就大额暴露监管规定不协调的调查显示,欧盟成员国对于大额暴露规定中的不同做法,导致一些公司遵循成本相当于大额暴露成本的 50%。[3]

(三)对全球金融稳定的影响

是什么让危机成了危机,罗伯特·B. 埃迪艾赫(Robert B. Ahdieh)认为

---

① 参见王正茂主编:《金融监管的国际比较》,国家行政学院出版社 2011 年版,第 299 页。

② 参见邱永红:《中国企业赴美国上市的法律风险和对策》,载《法学论坛》2012 年第 2 期。

③ 参见杨文云:《金融监管法律国际协调机制研究》,上海财经大学出版社 2011 年版,第 15 页。

是协调的失败,在金融市场上,有效的协调是国际社会面临的最关键的挑战。[①] 国际金融监管的不协调,有碍全球金融稳定的实现。在日常监管中,由于各国金融监管标准各异,留下了系统性风险滋生的潜在隐患。另外,在金融危机爆发后,就危机处理各国未能有效协调,则加大了金融危机的深度和破坏力。而国际金融监管不协调的局势,在混业经营趋势下,进一步扩大了对全球金融稳定的影响力。

金融危机掀开了金融监管国际协调的篇章。1974 年,德国赫斯塔特银行(Bankhaus Herstatt)发生危机,同年 6 月西德予以关闭,尽管其资产只有 8 万美元,但积极活跃于外汇市场。赫斯塔特银行已收到马克给付,但并未将相应的美元支出予以汇出。美国市场在次日开张时赫斯塔特银行全部的对外美元付款,均被予以终止。6 月 26 日,德国联邦银行监管署,鉴于赫斯塔特银行高达其资本三倍外汇风险,取消了其银行业执照。而这连锁性地冲击了支付结算系统,致使数月外汇市场的交易量锐减。[②] 赫斯塔特银行危机让各国意识到,金融体系不断整张的相互依赖性,以及与之相随的巨大传染性。同年 10 月,美国纽约的富兰克林国民银行,因招致大量外汇亏损而关闭。为应对上述情形和国际金融市场上的其他混乱问题,G10 国家的央行行长在 1974 年底成立了银行业条例和监督制度委员会,后更名为巴塞尔银行监管委员会,以促进成员国之间的银行监管事务的日常合作,通过提高世界范围内的监管技术和质量,以维系金融稳定。[③] 而成立于 1972 年的国际商业信贷银行(BCCI),通过对监管协调国际和国内层面存在困难这一客观情势的利用,例如在美国,司法部门、中央情报局、财政部、美联储、FDIC、OCC 均未能通过信息共享暴露 BCCI,还包括通过秘密银行的所有权及律师、会计师、公关公司活动的掩饰,以规避监管壁垒。对于资产和利润,通过其复杂的内部结构频繁转移,以实现对其欺诈、犯罪活动的隐瞒。后来,同时被美国、英国、法国、瑞士、西班牙等多个国家勒令停止营业。可见,国际金融监管不协调,

---

① Robert B. Ahdieh. Visible Hand: Coordination Functions of the Regulatory State, *Minnesota Law Review*, 2010, 95(2), pp. 579, 648 - 649.

② 参见何帆:《帮倒忙的国际金融监管合作》,载《国际经济评论》2010 年第 3 期。

③ Bis. History of the Basel Committee, http://www.bis.org/bcbs/history.htm, 2016 - 04 - 01.

不仅影响危机处置及其传染性的抑制，还会为国际金融犯罪提供温床，从而破坏全球金融稳定。

金融混业经营的发展，日益引发国际社会的关注。早在 1999 年德意志银行行长所作的《金融市场监管的国际合作与协调》报告中，就已指出：在推动市场发挥作用方面，需要更多努力解决由不同金融操作和机构之间模糊的界限所引发的问题。诸如风险处理一致性规则、信息统合安排和更紧密的不同监管当局之间的合作等进展，而这被现实中各国不同的金融和监管体系所阻碍。① 而正是考虑到混业经营的发展，导致金融风险样态发生变化，使金融监管协调发生了由专业性向综合性转变的这一态势。由巴塞尔银行监管委员会、国际证券监督委员会和国际保险监督官协会组成的联合论坛，以及 2008 年金融危机后，在 G20 推动下成立的金融稳定理事会（FSB）就是例证。通过更为综合性的监管视野，协调各国的金融监管标准和监管行动，应对混业经营形势下金融机构各种风险的有效性，维系全球金融稳定。

（四）对法律发展的影响

混业经营趋势下，需要新的、更和谐的金融监管国际协调制度予以保驾护航。而全球监管法律与规则的不一致性，也影响了法律自身的发展。迪特马尔·白特格（Dietmar Baetge）就指出："由于国际和谐化程度较低和监管协调不足，导致不受管辖法律的负面影响更甚，同时引发了更为严重的法律问题"②。时移势易，混业经营发展这一新的金融经营现实，也呼唤新的监管制度。金融监管国际协调需要与时俱进，增加新的内容。2008 年金融危机后，新的监管规定被引进——更加注重宏观审慎监管，新的监管者出现——如美国的 FSOC，英国的 FCA 和 PRA，G20，FSB，亚洲基础设施投资银行等，监管结构被重塑——新兴市场国家和发展中国家更高的参与度，法德等欧盟国家相较美国增长的博弈实力，需要构筑更为强大的监督力量，这已由全球、欧盟和一些国家层面的负责宏观审慎监管创设的组织所认可。而跨境金融监管

① Hans Tietmeyer. *International Cooperation and Coordination in the Area of Financial Market Supervision an Surveillance*. Berlin: Deutsche Bundesbank, 1999(5), p. 10.

② Dietmar Baetge. The Extraterritorial Reach of Antitrust Law between Legal Imperialism and Harmonious Coexistence. Eckart Gottschalk, Ralf Michaels, Gisela Rühl, Jan von Hein(eds). *Conflict of Laws in a Globalized World*, Cambridge University Press, 2007, p. 220.

协调的实践也已证明:国际监管协调的重点在内容非频率,历史数据显示更多协调协议未必更好,真正起作用的是协调内容。① 金融混业经营的发展,在金融产品或业务、金融机构组织形式的创新,推动了金融监管国际协调制度的发展。

国际金融监管与国家或地区之间的金融监管相互支持,同时,从法律层面来看,也是国际法与国内法之间关系的体现。一方面,国内法为国际金融监管规则提供了混业监管方面的制度和实践等原材料。即关于混业经营的国际监管协调是构架于各国的金融监管规则之上的,这需要各国监管法制、混业经营发展、国际监管协调的实践之间不断博弈、磨合。另一方面,国际金融监管规则的具体执行,需要通过国内法转化(以国内立法的形式,推广行业实践)和监管当局的执法行动。即全球和欧盟的(金融)监管者仍然需要依赖国家监管当局践行监管,而且许多规则需要具有普遍性,以适应当地的条件和文化。② 因此,国际金融监管协调规则,将处于长期完善和演化过程中。

第二节 混业经营趋势下金融监管的国际协调处理实践以及评析

一、混业经营趋势下金融监管的国际协调处理实践

(一)职权分工与制衡机制——管辖权与监管标准

针对全球化形势下的金融风险管理,学者约翰·伊特韦尔(John Ivewell)与兰斯·泰勒(Lance Taylor),就协调各国监管者行动,提出设立世界金融监管局。③ 但由于不存在超国家权力,且国际社会中各个主体金融发育水平不一、监管法制迥异、社会经济发展目标的侧重点不同,达成统一监管为时尚

---

① Daniel Hemelt. Regulatory Consolidation and Cross-Border Coordination: Challenging the Conventional Wisdom, *Yale Journal on Regulation*. 2011,28(1),pp. 249 - 251.

② Julia Black. *Restructuring Global and EU Financial Regulation: Character, Capacity and Learning*. Financial Regulation and Supervision in the New Financial Architecture, Italy: Taormina, 2010(5),p.45.

③ 参见谭燕芝:《国际金融衍生品交易—多边治理机制视角的研究》,经济管理出版社2012年版,第41页。

远。因此,在金融监管国际协调领域的职权分工与制衡,多是从管辖权冲突的解决和监管标准方面,予以规范。

1. 管辖权

管辖权理论,来自国际法中的属地管辖理论,其核心是国家单独监管。而当今随着金融全球化和金融自由化的发展,没有哪一个国别性的金融监管当局,能够单独防范国际金融市场上的系统风险。布雷顿森林体系解体后,并没有出现相当的新的国际架构,防范具有系统性影响的金融危机。一方面,巴塞尔银行协会等国际性金融监管组织,针对东道国与母国之间的管辖权冲突,予以分工,划分国际监管责任。另一方面,单个国家或地区金融监管也尝试以自己方式的处理管辖权问题。然而,单边辖域的国家或地区在未考虑全球化视野下的努力,反而加剧了全球金融治理的冲突,增加了法律的不确定性。①

管辖权的确定与协调,是国际金融监管协调的重要议题,也是国际金融监管规则的重要内容。例如,1975 年《巴塞尔协定》中提出的划分银行国外机构监管责任的原则之一:东道国负责监管银行国外机构的流动性,而母国负责监管分行的偿付能力。1983 年,巴塞尔委员会发布《对银行国外机构的监管原则》,以完善上述原则,对国外机构的范围予以扩充、分类,并重新划分东道国与母国的监管责任,同时还要求二者要加强合作与联系。现今对金融监管管辖权确定与协调,已从最初的双边协议形式,发展为逐步加强的国际协调,特别是信用风险的监管。

欧美国家制定的金融监管立法有较强的域外管辖权色彩,这在本次金融危机后更加明显,例如,欧洲场外衍生品监管、美国的沃尔克规则以及《外国账户税收合规法案》。首先,欧盟 2012 年通过的《欧洲市场基础设施监管规则》(EMIR)中,对场外衍生品交易的监管有一定的域外效力。② 非欧盟实体在与欧盟实体开展衍生品交易,或者非欧盟实体之间的衍生品交易(对欧盟的影响直接、重大且具有可预见性,或者有规避清算义务的嫌疑),这两类交

---

① 参见杨文云:《金融监管法律国际协调机制研究》,上海财经大学出版社 2011 年版,第 16 页。

② “金融监管域外管辖权”课题组:《欧美金融监管域外管辖权扩张影响几何?》,载《金融市场研究》2013 年第 1 期。

易的清算需要在欧盟认可的中央对手方进行。① 其次,从美国沃尔克规则适用范围看,监管对象不仅包括跨国机构在美设立的分支机构,还将其母公司及其他国分支机构也包括在内。② 最后,美国在2010年通过的《外国账户税务合规法案》,根据该法案要求,自2013年起,所有外国金融机构(包括银行、经纪人/经销商、保险公司、对冲基金、证券化工具及私募股权基金等非美国实体)必须与财政部签署协议,申请成为该法案的"参加机构"。自2014年1日1起,将对不合作的外国金融机构征收30%惩罚税。③ 欧美国家扩张其金融监管的域外管辖权,既是防止资金外流和监管套利,通过提升外国金融机构的合规成本,以抵销本国机构在国际竞争中的合规成本劣势,维护自身利益的需要;也是避免危机内传,维护本国金融稳定的需要。其本质系对当下金融协调体系中监管孱弱无力的自然反应。然而,域外管辖权的实施会面临管辖权冲突、域外取证、判决的域外承认与执行等诸多困境,同时冲击了国际金融监管管辖权的分工原则,并对域外国家的金融监管和金融机构的业务运行带来了影响。

2. 金融监管标准

监管标准的差异性,往往容易导致监管套利和监管竞争。因此,金融监管标准的确立,也是国际金融监管协调的重要内容。综观国际金融监管标准的制定与实施,既有发达国家成熟经验的国际推广,亦有金融监管国际协调组织的积极磋商。

2008年金融危机后,BASEL委员会、IOSCO和IAIS、FSF、FSB等先后发布了一系列的监管标准文件,涵盖了银行资本监管新规则、影子银行体系的监管、高管薪酬管理、场外交易衍生品市场建设、跨境执法合作、金融集团监管、影子银行监管等多个方面,以求弥补金融危机所暴露的种种不足;包括整个金融体系监管所呈现的专门知识割裂下的分散监管状态、监管缺口、监管

① 除非该国或地区的清算所符合欧盟相关监管要求并得到欧洲证券与市场监管局(ESMA)的认可。

② 李堪:《金融监管域外管辖权问题研究及中国的对策分析》,载《上海金融》2013年第6期。

③ 王华庆:《监管之路:危机后的思考》,上海远东出版社2014年版,第242页。

范围未能针对金融风险全覆盖、统一国际会计准则缺乏等。[①] 例如,《巴塞尔新资本协议》更加注重宏微观审慎监管的结合。在微观审慎监管方面,该协议重新定义资本、提高资本充足率、引入杠杆率补充风险资本、强化流动性风险监管等;在宏观审慎监管方面,引入逆周期资本缓冲和留存资本缓冲,以提升金融机构在压力下的弹性。2010年2月22日,IOSCO发布了《上市实体定期披露的原则》,同年5月25日发布了《关于跨境监管合作的原则》;2012年6月6日发布了《衍生品市场中介监管的国际标准》;2015年2月26日,发布了《中央交易对手方的公开定量披露标准》;2017年3月31日,IOSCO通过批准了《关于加强跨境执法合作的标准》,赋予监管者新的权力(ACFIT权力,包括审计、强制、冻结资产、网络、通话方面的权力),提高执法行动的标准,以应对全球化、网络/科技环境变化对跨境监管提出的新挑战。[②]

2012年9月24日,金融联合论坛发布了《金融集团监管原则》。2009年4月,金融稳定论坛发布了《稳健薪酬实践原则》(Principles for Sound Compensation Practices),以减少刺激过度冒险行为的激励措施,开启了在薪酬制度方面予以金融监管国际协调的篇章。而后,FSB承继FSF的衣钵,继续发挥制订和实施促进金融稳定的监管政策和其他政策、解决金融脆弱性问题方面的作用,推进国际金融监管协调。2011年10月27日,FSB发布了《加强影子银行监管的建议》;[③]2016年8月18日,FSB发布了《全球系统性重要银行有序解决临时资金需求指导原则》,应对全球系统重要性银行GSIB在解决流动性不足风险过程中维持关键的营运能力;[④]2017年1月12日,发布了《解决资产管理活动结构性脆弱性的政策建议》,该建议针对资产管理活动中潜在的金融稳定风险:基金投资与开放式基金单位的赎回条款和条件之

① 刘真:《国际金融稳定法律机制研究》,武汉大学出版社2013年版,第85~93页。

② IOSCO. IOSCO approves the enhanced standard for cross-border enforcement cooperation. http://www.iosco.org/news/pdf/IOSCONEWS456.pdf,2017-05-22.

③ Financial Stability Board. FSB Recommendations to Strengthen Oversight and Regulation of Shadow Banking. http://www.fsb.org/2011/10/r_111027a/,2017-05-22.

④ Financial Stability Board. Guiding principles on the temporary funding needed to support the orderly resolution of a global systemically important bank("G-SIB"). http://www.fsb.org/2016/08/guiding-principles-on-the-temporary-funding-needed-to-support-the-orderly-resolution-of-a-global-systemically-important-bank-g-sib/,2017-05-22.

间的流动性错配，投资基金的杠杆，资产管理人员在压力情境下的操作风险和挑战，资产管理人和资金的证券借贷活动，提出了 14 项建议。[①]

(二)监管信息的征集与共享

“需要重申的是更大范围的协调，监管者需要不同类型的信息和不同解读方式。他们需要对复杂动态的金融市场系统有一个非常接近的理解。在组织结构内部创造连接，使得信息流动并具有弹力。”[②]混业经营和金融全球化的发展，使得各国的金融联系更加紧密，金融机构之间通过所有权关系、交易支付过程形成了金融链条。这对金融风险传染而言，途径更多、速度更快，破坏力也更大。因此，金融监管国际协调，需要协调监管信息的征集与共享，更好地布局国际金融宏观审慎监管。

1. 国际金融监管协调组织对金融监管信息征集与共享的安排

关于金融监管信息的征集与共享安排有两个层面：

一是国际金融组织本身的信息征集与共享，国际组织已经创设了卓有成效的经济和金融“数据银行”，已超过任何单一国家。例如，国际清算银行(BIS)，系欧洲市场数据仓储管理员，而 IMF 发布的“国际资本市场”年度报告，更是详尽地描述了南北资金流动的细节。2015 年 11 月 18 日，FSB 发布了《全球证券融资数据收集和汇总的标准和流程》报告(Standards and Processes for global Securities Financing Data Collection and Aggregation)，该报告确定了 FSB 定期从国家和地区当局收集关于证券融资交易的综合数据，还向国家和地区当局提供关于从市场参与者收集一致和全面数据的建议。收集证券融资数据可以使当局更好地识别和管理金融体系中的新兴风险。FSB 将着手开展详细的业务安排，以期到 2018 年年底开始正式的全球数据

---

① Financial Stability Board. Policy Recommendations to Address Structural Vulnerabilities from Asset Management Activities. http://www. fsb. org/2017/01/policy-recommendations-to-address-structural-vulnerabilities-from-asset-management-activities/，2017 - 05 - 22.

② Julia Black. *Restructuring Global and EU Financial Regulation*: *Character*, *Capacity and Learning*. Financial Regulation and Supervision in the New Financial Architecture, Italy: Taormina, 2010(5), p. 44.

收集和汇总。[①]

二是国际金融组织发布规则,旨在促进各个国家、地区之间的金融信息的征集与共享。包括巴塞尔委员会、国际证券委员会组织和国际保险监督官联合会三大专门金融监管组织,以及金融联合论坛发布的相关规定。如金融联合论坛,[②]回应混业经营发展趋势,在吸收银行业、证券业和保险业国际监管成果的基础上,于 1999 年 2 月发布了《多元化金融集团监管的最终文件》,其中与监管信息征集与共享有关的文件是:监管当局需要掌握和沟通有关金融集团信息的框架文件,不同监管当局之间沟通信息的原则文件。[③] 此外,该文件提出的金融集团监管四项基本原则之一,即是信息分享原则。再如,国际证监会组织 IOSCO,在 1986 年出台了《相互援助协议》(又称《里约宣言》),要求所有签字国监管当局互利互助,使他方获取与其本国市场保护监督有关的信息,以保障投资人利益,防止证券欺诈。1994 年,IOSCO 下设的技术委员会通过《监管不力和司法部合作对证券和期货监管者所产生问题的报告》,介绍了如何从不合作的司法机构获取信息。1996 年《国际信息共享协议》签署,允许交易所和清算所共享成员的市场和金融信息。2002 年,IOSCO 颁布《关于协商、合作和信息交流的多边谅解备忘录》(MMoU),规定了证券监管信息交流和监管援助的原则和范围,证券监管者之间共享基本调查材料,包括受益所有权信息,证券和衍生品交易记录,包括有银行和经纪记录。[④] 2017 年 3 月 31 日,IOSCO 为加强成员国之间的跨境执法标准,通过了《加强磋商、合作和信息交流的多边备忘录》(EMMoU),以回应金融全球化

---

① Financial Stability Board. Standards and Processes for Global Securities Financing Data Collection and Aggregation. http://www. fsb. org/2015/11/standards-and-processes-for-global-securities-financing-data-collection-and-aggregation－3/,2017－05－26.

② 金融联合论坛,系由 1993 年巴塞尔委员会、国际证券委员会组织和国际保险监督官联合会,就大型金融集团的监管问题成立的三方小组,于 1996 年升级而成的金融集团联合论坛,1999 年简化名称为“金融联合论坛”,2012 年扩容由 14 个国家,由其金融监管部门的代表组成,IMF、EU 和 FSI 以观察员身份列席,巴塞尔委员会在其中占主导地位,每年召开三次会议。参见 Bis. Joint Forum History. http://www. bis. org/bcbs/jfhistory. htm,2016－01－22.

③ 参见朱孟楠:《金融监管的国际协调与合作》,中国金融出版社 2003 年版,第 126～128 页。

④ 参见林俊国:《金融监管的国际合作机制》,社会科学文献出版社 2007 年版,第 126～127 页。

和网络科技技术提高给全球证券市场带来的挑战,增加实施跨境证券违法行为的难度,增强全球合作的有效性。① 相较 MMoU,EMMoU 在信息交换的范围和要求方面没有明显变化,如就信息交换特别要求确保没有国内银行保密法律或法规阻止证券监管机构分享执法信息。EMMoU 增加了执法权力,即 ACFIT 权力:审计、强制、冻结资产、获取和共享网络记录和电话记录。② IOSCO 在推进跨境信息交流方面,作出了一定成绩。据统计,在 2015 年,备忘录的签署方提出了 3203 份信息请求,而在 2003 年,这一数据为 56 份。目前 IOSCO 的目标是让所有的 MMoU 签署者成为 EMMoU 的签署者(在 IOSCO 的成员基本上都是证券监管者)。③

综上可见,针对金融信息的征集与共享,国际社会做了大量推进信息交流,搭建信息网络的前期努力。而这将降低监管政策国际协调的成本,为当下国际监管协调创设了稳健的国际基础。正如罗伯特·基欧汉(Robert Keohane)所言,"机制绝少从混乱中建立,相反,它们总是构建于另一个(机制)基础之上"④。

2. 2008 年金融危机后 LEI 体系的实施与推广

2012 年 5 月,由 FSB 提出通过 G20 倡导推动的全球法人机构识别编码体系,系金融危机后国际金融监管方面的一大重要改革动议。该动议旨在通过信息,强化对全球范围内参与金融交易的金融主体的监管,全方位地把握交易方的风险状况,提升全球监管的有效性。

在世界范围内的法人机构识别编码体系中,全球所有参与金融交易的金

---

① IOSCO. IOSCO Approves the Enhanced Standard for Cross-Border Enforcement Cooperation. www.iosco.org/news/pdf/IOSCONEWS456.pdf,2017-05-22.

② Audit 审计,获取和分享与财务报表审计或审查有关的审计工作文件,通讯和其他信息;

Compel 强制,强制实体出席作证(在不遵守情况下,可以适用制裁);

Freeze 冻结,如有可能就冻结资产,如果不能,应另一签署方的要求,提供建议和提供如何冻结资产的资料;

Internet 网络,获取和共享现有的互联网服务提供商记录(不包括通讯内容),包括在检察官,法院或其他当局的协助下,并从获得授权的实体获取此类通信的内容;

Telephone 电话,获取和共享现有的通话记录(不包括通讯内容),包括在检察官,法院或其他当局的协助下,并从获得授权的实体获取此类通信的内容。

③ IOSCO. IOSCO Approves the Enhanced Standard for Cross-Border Enforcement Cooperation. www.iosco.org/news/pdf/IOSCONEWS456.pdf,2017-05-22.

④ Robert Keohane. *After Hegemony*,Princeton University Press,1984,p.79.

融机构和非金融机构将获得唯一的由数字和字母组成的20位编码。而LEI体系的系统由独立于FSB的三层非盈利体系组成，包括监管委员会（Regulatory Oversight Committee，ROC）、中央运行机构（Central Operating Unit，COU）和各国设本地运行机构（Local Operating Unit，LOU）。监管委员会（ROC）负责进行总体决策，ROC将下设中央运行机构（COU），负责LEI编码的注册运行维护工作；各国设本地运行机构（LOU），主要负责本国、本领域LEI编码的注册运行维护。LEI体系架构如下图所示。而LEI体系的主要规范性文件，包括ROC章程、ROC流程指南草案和关于LOU准入原则。

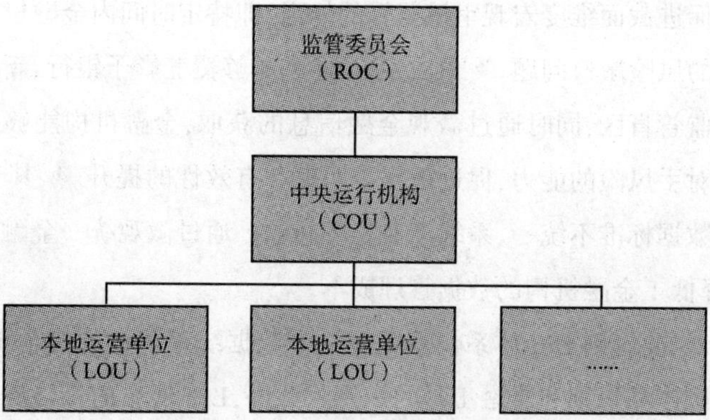

图5－4　全球LEI体系架构

2014年6月，作为LEI体系的治理中枢的全球LEI系统基金会（GLEIF）成立，GLEIF对接参与国家或地区的LOU，以促进国际共享目标的最后达成。2015年9月30日，LEI ROC发布的声明，明确了从事经营的个人获得LEI编码条件。截至2015年10月，ROC向195个国家或地区的机构发出了39万余个LEI编码，27个国家（地区）建成了本地运行体，这表明LEI体系现在几乎在全世界都获得了应用。[①] LEI的发展进阶，首先是需要GLEIF与LOUs签订主协议，以界定GLEIF推进认可，以及通过质量要求与服务水平监督执行的举措。2017年1月，GLEIF发布了全球LEI体系第一批认可的LEI发行人，即LOU。认可工作还在进行中。一旦GLEIF完成现存

① ROC. LEI ROC Progress Report on the Global LEI System and Regulatory Uses of the LEI. http://www.leiroc.org/publications/gls/lou_20151105－2.pdf，2016－01－22.

LOUs 的认可，以及实施与之签订的主协议(须在签订主协议之后 6 个月内完成)，基金会将完全负责监管执行情况，同时将 ROC 从其最后的运转任务中解脱出来。在 2016 年 3 月 10 日，LEI ROC 发布的报告中，将在全球 LEI 系统中收集法律实体的直接和最终控制数据，作为第一阶段任务。预计在 2017 年 5 月，所有的 LEI 发行人有能力记录前述报告中的关系数据。①

全球 LEI 体系的运用和推广，有助于金融监管当局通过明确辨识金融活动中的法人实体及法人实体间的所属关系，进而防范金融风险。其一，LEI 体系能够促进截面维度宏观审慎监管的加强，即特定时间内金融机构共同且相互关联的风险敞口问题。② 其二，LEI 体系能够覆盖影子银行、新型金融创新产品等监管盲区，同时通过微观金融信息的获取，金融机构能够提高自身管理交易对手风险的能力，促进市场透明度和有效性的提升。③ 其三，LEI 体系解决了数据标准不统一、系统不兼容等问题。通过微观统一金融数据体系的构建，降低了金融机构的数据管理成本。

当然，也要看到 LEI 体系仅系微观金融数据统计革命的一个组成部分，还包括金融产品识别和金融工具的识别。此外，LEI 体系的最终实践效果如何，还取决于技术层面(各国技术系统的接入、安全性等)、利益主体间的博弈等问题，同时该体系将如何处理透明度与公司信息保密性之间的平衡问题，④还需探究。

(三)监管行动一致性机制

监管行动一致性问题，往往包括市场准入与退出、现场与非现场检查、人员交流与培训、危机处理等方面。在国际金融监管协调组织、区域金融监管

① Leiroc. Update by the LEI ROC. http://www.leiroc.org/publications/gls/roc_20170112-1.pdf,2017-05-26.

② 参见王达、项卫星：《静悄悄的金融统计体系革命：意义、进展及中国的参与》，载《国际经济评论》2015 年第 4 期。

③ Dessa Glasser. Ofr Applauding Progress on the Global LEI Initiative. https://financialresearch.gov/from-the-management-team/2012/01/19/applauding-progress-on-the-global-lei-initiative/,2016-01-22.

④ 李仁真、周忆：《推进全球 LEI 体系实施的若干法律思考》，载《金融电子化》2015 年第 1 期。

协调组织以及各国金融监管当局的实践下,卓有成效。以下以市场准入、危机处理举例述之:

1. 市场准入

就市场准入而言,一般包括机构转入、业务准入和高管准入三个方面。这些方面的规定在 WTO、巴塞尔银行委员会等在国际层面,以及欧盟、北美自由贸易区(NAFTA)等在区域层面的推动下,逐步趋向协调。[①]

机构准入的限制条件,一般包括刚性条件和裁量性条件。前者系法定条件,如最低初始资本金;后者则由审批机构就其组织结构、股东资格等予以确定。巴塞尔银行委员会在 1997 年发布的《有效银行监管核心原则》中,就执照发放和结构变化的批准方面,认为应当包括所有权结构,董事和高级管理层,经营计划与内部控制,财务状况(包括资本金,同时若所有者或母组织为外国银行,应获得其母国监管者的事先同意)。[②] 例如,马丁·契亚科(Martin Čihák)、阿斯利、索莱达(Maria Soledad)、马丁内斯(Martinez Peria)和阿明莫森(Amin Mohseni-Cheraghlou)针对 143 个国家或地区 2012 年所做的金融监管调查中,在银行准入所发执照所需材料方面,整体而言,全球范围内的要求基本一致。而除"未来经理的背景/经历"项目,发达经济体占比 86% 之外,其他均在 90% 以上(见表 5-1)。[③]

---

① 参见杨文云:《金融监管法律国际协调机制研究》,上海财经大学出版社 2011 年版,第 167 页。

② Basle Committee On Banking Supervision. Core Principles for Effective Banking Supervision. http://www.bis.org/publ/bcbs30a.pdf,2016-01-25.

③ Martin Čihák, Asli Demirgüç-Kunt, Maria Soledad, Martinez Peria, Amin Mohseni-Cheraghlou. Bank Regulation and Supervision around the World: A Crisis Update. http://www-wds.worldbank.org/external/default/WDSContentServer/WDSP/IB/2012/12/05/000158349_20121205130523/Rendered/PDF/wps6286.pdf,2016-01-25.

表 5-1 银行执照发放要求(2011~2012 年与 2007 年)

单位:%

项目	所有(2011~2012 年)	所有(2007 年)	发达经济体(2011~2012 年)	发达经济体(2007 年)	新兴与发展中经济体(2011~2012 年)	新兴与发展中经济体(2007 年)
针对无照开展银行业务,提起法律诉讼	91	—	95	—	90	—
是否需多个执照(如每一业务均需,如吸收存款、消费借贷)	16	47	16	51	16	45
各国颁发银行执照所需提交资料	所有(2011~2012 年)	所有(2007 年)	发达经济体(2011~2012 年)	发达经济体(2007 年)	新兴与发展中经济体(2011~2012 年)	新兴与发展中经济体(2007 年)
章程草案	94	96	92	92	95	97
拟采用的组织形式	99	99	100	95	99	98
董事会的结构	98	—	100	—	97	—
市场/业务战略	100	—	100	—	100	—
前三年的财务计划	99	99	100	97	99	99
主要潜在可能股东的财务信息	100	98	100	95	100	99
未来董事的背景/经历	99	97	100	97	98	97
未来经理的背景/经历	93	95	86	89	95	97
缴付资本的资金来源	97	92	92	84	99	94

资料来源:作者根据 World Bank, Bank Regulation and Supervision Around the World: a Crisis Update 整理制作,制作时间:2016 年 1 月 25 日。

就业务准入而言，混业经营趋势下，越来越多的金融机构倾向于多元化经营，以更好地分散风险。同时借助直接融资和间接融资不同的风险—收益特征，平滑收益曲线。从2007年到2011年，各个国家或地区针对银行业务的限制程度变化，可见一斑（见表5-2）。2011年，限制银行从事证券业务、保险业务和房地产的指数，相较2007年均有下降，特别是限制银行从事保险业务的指数，下降最为明显，高达0.6，意味着更为宽松的混业经营环境。此外，无论是危机国家，还是非危机国家，自2007年到2011年的限制指数下降幅度基本一致。

表5-2　银行业务限制情况

项目	年份	所有国家	危机国家	非危机国家
限制银行从事证券业务指数	2007	1.98	1.5	2.1
	2011	1.73	1.2	1.8
限制银行从事保险业务指数	2007	3.07	2.8	3.1
	2011	2.48	2.2	2.5
限制银行从事房地产活动业务指数	2007	3.12	2.4	3.3
	2011	2.83	2.2	3

资料来源：1. 根据 World Bank, Bank Regulation and Supervision Around the World: a Crisis Update 制作，2016年1月。

2. 指数取值范围1~4，指数越高表示限制程度越强。

2. 危机处理

金融监管的国际协调，既有日常监管行动的协调，也有特殊情境下协调。金融危机处理的协调，在今天混业经营发展和金融全球化渗透使得全球金融风险与收益更加一体化、金融市场的连接性和金融产品的复杂性更高，而各国金融监管政策的溢出效应日渐扩大的情势下，重要性更加突出。而对此，比较一致的就是针对2008年金融危机时，各国的联合行动，包括干预资本市场，如注资增加市场流动性。2008年10月7日，欧洲央行在正常的抵押回购交易中，向商业银行初阶资金2500亿欧元。① 还有各国央行

① 《西方央行联手降息应对金融危机》，载新华网：http://finance.sina.com.cn/stock/usstock/c/20081008/2326536901O.shtml，2016年1月25日访问。

的联合降息举措。① 许多国家限制金融机构的卖空行为，以避免卖空导致的下跌预期，助推股票下跌。同时，还有直接援助，美国用以购买不良资产的不良资产解决计划，同时对已经陷入困境且无法继续经营的大型金融机构，进行国有化——美国政府向 AIG 提供了 850 亿美元的紧急贷款，从而持有其大额股权。而冰岛更是国有化了前三大银行，分别是 Kaupthing、Glitnir 和 Landsbanki。除了针对金融机构的救助行为，还有针对实体经济的注资，如中国的 4 万亿元人民币计划，美联储宣布设立专项基金购买大量短期无担保商业票据等。

区域一体化发展最为成熟的欧盟，更是采取了系统化的监管协调措施，从次贷危机的控制与减缓、危机解决阶段政策的合作与协调、危机的防范三个阶段入手，协调成员国之间的金融监管行动。第一阶段，自 2008 年 10 月，欧盟批准了总值超过 3.5 万亿欧元（此数额大约系欧盟 GDP 的 1/3），设立金融机构国家援助项目，用于债务担保、资本重组、流动性支持和不良资产的处置。第二阶段，2009 年 7 月，欧盟委员会发布"当前危机下各国支持金融部门复兴及其重组评估办法"，提出了各国使用公共资源帮助银行业重组的统一框架，②确保取消救援后银行的对市场的适应。第三阶段，系在欧洲金融监管体系（ESFS）和欧盟系统风险管理委员会（ESRB）两大支柱的基础上，构建维护欧盟金融稳定的新框架。

二、混业经营趋势下金融监管的国际协调处理实践之评析

（一）建设性

混业经营与 2008 年的金融危机加入监管博弈，重塑金融监管国际协调。混业经营的全球化发展，使得世界各个国家、地区的金融依赖进一步加深，既有全球配置金融资源的优势，也有金融风险相互传染的威胁。混业经营是现代金融业追求金融效率的表征，资本永远追逐利润，从而实现价值的跨期、跨

---

① "2008 年 10 月 8 日，FED、ECB、BOE 以及加拿大、瑞士和瑞典等国的央行均宣布将基准利率降低 0.5"。《美英欧等六大央行联合降息应对金融危机》，载新华网：http://gb.cri.cn/19224/2008/10/08/3285s2274129.htm，2016 年 1 月 25 日访问。

② 参见焦莉莉：《欧盟金融监管合作与金融稳定问题研究》，中国社会科学出版社 2012 年版，第 137 页。

空间交换。同时,混业经营是推进金融监管国际协调的原始驱动力。经济生态塑形监管生态。混业经营发展,使国内监管主体更加注意跨部门的监管协调,以防范模糊了证券、保险和银行行业界限的风险。而金融全球化的推进,不断增加的跨国金融机构和跨国金融业务的全面展开,也在呼吁现实的金融监管国际协调与之对应。从管辖权和监管标准的协调,到监管信息征集与共享,再到监管行动的协调等,单个主体的金融监管决策和行动,更需国际监管视野,考量其外部性和溢出效应。换言之,混业经营发展,使得本国针对监管套利的金融监管愈加无力——同样的金融市场水平使得当地金融服务提供者容易通过运营迁徙海外获得监管套利,加上嵌套复杂的金融产品。此时,"监管当局不能以其他方式阻止监管套利时,他们就必须以与其他国家监管当局协调的方式予以回应"。①

2008 年金融危机后,国际社会参与金融监管国际协调的积极性,前所未有地高涨。金融监管当局在一定程度上,属于理性经济人,存在损失厌恶。②2008 年肇始于美国次贷危机演变为全球金融危机的现实,使得国际社会认识到:当今的金融发展在金融全球化的今天,任何国家或地区都不可能做到独善其身,需要合作共赢。通过国民待遇原则、最惠国待遇、辅助性原则、同行审查以及监管决策、监管行动的协调等组织化的国际金融监管协调体系,方能确保本国的金融安全。正如大卫·扎林(David Zaring)在《寻求国际金融监管的原则》一文中所指出的:"谁将在国际金融监管日趋系统化的过程中受益呢?在某种程度上,是我们所有人。它创造了一种更具组织化的金融监管国际系统,除非那些在任何情况下都不赞同监管的人——通过国家的方式来监管一个全球性的金融系统"。③ 本次金融危机使得大型跨国金融机构的系统重要性,更加为监管当局所认识,国际社会普遍加强了宏观审慎监管。

国际金融监管协调机制演变的背后,是国际社会经济权力结构的改变。

---

① Macey Jonathan R., Regulatory Globalization as a Response to Regulatory Competition, *Emory Law Journal*, 2003, 52(3), p. 1362.

② 损失厌恶(loss aversion)是指人们面对同样数量的收益和损失时,感到损失令他们产生更大的情绪影响。参见饶育蕾、张轮:《行为金融学》(第 2 版),复旦大学出版社 2005 年版,第 109 页。

③ David Zaring, Finding Legal Principle in Global Financial Regulation, *Virginia Journal of International Law*, 2012, 52(3), pp. 720 - 721.

混业经营的发展和2008年的金融危机,重塑了国际金融协调机制。特别是后者,直接宣告了以发达国家经济体为中心的G7集团和IMF的失灵。一方面,参与金融监管协调的主体更加多元化,新兴与发展中经济体在国际金融监管中的地位获得承认,金融监管协调体系更加具有包容性和代表性。如代表着新的国际经济权力结构的G20集团,异军突起,在危机后短短一个月内升级为首脑间会议,成为治理国际金融体系的制度平台。国际货币基金组织和金融稳定委员会在内的许多国际金融机构,成员国数量都有增加,更具广泛性地代表新兴经济体。[①] 再如,亚洲基础设施投资银行提出与筹建和中国丝路基金的运行,标志着新兴大国对旧有金融监管协调体系的挑战。另一方面,囿于对全球运营的市场主体的关注,以及危机后监管者对监管套利、监管竞争的关注,金融监管国际协调的在内容上更加倾向实体性规则协调,国际市场如何就监管实质达致共识,而非之前注重程序性规则。

(二)局限性

1. G20的能与不能

G20作为金融危机后金融监管国际协调的后起之秀,适应了国际权力结构的变迁,开启了金融监管国际协调的新篇章。新兴和发展中国家参与地位得到了认可,而作为在既有组织结构体基础上的完善,具有较低的制度建设成本。同时,G20作为国际社会经济合作一大平台,推动了国际金融治理。在2008年华盛顿峰会的《金融市场与世界经济峰会宣言》中,提出了监管改革的五大原则:提高透明度和问责性;增强监管的健全性;促进金融市场的完整性;推动国际合作;改革国际金融机构。[②] 此外,G20促成各国联手刺激经济,以促进经济复苏:在2009年的峰会中,提出至2010年年末,各国实施空前协调的财政扩张政策,额度高达5万亿美元。各国央行更是一致大幅降低利率,维持经济扩张性政策,全方位运用货币政策工具,包括非常规工具,维

① 参见[美]尼古拉斯·维伦、李想:《五年后回头看G20金融改革议程》,载《国际经济评论》2014年第6期。

② G20. Declaration of the Summit on Financial Markets and the World Economy. http://www.g20.utoronto.ca/2008/2008declaration1115.html,2016-01-27.

持价格稳定。① 而 G20 的协调,避免了大萧条时期经济战的再次重现,而全球经济提前在 2009 年下半年复苏,这是由发达经济体与新兴和发展中经济体组成、在 G20 推动下的联合协调机制,所创造的重大成果。

但同时,也应看到以 G20 为代表的金融监管国际协调机制,存在诸多不足。首先,由于缺乏相应的惩罚机制,G20 峰会协议往往在各国间比较容易达成。"当峰会的最后领导人声明发表之后,各国都根据自己的意愿履行承诺。这在增加了该组织灵活性的同时,也加大了该组织的无效性"。② 即当下金融监管协调组织的软法属性,导致其问责性不强,约束力不够。除了 G20 之外,IOSCO,巴塞尔委员会和 IAIS 都面临这样的窘境。其次,G20 论坛广泛的议题和过于多样化的构成,且常设秘书机构安排的缺位,阻碍了运行有效性。G20 的议题涵盖了包括防止金融危机、地区一体化、国际发展援助等诸多问题。最后,G20 在促进更加平衡的全球经济以及构建一个更好、更公平的全球治理结构中是否有效,目前尚不清楚。③ 学者皮埃尔·雨果·维迪尔(Pierre-Hugues Verdier)就指出:"国际组织可能因诸多原因而无效,包括历史路径依赖,委托—代理,利益集团政治和国家力量不均。"④ G20 作为国际组织体,也面临着这些问题。

2. 理性看待金融监管国际协调

混业经营的发展和 2008 年的金融危机,一方面,显现了变异的金融业态与固化的金融监管体制之间的龃龉;另一方面,也昭示了碎片化金融监管的不力。超越国界的全球金融市场的形成,其背后是金融机构之间通过所有权关系、业务支付过程等各式各样链条勾连的金融体系,特别是混业金融产品嵌套复杂,账户的跨市场、跨境交叉,风险也可以之为载体传染散播。因此,需要金融监管国际协调予以规制,防范金融风险的全球蔓延。而协调具有规

① G20. London Summit - Leaders' Statement 2 April 2009. http://www.g20.utoronto.ca/2009/2009communique0402.pdf,2016-01-27.

② 崔志楠、邢悦:《从"G7 时代"到"G20 时代"——国际金融治理机制的变迁》,载《世界经济与政治》2011 年第 1 期。

③ 参见[英]吉姆·奥尼尔、阿莱西奥·特尔齐、许平祥:《21 世纪需要更好的 G20 和全新的 G7+》,载《国际经济评论》2015 年第 1 期。

④ Pierre-Hugues Verdier. The Political Economy of International Financial Regulation, *Indiana Law Journal*, 2013, 88(4), p. 1473.

模经济的效应。乔迪·弗里曼和吉姆·罗西指出:“提高的协调可能会减损而非增加机构决策成本。更大的协调有可能通过引入多视角和专业知识,且通过使得机构能够检验、获取其信息和想法来产生结构化机会,从而提高整个决策的质量。”①但是,国际监管协调并不是没有局限的。

首先,国际监管协调可能在一定程度上,成本高昂。更多国家、国际组织参与金融监管的国际协调,意味着更高的协调成本——需要平衡更加多元化的利益,考量更具差异性的金融现实,使监管标准等监管决策更难一致。学者何帆认为金融监管的国际协调更非万灵药,如本次金融危机暴露的巴塞尔协议的缺陷——忽视流动性风险,仅注重资本充足率;错误估计风险;过分依赖大银行的自我风险评估等。② 本次金融危机后,国际社会纷纷加强在限制银行高管薪酬、跨国保险公司的监管等方面的改革。然而,这些只是针对本次危机开出的药方,而问题是每一次金融危机的爆发,原因都不一样。因此,难以企望上述举措能够防范未来可能的金融危机。

其次,金融监管国际协调的基石是各个国家的金融监管。超主权国际权力的非现实性,也决定了短期内不可能成立世界金融监管局(World Financial Authority)统一负责国际金融监管。而金融监管国际协调的具体实施和执行,都依赖主权国家的监管资源。此外,一致性的监管标准还是差异性的监管标准更能提升金融监管有效性,还是存疑的。就实践而言,一方面,适宜本国国情的而各国之间存在差异性的监管标准,可以更有效地稳固本国金融体系。另一方面,多样性的国别监管标准之间的竞争,可助推更完善的国际监管标准形成和发展。

再次,在各个金融监管组织之间也存在着监管竞争与监管协调策略选择问题,这既表现为管辖权、监管标准方面的冲突,也包括监管信息征集与统一规则的冲突。如就金融信息的征集与共享而言,国际组织间的信息共享模式尚未健全:共享的信息范围较为狭窄,而彼此之间即使存在关于协调合作的

① Jody Freeman, Jim Rossi. Agency Coordination in Shared Regulatory Space, *Harvard Law Review*, 2012, 125(5), p. 1210.

② 何帆:《帮倒忙的国际金融监管合作》,载《国际经济评论》2010 年第 3 期。

官方协定，但数据质量状况堪忧。① 与国内金融监管部门相似，各个国际组织之间虽然工作重点和工作目标不同，但同类组织的工作内容仍然存在交叉和竞争。这就导致各个组织体在本组织中心主义的狭隘视野下，否认或无视其他组织体的信息。

最后，金融监管国际协调中，发达国家的主导地位将长期存在。新兴和发展中经济体经过几十年的发展，经济实力大增，社会法律制度卓有完善，并在FSB、IMF等国际金融监管组织中有了更多的声音和代表权。但囿于其整体经济实力仍弱于发达经济体，金融发育水平不高，金融监管机制不完善等因素，国际金融监管不均衡的状态还将持续。学者皮埃尔·雨果·维迪尔就指出："该体系（国际金融监管）并非国家之间理性设计的结果，而是历史路径依赖，且符合体系中最强大政治国家的利益——监管者，金融公司和大国。即便有改革，这一模式仍然存在。"②例如，本次全球LEI体系的提出和推广，主要是由美国、欧盟等推动，国际金融新秩序的改革之路仍漫漫。

本章小结

金融监管的国际协调问题，根源是国家利益在国际社会中博弈求赢的产物，国家利益驱使国家于金融监管等各个方面，强化国际竞争力，获取比较优势。而2008年金融危机的爆发，使国际社会充分认识到金融风险已藉金融机构间的链条，向全球传染扩散，而各个国家单打独斗式的碎片化监管，被证明是无效的，需要国际协调。而混业经营趋势下，愈演愈烈的监管套利、关联套利，也在告诫主权监管者：在金融机构各个击破策略下，任何一个国家本身都不可能有如此巨大的金融资本与之抗衡。这彰显了金融监管国际协调的现实必要性。而各个国家金融监管法制和监管标准不一，提出了国际协调的客观必要性。金融监管的国际协调关系着各国的金融利益分配与安全，关系

① 王茜、张磊、夏艺华：《国际组织协调合作的挑战与机遇》，载《WTO经济导刊》2017年第Z1期。

② Pierre-Hugues Verdier. The Political Economy of International Financial Regulation, *Indiana Law Journal*, 2013, 88(4), p. 1473.

着全球金融业的发展与稳定,同时也是法律发展的原料仓。

金融监管的国际协调,从监管职权分工与制衡、监管信息征集与共享、监管行动的一致性入手,介绍了管辖权、监管标准、LEI 体系、市场准入和危机处理方面国际协调的实践。从中可以窥见混业经营与 2008 年的金融危机加入监管博弈后,对金融监管国际协调的重塑。同时,也应看到以 G20 为代表的金融监管国际协调组织体的局限性——金融监管国际协调不可或缺,但需以主权国家的监管为支撑,同时以区域监管协调为进阶路径,而平衡发展各国金融利益是其未来发展使命。

第六章 混业经营趋势下我国金融监管协调机制的现状及完善

混业经营趋势席卷全球，大多数国家已经或者正在进入混业经营阶段。就一国而言，开展混业经营是呼应内需外压的需要——国内金融业的发展日益要求金融效率，混业经营松绑了资本跨市场流动的限制，平滑了金融机构的收益曲线；而在国际层面，与外国全能型金融机构的竞争，使示范效应更加明显，各国纷纷开展各种形式的混业经营。作为后发金融经济体的我国而言，更是如此，自从2001年加入WTO后，特别是从2006年开始，大量跨国金融机构的涌入对我国金融市场的竞争示范效应更加立体而现实。中国人民银行、银监会、证监会和保监会等金融监管当局，从我国金融发育水平处于初步阶段的实情出发，先后出台了涉及不同金融领域混业经营的法律政策文件，确保混业经营的发展有章可循，把控其对我国金融经济的冲击和新生风险。2015年6月的股灾，暴露了混业经营趋势下我国架构在分业监管基础上的金融监管协调制度的缺陷，监管机构之间信息共享不足，协调不畅，极大地制约了金融监管效果。如何在混业经营趋势下，审时度势、因地制宜地完善我国国内、国际层面的金融监管协调机制，践行安全、效率、公平的价值理念，是本章要讨论的主要内容。

第一节 混业经营趋势下我国金融监管协调机制的现状以及不足

制度总是对应于一定的经济现实，我国金融监管协调机制的发展历程，与我国混业经营的发展历程紧密相关。我国的混业经营发展历程大致可以分为初级混业经营阶段、分业经营阶段和混业经营初步发展阶段三个阶段。而我国的金融监管协调机制的国内和国际两个层面也在此过程中，逐步发展建立起来。

一、我国混业经营的发展历程及风险分析

（一）我国混业经营的发展历程

1. 初级混业经营阶段

这一时期我国的混业经营，与美国初期的混业经营相似，有两个特征业务的混合和管理的混乱。“第一，就业务的混合而言，任何一家金融机构都可以兼营所有的金融业务，商业银行和投资银行之间的业务是不分离的；第二，管理的混乱，这种混乱既包括金融机构自身的管理混乱，又包括监管机构监管的薄弱。”①

我国的混业经营体制在1995年以前，大致可以分为两个阶段，第一阶段系体制外的金融机构对混业经营的初步尝试。此时，四大银行实行银行业务专业化，除此之外，金融机构基本都是混业经营，如交通银行（1986年重新组建）核定的业务范围，除了本外币银行业务外，还包括非银行业务：保险、证券、投资、租赁和信托等。同年成立的中信实业银行，其金融业务的范围，与之类似。第二阶段系混业银行经营模式全面推开。在经济利益的驱动下，各专业银行（甚至人民银行各级分行）在突破了专业分工限制后，

① 周程：《混业经营在中国：过去、现在和未来》，载《国际融资》2007年第3期。

开始突破行业限制,向证券、保险、信托、房地产、投资等领域迈进。

这一时期,中央发布了相关的金融政策文件,推进银行业务混业发展。1980年,国务院发布《关于推动经济联合的暂时规定》,银行"要试办各种信托业务";9月,《关于积极开办信托业务的通知》由央行发布,要求各个地方的分行积极响应,先后以全资或参股方式设立了许多金融信托机构。[①]而随着上海证券交易所和深圳证券交易所分别于1990年、1991年的设立,证券市场登上中国历史舞台。由于此时没有严格的市场准入,证券机构在无风险情况下获得高额收益,银行、信托和保险公司竞相参与其中。银行参与证券业务的形式主要是设立全资或参股的证券公司或信托投资公司证券部,从事企业债券的发行,代理买卖和自营。而证券公司市场结构可以分为如下三种:全国性的证券公司,如华夏、南方、国泰君安等;地方性证券公司(主要有各省市人民银行、财政部门等设立的证券营业部,专营证券业务);兼营类的证券公司,包括信托投资公司、融资租赁公司等非银行金融机构设立的证券营业部。[②]

1995年之前的混业经营阶段,学者们一般称其为粗放型或自然混业经营阶段,这一时期混业经营的发展系我国金融机构对混业经营的初步探索,一定程度上推动了我国非银行金融机构的发展,并给压抑束缚的金融市场带来了新鲜活力。然而,由于金融市场发育水平较低、金融机构的公司治理和内控机制尚不健全、金融监管缺位等先天限制性条件,我国粗放型的混业经营,产生了一系列不良经济金融影响。金融机构违规经营,造成金融秩序混乱。就银行金融机构而言,大量银行资本投放到证券市场、房地产市场,助长股市泡沫的同时,也加大了自身的经营风险。此外,银行盲目扩大基本建设投资等大量转移信贷资金的行为,引发严重的通货膨胀(1993年、1994年和1995年,我国的通货膨胀率高达14.7%、24.1%和17.1%)[③]。而"辽

---

① 参见陈雨露、马勇:《现代金融体系下的中国金融业混业经营:路径,风险与监管体系》,中国人民大学出版社2009年版,第122页。

② 参见巫文勇:《中国金融业监管制度改革研究:基于金融混业经营视角重新思索》,西南交通大学出版社2010年版,第179页。

③ 参见中国统计局:《中国理念官方数据(通货膨胀率)》,载 http://www.360doc.com/content/13/0217/16/578165_266168085.shtml,2016年2月1日访问。

国发”案和“3·27”国债风波更是波及全国几十家证券公司、信托公司和银行,加之期货市场的盲目发展与扩张,彼时的中国金融市场颇为混乱。

2. 分业经营阶段

鉴于粗放型混业经营产生的一系列不良经济金融影响,国家开始对金融业的经营形式予以强制性变迁——实行分业经营(限定境内),该变迁可以从金融法律的变化和金融监管机构的设立窥见。从金融法律变化来看,1995 年,我国颁布了《中国人民银行法》《商业银行法》《保险法》,奠定了我国分业经营的基本格局。其实,此时并未绝对禁止混业经营。例如《商业银行法》(1995 年版,2003 年已修改本条)第 43 条第 1 款规定:“商业银行在中华人民共和国境内不得从事信托投资和股票业务,不得投资于非自用不动产”“中华人民共和国境内”意即不限制商业银行在海外开展的投资。如 1998 年 7 月 10 日在香港注册成立的中银国际控股有限公司,系中国银行股份有限公司的全资附属投资银行机构。立法初衷为大陆境内限制混业经营,以维系金融稳定。1998 年 12 月,《证券法》颁布,其中第 6 条规定:证券业和银行业、信托业、保险业分业经营、分业管理(2005 年已修改本条)。《商业银行法》和《证券法》首次以法律形式确立了我国银行业、证券业和保险业分业经营的原则。2003 年,《银行业监督管理法》制定。从金融监管机构设立来看,1992 年 10 月,国务院证券委员会和中国证券监管委员会(证监会)同时成立,开启了我国分业监管的篇章。1998 年 11 月,中国保险监督管理委员会(保监会)成立,使得保险业的管理从中国人民银行中独立出来,金融分业监管制度进一步确立。2003 年 4 月,中国银行业监督委员会(银监会)成立,负责监管全国的银行、资产管理公司、信托投资公司及其他存款类金融企业。籍此,我国金融业的分业经营、分业监管制度正式确立。

需要注意的是,前述分业经营阶段,就金融市场而言并非严格、纯粹的分业经营,从 1998 年 10 月开始,应系分合经营(分业经营与混业经营)并存阶段。从政策法规文件来看:1998 年 10 月,中国人民银行批准保险公司可以购买中央企业债券,①解绑了保险业与证券业之间的资金流动限制,标

---

① 参见谷秀娟:《金融混业与完善我国金融监管体系问题研究》,载《郑州大学学报》(哲学社会科学版)2004 年第 6 期。

志着保险业进入证券领域;1999 年 8 月,中国人民银行准许合格的证券公司和基金管理公司进入银行间同业拆借市场,开展同业拆借和债券回购业务,打通了银行业与证券业之间的资金通道;同年 10 月,保监会和银监会联合批准同意保险资金进入股票市场;2000 年 2 月,中国人民银行与证监会联合颁布《证券公司股票质押贷款管理办法》(已失效),规定商业银行可以向符合条件的券商发放以券商自营股票和基金做质押的贷款,籍此银行资金进入股市。2001 年 6 月,中国人民银行颁布《商业银行中间业务暂行规定》(已废止),经中国人民银行审批,银行可以开办业务:金融衍生、代理证券、投资基金托管、信息咨询、财务顾问等。① 而2001 年10 月开始正式实施的《开放式证券投资基金试点办法》(证监会发布,已失效),准许商业银行在接受基金管理公司的委托后,可以开展基金托管,开放式基金注册登记,开放式基金单位认购、申购和赎回等业务。②③

3. 混业经营初步发展阶段

随着 2001 年加入 WTO 组织,我国金融市场的对外开放力度不断加大。在世界金融一体化和金融自由化的发展形势下,出于维护我国金融安全和金融利益的考量,逐步放宽金融混业经营符合我国的国家利益。混业经营的大潮来袭,近年来愈加迅猛,我国混业经营格局呈现如下格局:金融机构跨业投资步伐加快,不同形式的金融控股公司逐步形成,产融结合型集团日益增多,以理财产品为代表的各类交叉性金融产品蓬勃发展,互联网金融快速发展促进了综合经营。④ 但无论是考察混业经营方面的法律政策文件,还是考察混业经营发展的实践,都有诸多的内容,限于篇幅所限,在此不进行完全列举,仅选取较为重要的内容以飨阅览和思索。

从混业经营方面的法律政策文件来看:2003 年 12 月,第十届全国人民

---

① 中国人民银行:《央行施行〈商业银行中间业务暂行规定〉》,载 http://www.pbc.gov.cn/bangongting/135485/135491/135597/1011024/index.html,2016 年 2 月 1 日访问。

② 哈斯:《混业经营趋势下中国金融监管模式创新研究》,载《内蒙古社会科学》(汉文版)2014 年第 1 期。

③ 第 18 条:商业银行以及经中国证监会认定的其他机构可以接受基金管理人的委托,办理开放式基金单位的认购、申购和赎回业务。商业银行开办开放式基金单位的认购、申购和赎回业务,应当经中国证监会和中国人民银行审查批准。参见《开放式证券投资基金试点办法》。

④ 潘功胜:《金融业综合经营发展与监管》,载《中国金融》2014 年第 1 期。

代表大会常务委员会修改通过的《商业银行法》第3条规定，银行可以从事投资政府债券、金融债券等部分证券业务，代理收付款项及代理保险业务等信托业务，而本法规中“其他业务”的规定，无疑是将对银行经营范围的限制，通过此项授权释放了空间。第43条规定：“商业银行在中华人民共和国境内不得从事信托投资和证券经营业务，不得向非自用不动产投资或者向非银行金融机构和企业投资，但国家另有规定的除外。”在2003年修改中，增加了“国务院另有规定的除外”，无疑为商业银行探索信托投资、证券业务的经营预留了空间。2004年1月，国务院发布了《关于推进资本市场改革开放和稳定发展的若干意见》，提出“鼓励合规资金入市。继续大力发展证券投资基金。支持保险资金以多种方式直接投资资本市场……拓宽证券公司融资渠道。完善证券公司质押贷款及进入银行间同业市场管理办法……”[①]该规定进一步打通了保险资金与资本市场之间、证券与银行业务之间的通道。2005年2月，中国人民银行、银监会及证监会联合公布《商业银行设立基金管理公司试点管理办法》，允许中国商业银行直接出资设立基金管理公司。[②] 2005年12月修订的《证券法》第6条规定：证券业和银行业、信托业、保险业分业经营、分业管理。证券公司与银行、信托、保险业务机构分别设立。国家另有规定的除外。这个“国家另有规定的除外”，无疑也赋予了证券业和银行业、信托业、保险业探索多元化的相互合作方式，提供了法律依据。2007年2月，修订《金融租赁公司管理办法》（已于2014年修改），商业银行进入融资租赁行业——允许符合资质的商业银行设立或参股金融租赁公司。[③] 2008年1月，中国银监会和保监会签订了《关于加强银保深层次合作和跨业监管合作谅解备忘录》，允许银行和保险公司开展

---

① 国务院：《国务院关于推进资本市场改革开放和稳定发展的若干意见》，载 http://www.gov.cn/gongbao/content/2004/content_63148.htm，2016年2月1日访问。

② 参见中国人民银行：《中国人民银行 中国银行业监督管理委员会 中国证券监督管理委员会公告〔2005〕第4号》，载 http://www.pbc.gov.cn/bangongting/135485/135491/135597/999293/index.html，2016年2月1日访问。

③ 参见银监会：《银监会发布〈金融租赁公司管理办法〉》（修订），载 http://www.cbrc.gov.cn/chinese/home/docView/2007020169D03FD2327291B6FF81B109681AFD00.html，2016年2月1日访问。

相互投资试点。[①] 2009 年 2 月，第十一届全国人民代表大会常务委员会修订通过的《保险法》，跟《证券法》《商业银行法》如出一辙，第 8 条也同样增加了“国务院另有规定的除外”，[②]给银行业、证券业、保险业探索混业经营形式预留了政策空间。第 106 条允许保险公司的资金买卖债券、股票、证券投资基金份额等有价证券。[③] 同时删除了原《保险法》中的禁止性条款，即保险资金“不得用于设立证券经营机构，不得用于设立保险业以外的企业”。2013 年 6 月，中国证券监督管理委员会和中国保险监督管理委员会联合公布了《保险机构投资设立基金管理公司试点办法》，保险机构可以试点投资设立基金管理公司，并就保险机构投资设立基金管理公司的申请程序、风险控制和监督管理予以规定。2014 年 4 月 18 日，中国银监会、中国证监会联合发布《关于商业银行发行优先股补充一级资本的指导意见》，规定了商业银行发行优先股的申请条件和发行程序，进一步明确了优先股作为商业银行其他一级资本工具的合格标准。[④] 2014 年 4 月 24 日，中国人民银行和我国三大金融行业监管机构以及国家外汇管理局，联合发布了《关于规范金融机构同业业务的通知》，提出同业业务经营、内外部管理、资产负债业务创新等 18 项要求，助推经济结构调整和转型升级。[⑤]

从混业经营发展的实践来看，大致可以将其分为两个层次：业务层次和组织形式层次，前者系金融跨业业务或产品的发展，后者系金融混业经营组

---

① 保监会：《中国银监会、中国保监会正式签署——关于加强银保深层次合作和跨业监管合作谅解备忘录》，载 http://www.circ.gov.cn/web/site0/tab5207/info62608.htm，2016 年 2 月 2 日访问。

② 《保险法》第八条保险业和银行业、证券业、信托业实行分业经营、分业管理，保险公司与银行、证券、信托业务机构分别设立。国家另有规定的除外。

③ 《保险法》第 106 条　保险公司的资金运用必须稳健，遵循安全性原则。

保险公司的资金运用限于下列形式：

（一）银行存款；

（二）买卖债券、股票、证券投资基金份额等有价证券；

（三）投资不动产；

（四）国务院规定的其他资金运用形式。

④ 参见中国证券监督管理委员会编：《2014 中国证券监督管理委员会年报》，中国财政经济出版社 2015 年版，第 59 页。

⑤ 参见中国保险监督管理委员会编：《2015 中国保险市场年报》，中国金融出版社 2015 年版，第 74 页。

织结构形式的发展,对此可以分别从银行业、证券业、保险业、基金业两两合作或全方位视角出发,予以考察。其一,银证合作。我国银证合作的主要内容涵盖资金清算业务、同业拆借和债券回购业务、银证转账业务、股票质押贷款业务和投资银行业务等;而在股权合作层面,则涌现了以光大集团(提供的业务有资金业务、第三方存管和资产管理合作等)和中信集团为代表的金融控股集团。其二,银保合作。由初期的协议代理模式(代销保险产品、代收保费、代支保险金),演变为全方位的战略合作(融资业务、联合发卡、保单质押贷款、客户信息共享等方面)。银保合作的领域较为广泛,既有纾困中小企业融资难的小额贷款保证保险、借款人意外保险、微保贷[①]等银保产品,也有契合农业风险特点的南丰县"蜜桔气象指数保险+信贷"模式等。[②] 据统计,2014 年,银保渠道保费收入 4946.9 亿元,同比增长 25.5%,保费占比 39%,较 2013 年提高 2.3 个百分点。[③] 2008 年 10 月,光大银行和中国再保险股份有限公司签订战略合作协议。此外,保险公司和银行相互参股方式的资本合作也日渐增多,如 2009 年 9 月,交通银行收购中保康联人寿 51% 股权;[④]2010 年 2 月,北京银行获保监会和银监会批准,收购首创安泰人寿保险 50% 的股权,成为首家参股保险公司的城市商业银行。[⑤] 其三,证保合作方面。业务代理合作发展缓慢。国内实践的实例,如 2012 年 12 月,长春农村商业银行股份有限公司获批保险兼业代理资格。[⑥] 2016 年 3 月,平安证券获得业内首张"保单开户"创新资格牌照("保单开

① 即由小微企业只须向保险公司缴纳一定的保险费用,由保险公司作为担保方,即可向银行申请流动资金贷款。

② 参见中国贸易金融网:《投行混业趋势:"银保合作"模式_热点聚焦》,http://www.sinotf.com/GB/News/1001/2016-03-01/0NMDAwMDE5ODI0NQ.html,2017 年 5 月 28 日访问。

③ 参见中国保险监督管理委员会编:《2015 中国保险市场年报》,中国金融出版社 2015 年版,第 43 页。

④ 参见现代快报:《交行收购中保康联人寿 51% 股权 银行参股保险公司开闸》,载 http://bank.hexun.com/2009-09-08/120999515.html,2016 年 2 月 1 日访问。

⑤ 参见新浪财经:《入股首创安泰 北京银行或成首家混业经营城商行》,载 http://finance.sina.com.cn/money/bank/bank_hydt/20100205/00367371446.shtml,2016 年 2 月 21 日访问。

⑥ 参见保监会:《关于长春农村商业银行股份有限公司保险兼业代理资格的批复》,载 http://www.circ.gov.cn/web/site0/tab5239/info231714.htm,2012-12-27,2016 年 2 月 1 日访问。

户”,是指经过保险客户授权直接变成证券客户),目前主要业务范围为平安寿险的保单与平安证券合作,平安证券对寿险客户设置了门槛,并开发了技术平台予以对接,“平安寿险客户到平安证券开户较一般证券客户开户更加便捷,3分钟基本就能完成”。此举无疑能够通过综合金融资源运用,推进券商市场开拓,提升保险客户服务。① 保险资金证券化趋势明显,主要的证保合作产品为投资型保险。此外,证保之间的股权合作开始逐步推进,如中信控股、光大集团和平安集团。②

(二)金融混业经营的一般风险与我国混业经营的特殊风险

金融混业经营以多种不同性质的金融工具(产品)与服务形式的结合为基础,在此结合过程中,风险组合会发生一定程度的变化,可能改变风险的产生过程与表征。金融混业经营的风险呈现风险集中性,突发性、复杂性,同时产生杠杆效应和连锁效应等特征。③ 而金融机构原有的风险控制技术未必能及时反映和防范这种风险变化。

一般而言,在混业经营中,面临的风险主要包括如下三个方面。其一,经营风险——将资产置于不确定的环境中,包括市场风险,信用风险,操作风险和经营战略风险。其二,财务风险,包括流动性风险、财务杠杆风险和资本安全风险。其三,集团管理风险,包括集团传递性风险(通过金融控股公司内部的关联交易和破产救助),利益冲突风险(金融集团公司内部的各部门、各子公司之间利益的非共同性),信息不对称风险和市场力量滥用风险(针对客户利用信息优势或形成垄断,造成消费者福利下降)。

而对我国的混业经营而言,不仅面临上述经营风险、财务风险和集团管理风险等一般混业经营风险,还面临囿于中国特殊的金融体制和金融发育水平产生的特殊风险。具体而言,其一,占据主导地位的商业银行,内部风险管理和控制不足,难以适应混业经营条件下开放性的市场环境。其二,高

---

① 参见桂衍民、张欣然:《证保合作大幕开启　平安证券首获“保单开户”试点》,载 http://www.p5w.net/stock/news/zonghe/201603/t20160309_1378155.htm,2017年5月28日访问。

② 参见朱崇实、刘志云等:《混业经营趋势下的中国金融监管法:挑战与革新》,厦门大学出版社2013年版,第348~352页。

③ 巫文勇:《中国金融业监管制度改革研究:基于金融混业经营视角重新思索》,西南交通大学出版社2010年版,第113~114页。

投机性的资本市场,金融工具品种少且发展不均衡,这就导致风险难以合理分散。欧美国家的资本市场实践表明,资本市场的层次性愈是完善,市场风险愈是能够得到有效释放和对冲。其三,金融压抑逻辑下的混业金融创新,面临审批不确定性风险和较高的审查成本。长期僵硬的监管体制压抑金融创新,我国金融创新能力较弱,同时面临报批阶段不确定性等政策风险。[①]处于初步阶段的我国混业经营,在成长发展过程中,自然会出现大量的混业金融产品或业务创新。其四,国有产权和委托——代理问题。国有产权在我国金融业中占据主导地位,如财政部与汇金公司以绝对的优势控制了工农中建四大国有银行和国家开发银行,以第一大股东控制了交行、光大。这意味着中国金融资产中超过50%是由财政部和汇金公司联合控制的。[②] 在我国混业经营不断深化中,大量关联贷款和担保出于规避法律限制,进行的往往是不正当的内部交易和关联交易。而在此过程中,凸显了国有资产所有人的实际缺位和由此引发的委托代理问题。其五,产融结合问题,实业集团通过控制金融企业的股权,与之关联交易或采取联合行动,实现非公允目标,规避当局监管。[③] 典型如20世纪末的德隆系集团案例,通过兼并整合产业,套取资金满足其在资本市场的需要。

二、我国国内金融监管协调机制的建设以及不足

混业经营蓬勃发展的背后,也是不断提升的风险量级和频率,对应的却是落后虚弱的金融监管制度,银监会、保监会、证监会三大金融监管机构之间,信息沟通不畅,协调不力。

(一)专业监管部门间的协调

证监会、保监会和银监会作为我国的金融审慎监管部门,负责具体的金融行业的市场准入、业务监管和风险管理等。混业经营形式下,需要三大专

---

① 参见吴利军、方庆:《混业经营下的中国金融监管体制:国际比较与路径选择》,载《教学与研究》2012年第8期。

② 参见聂日明:《大一统金融监管?先了解当前金融监管复杂体系再说》,载http://www.360doc.com/content/15/1214/00/29498940_520200722.shtml,2016年2月1日访问。

③ 参见陈雨露、马勇:《现代金融体系下的中国金融业混业经营:路径,风险与监管体系》,中国人民大学出版社2009年版,第214~215页。

业金融监管部门的有效协调,以维护我国金融体系稳定、促进我国金融市场的健康发展。

其一,就制度设计层面而言,我国系以分业监管为基础建立的金融监管协调制度。在法律法规层面,三大金融行业均有法律对金融监管协调安排,就建立信息共享机制等予以原则性规定。《银行业监督管理法》第6条规定了应与中国人民银行、其他金融监管部门建立监督管理信息共享机制。《证券法》第185条规定、《保险法》第158条规定也都做了相应的规定。

其二,就制度运行层面而言,我国确立了中国人民银行为牵头人的金融监管协调部际联席会议制度。

在2017年7月之前,我国确立的是中国人民银行为牵头人的金融监管协调部际联席会议制度。2017年7月之后,确立国务院金融稳定发展委员会,统筹负责金融监管协调的制度框架。2017年7月召开的金融工作会议,决定设立国务院金融稳定发展委员会,其办公室设在央行。尽管当前就金融稳定发展委员会的具体职责、人事安排以及与存量金融监管部门之间的关系尚未明确。但设置该机构的初衷无疑旨在解决金融监管协调问题,强化央行宏观审慎管理和系统性风险防范的职责。

2000年9月,人民银行、证监会、保监会建立了三方监管联席会议制度。2004年6月,银监会、保监会和证监会召开了第一次监管联席会议,起草了《金融监管分工合作备忘录》,对我国三大专业监管部门监管协调机制的基本框架,予以确立。同年9月18日召开了第一次监管联席会议,确立了对金融控股公司的主监管制度,即对金融控股公司内相关机构、业务的监管,按照业务性质实施分业监管,而对金融控股公司的集团公司可依据其主要业务性质,归属相应的监管机构负责。2004年3月18日,银监会、保监会和证监会根据已建立的协调工作机制,召开了第二次监管联席会议,此次会议着重就如何贯彻落实国务院《关于推进资本市场改革开放和稳定发展的若干意见》进行了沟通、讨论和协商,三家监管机构将加强协调,共同支持和促进资本市场发展。① 2004年6月28日,银监会、保监会和证监会通

① 银监会:《银监会、证监会、保监会召开第二次监管联席会议》,载 http://www.cbrc.gov.cn/chinese/home/docView/203.html,2016年2月2日访问。

过了《金融监管分工合作备忘录》，该备忘录旨在实现对金融机构、金融业务监管的全覆盖，规定了“分业监管、职责明确、合作有序、规则透明、讲求实效”五项指导原则。《金融监管分工合作备忘录》进一步明晰界定了三会的指责分工，明确了金融控股公司的监管“主监管人”理念，采取主要业务归口管理的思路；同时就信息收集与交流，建立“监管联席会议机制”“重大监管政策实施会商机制”和“经常联系机制”，予以约定安排。2008 年 8 月，国务院批准了“三定方案”。“三定方案”规定央行会同我国金融业三大监管机构建立金融监管协调机制，以部际联席会议制度的形式，协调货币政策与监管政策，协调差异化的监管政策、法规，建立金融信息共享制度，防范、化解金融风险，维护国家金融安全，重大问题提交国务院决定。2013 年 8 月 15 日，国务院批复《中国人民银行关于金融监管协调机制工作方案的请示》，同意建立金融监管协调部际联席会议制度，并由央行负责牵头。《金融监管协调部际联席会议制度》的内容包括三个方面：首先是职责和任务，特别点出了金融监管政策、法律法规之间的协调，交叉性金融产品、跨市场金融创新的协调，以及金融信息共享和金融业综合统计体系的协调。可见，政府也在着眼提高综合监管能力。其次是成员组成，除了我国三大金融业监管机构和外汇局，必要时可邀请发展改革委、财政部等有关部门参加。明确联席会议召集人为央行行长。最后是工作规则和要求，其中的一个定调就是“不改变现行金融监管体制，不替代、不削弱有关部门现行职责分工，”同时提及建立简报制度，强调人民银行的牵头作用。① 截至 2015 年年底，联席会议制度建立以来，已召开 11 次会议，研究了 50 余项议题，推动出台或建立了一系列政策制度安排，加强宏观调控与金融监管的协调配合，推动金融服务实体经济；推进改革、完善金融监管体制；明确跨市场、交叉性金融创新监管原则，特别是互联网金融；防范重点领域的金融风险，确保不发烧系统性区域性金融风险。②

2008 年 1 月 16 日，银监会、保监会正式签署《关于加强银保深层次合

① 参见国务院：《国务院关于同意建立金融监管协调部际联席会议制度的批复》，载 http://www.gov.cn/zwgk/2013-08/20/content_2470225.htm，2016 年 2 月 2 日访问。

② 参见中国人民银行金融稳定分析小组编：《中国金融稳定报告 2016》，中国金融出版社 2016 年版，第 126 页。

作和跨业监管合作谅解备忘录》,旨在健全两者的协调机制,规范银保合作,防控风险,提高监管有效性。在备忘录中,就银保合作的准入条件、审批程序、机构数量、监管主体、风险处置与市场退出程序及信息交换等达成共识,监管约定了分工和责任、现场检查和非现场监管配合、风险处置与市场退出、信息交换等。①

(二)我国专业监管部门间协调的不足

首先,我国金融监管协调存在协调机制不健全,职责界定不明确等问题。

其一,一行三会间的金融监管联席会议性质模糊,系常设机构抑或临时议事机构?不得而知,从应对金融混业经营发展趋势而言,应当设立一个专司金融监管协调的常设机构,如美国的金融稳定监管委员会(FSOC)、英国金融稳定委员会(CFS)和欧盟系统性风险理事会(ESRC)。但我国的实际情况则是联席会议多为论坛的另一名称,组织结构松散,议事不深入,缺乏持续性,极大制约了金融监管协调效率。事实上,在2003年6月,自三会起草备忘录后,当年9月召开了第一次联席会议,并明确例会每季度召开一次。但第二次例会召开已是2004年3月,而第二次协调却是在国务院的重压下,讨论资本市场纾困问题。此后,金融监管联席会议未再召开过。

而2017年7月金融工作会议设立国务院金融稳定发展委员会,该委员会从名字上看,与美国FSOC、英国CFS等专司金融监管协调机构相似,但该机构是否将负责我国三大专业金融监管部门之间的协调,还是仅就宏观金融监管政策与央行协调,尚有待观察。同时,金融稳定发展委员会办公室设在央行,其与央行本就存在的金融稳定局之间关系如何?也有待明确。

其二,就金融监管机构之间的职权分工与制衡而言,内容多系粗线条式的原则性规定,缺乏实质性协调,且监管空白、监管重复和监管套利问题较为突出,而其备忘录的软法形式,也是其协调效力大打折扣的重要原因。《金融监管分工合作备忘录》由于各种内在缺陷,被看作过渡性的制度安

① 参见保监会:《中国银监会、中国保监会正式签署——关于加强银保深层次合作和跨业监管合作谅解备忘录》,载 http://www.circ.gov.cn/web/site0/tab5207/info62608.htm,2016年2月2日访问。

排。证监会、保监会和银监会均系独立的正部级单位,行政级别相同,相互之间不存在隶属关系,通过备忘录的形式为自己和对方设定权利和义务,法律效力值得探讨,实践效果大打折扣。由于缺乏行政隶属关系,导致相应执行强制力的缺位,在信息共享和政策事前协商事宜方面,三大金融业监管机构动力不足,同时激励约束低效。一旦协调事项涉及部门利益,就会出现无人出面协调与沟通的尴尬局面。而银监会与保监会的《关于加强银保深层次合作和跨业监管合作谅解备忘录》,仅创设了原则性框架,实效有限。该备忘录虽然明确了两家金融监管机构的分工和责任,但缺乏执行监督制度和争端解决制度,导致协调的刚性和力度不足,距离具体可行的合作监管制度,为时尚远。

放眼金融监管协调的实践,在2015年"股灾"中,就有5家监管部门参与"救市"。中国人民银行负责监管市场流动性,三大金融监管机构纷纷手——银监会监管场外配资,证监会监管证券信用交易资金及二级市场,保监会监管保险资金入市,"救市"资金则由财政部监管。这种"九龙治水、各管一段"的模式,极易产生监管空白,滋生监管套利。可见,我国尚未建立起较为完善的金融监管协调的机制,容易造成金融风险的积累和蔓延。面对十余年的迅猛发展的混业经营,我国当今的金融监管协调愈显无力,以影子银行为例。一方面,作为金融创新的影子银行,跨越了银行、证券、信托、基金、保险等多个金融领域,并不断突破监管边界,造成监管空白;另一方面,影子银行某些交叉性产品同时归属于多个监管当局,产生重复监管。而针对金融控股公司的监管协调,缺乏实质性,使得金融控股公司屡有监管套利的可乘之机。通过对自身业务多样分散性这一特征的巧妙利用,将监管最为宽松的子公司,打造成为金融控股公司特定类型的金融业务或产品的"集中避风港"。此外,在金融控股公司风险评估中,"主监管人"欠缺足够的动力和评估手段,难以对其整体性的风险作出有效的评估和整体判断。①

其次,就监管信息的征集与共享而言,仅有原则性规定,缺乏责任义务、运作方式、组织体系、管理权限、控制手段、技术支持等具体实施细则和规

---

① 参见哈斯:《混业经营趋势下中国金融监管模式创新研究》,载《内蒙古社会科学》(汉文版)2014年第1期。

范要求,导致信息征集与共享的有效性不足。《金融监管分工合作备忘录》就信息收集与交流进行了约定,包括三会各自收集信息和数据,建立定期信息交流制度和对外开放政策的交流、协调机制,并约定了客户保密原则,互通处罚信息等。但对于建立信息共享机制的责任义务、运作方式、组织体系、管理权限、控制手段等,并没有具体的实施细则和规范要求。虽然法律法规中均有与其他金融监督管理机构建立信息共享机制等的规定,但缺少具体的信息共享的实施细则和操作方法。如《保险法》第158条、《银行业监督管理法》第6条、《证券公司监管管理条例》第7条等。[①] 银监会与保监会的《关于加强银保深层次合作和跨业监管合作谅解备忘录》,对信息交换的内容、方式和渠道予以明确约定。具体监管信息的共享制度有相应安排,但作为整体性的信息共享机制尚未建立。2014年1月,《关于进一步规范商业银行代理保险业务销售行为的通知》,由保监会、银监会和银监会联合发布,其中第22条规定:中国保监会、各保监局与中国银监会、各银监局建立信息共享制度……[②]2014年11月,银监会、财政部、中国人民银行、证监会、保监会联合发布了《金融资产管理公司监管办法》,其中在"监管协调"部分,特别规定了金融监管部门之间的信息征集和共享安排,以及搭建集团经过信息共享平台。"为避免重复监管,银监会对集团附属金融法人机构的了解和评估,在集团母公司提供的信息之外,主要依赖证监会、保监会等监管机构提供的信息,如有必要,可委托相关监管机构收集附属法人机构的特定信息。在监管协作的范围内,证监会、保监会等监管机构可从银监会获得集团运营中有可能影响到附属法人机构的信息。""银监会和财政部、人民银行、证监会、保监会等相关监管机构及主管部门建立健全集团监管信息共享平台,包括检查报告、风险评估报告、内外部处罚情况和日常监管情况

---

① 《保险法》第157条第1款:国务院保险监督管理机构应当与中国人民银行、国务院其他金融监督管理机构建立监督管理信息共享机制。《银行业监督管理法》第6条:国务院银行业监督管理机构应当和中国人民银行、国务院其他金融监督管理机构建立监督管理信息共享机制。《证券公司监管管理条例》第7条第1款:国务院证券监督管理机构、中国人民银行、国务院其他金融监督管理机构应当建立证券公司监督管理的信息共享机制。

② 参见保监会:《中国保监会、中国银监会关于进一步规范商业银行代理保险业务销售行为的通知》,载 http://www.circ.gov.cn/web/site0/tab5225/info3901375.htm,2016年2月2日访问。

等信息。”加之,信息征集与共享的技术支持也不到位,银监会、证监会和保监会之间的信息征集系统彼此并不兼容,具体而言,银监会没有专门的信息征集系统,由银行业信息科技监管部负责;而证监会的信息服务是由中证资本市场运行统计监测中心有限责任公司(以下简称中证监测)负责的,支持证监会的监管决策和系统性风险防控;在保险业领域,则2014年1月15日成立了中国保险信息技术管理有限责任公司。同时三会也未有建立信息共享交流的平台。现实中基本进行的是常规性的信息共享和“一事一议”式的临时性信息共享。例如,在金融风险事件爆发后,地方政府协调下进行的信息共享。这种信息征集与共享机制,往往事后诸葛亮,使得金融监管当局难以在金融机构、金融产品出现危机前早期干预,实现监管成本的最小化。

最后,就监管行动的协调而言,包括市场准入、危机处理、联合检查和人员培训等,均处于起步阶段。其一,市场准入方面,基本是各自条线,谁的业务谁管,涉及混业产品或业务,需要相应监管部门的一致同意。例如,保险机构设立基金管理公司,应符合保监会有关股权投资的规定;向保监会报送申请材料,由保监会根据保险资金投资风险审查资格,出具保险机构投资基金管理公司的监管意见;获准投资设立基金管理公司后,保险机构依照证监会有关规定,向证监会报送申请材料,由证监会依法进行审核并作出批准或者不予批准的决定。① 再如,小型金融机构上市新三板,就需要银监部门的同意。混业经营发展过程中,交叉性的金融业务不断涌现,而多个金融监管机构较低的协调有效性,直接制约了金融创新的活力——金融机构除了负担高昂的创新金融产品研发成本,还要负担沉重的审查成本。其二,危机处理方面,基本是由(地方)政府出面做牵头人,协调一行三会(一行三局),予以处置。其三,金融监管差异导致联合检查行动较少。在监管目标、监管文化、监管方法和指标体系方面,三大金融监管机构之间的确存在着一些客观差异,这就导致了差异化的监管规则和监管重点。这也从根本上决定了联合监管行动并不多见。其四,人员培训交流有限,较高层级的高管之间有交叉任职,但就我国而言,人员培训的保障机制不够健全,由于薪资待遇在不同地域、不同级别之间的差异和个人意愿,致使地方金融监管工作人员交流

① 参见《保险机构投资设立基金管理公司试点办法》第5条和第6条。

较少。其五,缺乏执行监督制度。对问题的讨论即解决方案的研究,是现有联席会议机制的重点。然而,由于相匹配制度的缺位,加之金融监管协调机制的刚性和力度不足,导致在备忘录执行过程中的监督缺位,掣肘了协调有效性。

三、我国参与国际金融监管协调机制的建设以及不足

(一)我国参与国际金融监管协调机制的建设

自20世纪90年代以来,我国金融业逐步对外开放,而外资金融机构进入我国金融市场,全面参与市场竞争,则是在2006年颁布《外资银行管理条例》《外资银行管理条例实施细则》之后。在当今的形势下,随着金砖银行、上海自贸区、亚洲基础设施投资银行、丝绸基金运行等金融项目的运行,越来越多的金融机构走出去,我国金融版图渐次展开,对世界金融市场的外溢效应也愈加显现,这也对我国的金融监管协调能力提出了新的挑战。而我国金融监管的国际协调机制也取得了一定的成绩。

1. 金融监管职权的分工与制衡——金融监管备忘录和金融监管磋商会议

从监管职权的分工与制衡角度,考量金融监管的国际协调机制,主要包括管辖权和监管标准的厘定,多以参与国际组织和监管磋商会议、缔结或加入国际或区域性协定、条约和公约,以及备忘录的形式,明确相应的权责,为金融业的深化合作提供可靠预期。同时,也有通过国内法赋予本国金融监管机构以域外管辖权的方式。以下举例说明:

金融稳定理事会(FSB)与中国。2009年4月,G20伦敦峰会决定由金融稳定理事会(FSB)取代金融稳定论坛。同年9月G20匹兹堡峰会,确立了FSB的目标和任务以及组织结构。FSB致力于通过协调监管和其他金融业政策,以及与非成员的沟通,推进全球金融挺稳定。在2012年6月,FSB发布的《G20/FSB建议执行进展情况中国部分》,包括优化监管边界、加强监管、建立和实施宏观审慎监管框架和工具、加强和调整会计准则、加强遵守国际金融标准等10项指标,这10项指标,每一个都可以进一步细分。从中可见中国金融监管机构的参与身影。例如,在"优化监管边界"中,建议加强对影子银行监管,银监会在近几年发布了规定以监管消费金融

公司、汽车金融公司和信托公司；建议增强证券化产品，2010 年 11 月 30 日，证监会发布了《证券公司企业资产证券化业务试点指引》，对信息披露过程的各个方面予以规制。2012 年 3 月 16 日，证监会发布了《证券投资基金信息披露 XBRL 模板第 2 号〈净值公告〉》，强化证券投资基金的信息披露，该公告自 2012 年 5 月 1 日起施行。建议建立监管联席机制（特别是针对重要的跨境公司），以 IAIS 和双边合作协议为基础，保监会与重要金融机构所在地的监管者之间建立了联系，以及时交换信息、防范金融风险外溢。在 2010 年 12 月，保监会召开首次保险监管国际联席会议，邀请外资保险公司（在华设有营业机构）的母国（加拿大、开曼群岛、法国、德国、中国香港、意大利、日本、荷兰、韩国、英国、美国）共 11 个国家与地区的保险监督官参加会议，加强与跨国保险集团母国监管机构间的交流合作。① 在“加强监管”中，建议通过国际监管部门进行风险评估，银监会举办了三次国际监管联席会议，就工商银行、中国银行和建设银行交流在东道国和母国监管者之间交流风险判断意见。②

巴塞尔协议与中国。巴塞尔银行监管委员会提供银行监管问题常设合作论坛，致力于增强世界范围内重大监管问题的理解，提升银行业监管质量。巴塞尔委员会通过制定监管标准、指导原则，推荐最佳监管实践的方式，推进各国银行监管。中国在加入巴塞尔委员会之前，就积极参与巴塞尔委员会监管制度工作，借鉴其发布的监管文件，完善我国银行监管制度。例如，2004 年 2 月，银监会根据 1988 年资本协议，出台了《商业银行资本充足率管理办法》，提升了我国银行体系的资本充足率。本次金融危机后，2009 年 3 月，中国加入巴塞尔委员会，加大了我国参与银行监管国际标准制定的砝码。银行业监管方面，主要围绕巴塞尔协议Ⅲ在我国的实施展开。巴塞尔协议Ⅲ主要从资本充足率监管改革、流动性监管改革、宏观审慎监管改革以及宏观经济影响和参数标准等发生了变动。对于我国金融监管协调机制

---

① 参见保监会：《中国保监会召开首次保险监管国际联席会议》，载 http://www.circ.gov.cn/web/site0/tab5207/info149266.htm，2017 年 5 月 28 日访问。

② Financial Stability Board. Progress in the Implementation of G20/FSB Recommendations - June 2012. http://www.fsb.org/wp-content/uploads/r_120619ee.pdf? page_moved = 1. 2017 - 05 - 28.

而言,需要推进银监会和中国人民银行的监管协调,应对系统性风险(包括事前防范、危机处理等);在宏观审慎监管中,一行三会重点关注系统性重要金融机构(提高监管标准)及其可能引致的系统性风险;以前瞻性贷款损失拨备,应对金融体系的顺周期性。①

我国除了加入已存在的国际组织外,也积极投身到一些新建立的国际组织中,包括 G20、FSB 等,以及新近成立的亚洲金融合作协会。2017 年 7 月 24 日,亚洲金融合作协会(亚金协)在北京举行成立仪式,作为区域金融合作的重要平台,亚金协将致力于"加强区域金融机构交流合作","在全球金融市场发出亚洲声音",同时"为全球金融安全作出积极贡献"。②

除了参与国际组织外,我国金融监管机构也通过双边或多边金融监管磋商会议的形式,增进对彼此监管手段、监管标准的了解,以加强双边或多边的金融监管协调。如银行业监管磋商会议,2012 年 11 月,中美银行业监管磋商会议在美举行,中国银监会负责人与美联储、美国货币监理署、美国存款保险公司以及纽联储和旧金山联储的高级监管官员举行会谈,内容包括当前银行业的主要风险、系统重要性银行和社区银行的监管政策、国际监管新标准的实施进展和跨境监管合作。③ 中英之间也建立了银行业监管磋商会议机制,系第三次中英经济财金(高层)对话中确立,由中国银监会和英国金融服务局(FSA)轮流举办,中英银行业监管当局共同参与,原则上一年举行一次。④ 2015 年,"银监会完成了第八次中日韩研讨会暨第六次副手会、第八次中美磋商、第八次中新磋商、第一次中英磋商等重要会议机制,并参加了东亚及太平洋地区中央银行行长会议组织(EMEAP)央行行长与监管当局负责人第 4 次非正式会议和 EMEAP 银行监管工作组(WGBS)第

---

① 参见谢平:《巴塞尔新协议对中国银行业监管的启示和影响》,载《浙江金融》2011 年第 2 期。

② 陈晔:《亚洲金融合作协会成立　搭建区域金融交流合作平台》,载 http://www.gywb.cn/content/2017-07/25/content_5563685.htm,2017 年 7 月 25 日访问。

③ 参见银监会:《第六次中美银行业监管磋商在美成功举行》,载 http://www.cbrc.gov.cn/chinese/home/docView/F86D6F57762949B1AD60994A7671E5A7.html,2017 年 5 月 30 日访问。

④ 参见韩雪萌:《首届中英银行业监管磋商会议举行》,载 http://www.gzjrw.com.cn/zgjrxw/53870.html,2016 年 2 月 3 日访问。

38 次会议。”[①]再如,保险行业方面,2014 年 2 月 25 日,保监会与美国贸易代表办公室、全美保险监督官协会共同举办第九次中美保险会谈及保险监管研讨会,双方就中美保险业发展和监管改革、偿付能力监管改革、集团监管要素、保险业在医疗养老体系以及资本市场运作中的作用、互联网时代保险发展等议题进行了交流。[②]

以前述监管谅解备忘录协调金融监管,也是我国参与国际金融监管协调的重要形式。在银行业监管的国际协调方面,从公开披露的信息来看。截止到 2017 年 1 月 23 日,银监会已经与美联储、澳大利亚审慎监管署、英国审慎监管局等 67 个国家或地区的监管部门签订了双边监管合作谅解备忘录和监管合作协议。[③] 在证券业监管的国际协调方面,截至 2015 年年底,证监会已经与美国证券与交易委员会、新加坡金融管理局、澳大利亚证券委员会、日本大藏盛法国证券委员会、德国联邦证券监管委员会、印度共和国证券交易委员会等共 58 个国家(或地区)的证券期货监管机构签署了 62 个监管合作谅解备忘录。[④] 在保险业监管的国际协调方面,保监会不断加强与国际保险监督官协会(IAIS)、国际养老金监督官协会(IOPS)、扩大保险服务计划(A2ii)等国际组织的交流合作,积极参与亚洲保险监督官论坛(AFIR)活动并担任轮值主席,在双边协作中,探索开展跨境监管、养老保险、健康险、偿付能力和资金运用监管等专题合作。建立健全与美国、欧盟、加拿大、英国、法国、澳大利亚、泰国等国家(地区)保险监管机构的合作机制。[⑤]

---

① 参见银监会:《银监会跨境监管合作交流》,载 http://www.cbrc.gov.cn/chinese/home/docView/3F12453704164A619DAED7AC40256B63.html,2017 年 5 月 31 日访问。

② 参见国务院:《第九次中美保险会谈及中美保险监管研讨会举行》,载 http://www.gov.cn/gzdt/2014-02/22/content_2618442.htm,2014 年 2 月 22 日访问。

③ 参见银监会:《银监会签署的双边监管合作谅解备忘录和监管合作协议一览表》,载 http://www.cbrc.gov.cn/chinese/home/docView/4D8A8839DD6444C1B766A5545124EFDD.html,2017 年 5 月 30 日访问。

④ 参见中国证券监督管理委员会编:《2015 中国证券监督管理委员会年报》,中国财政经济出版社 2016 年版,第 46 页。

⑤ 参见中国保险监督管理委员会编:《2015 中国保险市场年报》,中国金融出版社 2015 年版,第 36 页。

2. 金融监管信息的征集与共享——LEI 体系建设情况

关于跨境监管信息的征集与共享,大多在备忘录中,予以设计安排。如 2003 年 12 月 9 日,银监会同印度尼西亚资本市场监管委员会就签订了《关于相互协助和信息交流的谅解备忘录》。同时,也有针对具体事宜的监管信息共享安排,如中国银监会发布的《商业银行并表管理与监管指引》中,第 91 条就规定了:"与境外银行业监督管理机构签订双边监管备忘录,信息交换、共享、保密,实施跨境监管行动等加强跨境监管协调。"①再如,《中美证券合作、磋商及技术援助的谅解备忘录》第 5 条规定:"双方应在相关规定及惯例允许之范围内,尽可能地提供可能违反或预期违反对方证券及期货市场相关规定之信息及其他有关信息。"该条则是信息共享原则的体现,对提供信息的范围进行了界定,一是要依法或市场惯例,二是可能或是预期违反证券及期货市场规定的信息。不过,只限于信息的提供,不包括其他形式的协助。此外,第 4 条规定:"不得与公共利益相违背。"

2008 年国际金融危机后,国际社会更加关注因金融全球化和金融混业经营引发的系统性风险,对此,美国提出了法人识别编码 LEI 体系,作为全球统一的标准化全球金融机构编码体系,通过汇聚全球金融实体的信息数据,检测和分析系统性风险。② 加入 LEI 体系,能够更好地加强审慎监管——通过标识参与国际金融交易的法人机构,清晰化机构间的交易和所属关系,统筹国内机构管理,同时便利我国机构跨境交易。我国建立了 LEI 对应机制,参与 ROC、COU 和 LOU 三个层级的相关工作。中国人民银行作为 LOU 发起方,积极推进我国 LEI 体系的建设,构建 LEI 编码国内注册渠道。2014 年 8 月 18 日正式对外运营,网址为 http://www.leichina.org,提供国内注册等相关服务,10 月 20 日,经由监管委员会审议,通过了我国本地运行机构的互认申请,这是对我国 LEI 建设工作的承认。截至 2017 年 2 月 17 日,我国本地系统 LEI 编码共计 234 个。其中,已发码 232 个;接受 2

---

① 参见银监会:《中国银监会关于印发商业银行并表管理与监管指引的通知》,载 http://www.cbrc.gov.cn/chinese/home/docView/27E97E0235134CBDBD5AD4F5AD0A4D42.html,2016 年 2 月 4 日访问。

② 参见陈伟光、黄雯华:《全球"LEI 系统"进展及对我国影响性分析》,载《上海金融》2015 年第 6 期。

家法人机构迁回申请意向,已迁回2个(应工行、中行申请,将其LEI编码从美国迁回国内,迁回申请主要考虑"信息安全保护及数据管理便利")。其中银行类164家,包括国家开发银行股份有限公司、中国工商银行股份有限公司、华夏银行股份有限公司、山东省农村信用社联合社、烟台福山珠江村镇银行股份有限公司等;证券类有6家,包括华西证券股份有限公司、大地期货有限公司等;保险类有8家,包括泰康人寿保险股份有限公司、太平再保险有限公司、同方全球人寿保险有限公司等;企业类有54家,包括茂东国际(香港)有限公司、山东电力设备有限公司、中国电信集团系统集成有限责任公司、台一国际股份有限公司、银行间市场清算所股份有限公司、全国金融标准化技术委员会等,①以满足客户的使用需求。

3. 监管行动一致性方面

在金融机构市场准入方面,我国金融机构向外走出去的趋势愈加明朗。在境外机构建设方面,成绩斐然。据银监会2015年年报统计,"截至2015年年底,共有22家中资银行在59个国家和地区设立1298家分支机构,其中一级机构213家。""截至2016年年末,9家中资银行在26个'一带一路'沿线国家设立了62家一级机构。中国银行业协会也在积极筹建设立伦敦代表处,牵头筹建的亚洲金融合作协会即将成立。"②例如,中国工商银行,截至2016年年末,工行已在42个国家和地区建立了412家机构,③服务网络覆盖亚、非、拉、欧、美、澳六大洲和全球重要国际金融中心。2017年6月1日,"中国工商银行董事长易会满与德国彼得杜勒航运公司总裁Jochen Dohle共同签署了船舶融资贷款协议,根据该协议,工商银行将为彼得杜勒在我国江苏扬子江船厂和韩通船厂订造10艘集装箱和散货船提供2亿美

---

① 参见全国金融标准化技术委员会秘书处:《LEI中国本地系统发码名录(截至2017年2月)》,载http://www.cfstc.org/publish/main/14/20170301122611643328100/1488342339692.pdf,2017年5月31日访问。

② 人民网:《中资银行在一带一路沿线国家设62家一级机构(一带一路·合作共赢)46万人通过孔子学院等学习汉语》,载http://politics.people.com.cn/n1/2017/0512/c1001-29269999.html,2017年5月31日访问。

③ 工商银行:《中国工商银行2016年业务综述》,载http://www.icbc-ltd.com/icbcltd/%E5%85%B3%E4%BA%8E%E6%88%91%E8%A1%8C/%E5%85%AC%E5%8F%B8%E7%AE%80%E4%BB%8B/,2017年5月31日访问。

元融资”,[①]以推动我国造船业“走出去”。2015 年中国建设银行伦敦分行、中国银行伦敦分行设立。以招商银行为例,在美国设有纽约分行和代表处;在新加坡设有新加坡分行;在伦敦和台北设有代表处。2017 年 4 月 26 日,招商银行私人银行(新加坡)中心开业,回应新加坡私人银行业务强势发展的态势,推进招行私行全球化布局。[②] 在 2016 年 1 月 19 日,经银监会和英国金融监管当局批准,招商银行伦敦分行正式成立。[③] 同时,自我国加入 WTO 以来,外资金融机构也在我国纷纷设立分支机构和代表处,开展业务。“截至 2016 年 12 月末,外资银行已在华设立 39 家法人机构(下设分行 315 家)、121 家母行直属分行和 166 家代表处,机构数量持续增加,营业性机构总数达到 1031 个,分布在 70 个城市。”[④]就外资银行业在我国的市场准入而言,在 2006 年之前,外资银行主要通过分行形式经营,后开始以本地法人的形式经营。由境外母行开展在我国的投资银行业金融机构业务。随着我国金融业保护期十年大限的到来,在华外资银行经营管理基础和并表管理能力的增强,我国对外资银行的准入进一步放开。2017 年 3 月 1 日,银监会发布《关于外资银行开展部分业务有关事项的通知》,明确在华外资银行可以与母行开展业务协作,对境内企业走出去提供综合金融服务,包括境外发债、上市、并购、融资等;也可以依法投资境内银行业金融机构,开展国债承销、托管、财务顾问等业务,不需要银监会批准。

就非现场检查的监管协调而言,我国金融机构主要通过召开跨境监管联席会议和监管执法协助两种方式,与境外金融监管当局沟通协调。前者

---

① 参见工商银行:《工行积极支持中德产能合作》,载 http://www.icbc.com.cn/icbc/%e5%b7%a5%e8%a1%8c%e9%a3%8e%e8%b2%8c/%e5%b7%a5%e8%a1%8c%e5%bf%ab%e8%ae%af/%e5%b7%a5%e8%a1%8c%e7%a7%af%e6%9e%81%e6%94%af%e6%8c%81%e4%b8%ad%e5%be%b7%e4%ba%a7%e8%83%bd%e5%90%88%e4%bd%9c.htm,2017 年 5 月 31 日访问。

② 参见招商银行:《私人银行(新加坡)中心开业　招行私行全球化布局再落一子》,载 http://www.cmbchina.com/cmbinfo/news/newsinfo.aspx? guid = bd7ed706 - 11a5 - 4445 - 8cb7 - 6613c0ddca42,2017 年 5 月 31 日访问。

③ 参见北青网:《招商银行伦敦分行获批成立为股份制银行首家》,载 http://news.163.com/16/0201/01/BEN1O7VV00014AED.html,2016 年 2 月 6 日访问。

④ 银监会:《银监会发布〈关于外资银行开展部分业务有关事项的通知〉》,载 http://www.cbrc.gov.cn/chinese/home/docView/4F795C7C308A4AEA84095F79285BE114.html,2017 年 5 月 31 日访问。

主要是母国监管部门，针对某一跨境金融机构的监管问题，邀请东道国监管部门参加。例如，2011 年 11 月 17 日至 18 日，以 G20 加强跨国金融集团跨境监管合作的提议为据，中国建设银行监管（国际）联席会议由银监会主持召开，对建设银行集团的全球经营管理情况予以分析，同时推动各国在监管方法和经验方面的交流，并讨论了如何完善银行集团跨境监管合作机制，以加强系统重要性银行的监管。① 2016 年 2 月 6 日，银监会发布《非现场监管暂行办法》，其中第23 条规定："银监会应当加强与境外金融监管机构的交流合作，通过监管联席会议、监管磋商等方式促进国际监管协作。"而监管执法协助，是指在签订《监管协作框架协议》等规约下，就跨境监管事项，一方提出请求对方提供帮助。② 就证监会年报披露，2015 年，中国证监会共收到境外协查请求 130 件，对外提出协查请求 30 件。③ 证监会历年跨境跨境执法情况，见图 6－1。

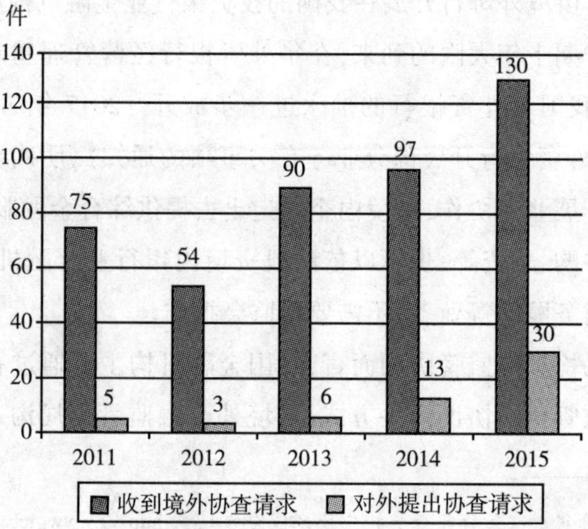

资料来源：作者根据中国证监会 2015 年年报制作。

图 6－1　历年跨境执法协助情况（2011～2015 年）

---

① 参见银监会《尚福林在中国建设银行国际监管联席会议上强调　全面加强系统重要性银行的监管》，载 http://www. cbrc. gov. cn/chinese/home/docView/BC8B8DC29EE64476AE6BCF6EAA3EBFE9. html，2016 年 2 月 6 日访问。

② 参见朱崇实、刘志云等：《混业经营趋势下的中国金融监管法：挑战与革新》，厦门大学出版社 2013 年版，第 126 页。

③ 参见中国证券监督管理委员会编：《2015 中国证券监督管理委员会年报》，中国财政经济出版社 2016 年版，第 46 页。

金融业跨境经营的大势下,现场检查这一风险监管的重要环节,需要母国和东道国协调与合作。在已签署的双边监管合作备忘录下,我国金融监管机构与境外监管机构实施了多次联合检查。2014 年,银监会协调美国、澳大利亚、奥地利等国家或地区的 9 个境外监管当局对 17 家在华外资银行机构实施跨境现场检查;与中国香港、新加坡等国家或地区的 8 个监管当局开展高管人员资质审查协作。①

(二)我国参与金融监管国际协调的不足

在金融全球化和混业经营背景下,必须注重跨境金融监管机构之间的协调,方能有效防范跨境金融风险。建立健全金融监管的国际协调机制,也是我国金融市场开放、加快国内金融机构"走出去"步伐的必然要求。然而,我国金融监管的国际协调机制还存在诸多不足之处,有待发展完善。

1. 金融监管协调的方式和内容单一

通过加入国际金融监管组织,与域外国家或地区签署监管合作综合性或某一事项的谅解备忘录,是我国参与金融监管国际协调的主要途径,同时辅之以监管联席或磋商会议。可见,我国参与国际金融监管协调,不仅协调方式较为单一,而且在监管协调内容方面,在层次和深度的挖掘和探索均存在不足。就备忘录而言,并不是监管协调的终点和全部,其仅仅是完成了框架的搭建,需要相应的配套制度后续进行磋商制定,才能将备忘录落实到常规监管中。此外,我国当下参与国际金融监管协调的频率较低,监管协调的有效性比较有限,难以满足发展变化的监管实际需要。

2. 金融监管协调中主观能动性不足,话语权较弱,发达国家主导

囿于我国金融业较低的国际化程度,风险识别体系不健全等,使金融监管当局对金融体系保护严格,管制较多,因而遭受 2008 年金融危机影响较小。同时,也应看到在金融监管的国际协调中,由于我国金融业发展水平较低,对于资本监管指标、监管信息征集与共享的要求与相应的技术系统支持、风险控制工具和风险预警体系等,与发达经济体相比,均处于一定的被动地位。例如,在管辖权方面,欧美等国家或地区凭借完善的金融监管法治

---

① 参见中国银行业监督管理委员会宣传部编著:《中国银行业监督管理委员会 2014 年报》,中国金融出版社 2014 年版,第 81 页。

体系和在国际金融市场中强大的金融交易对手的地位,推出具有域外管辖权色彩的法案。但是我国囿于金融市场环境、法治状况等,出台类似法案,就容易导致金融资本外流,掣肘监管时效。再者,以LEI体系为主导金融实体微观信息征集系统为例,美国推广该体系,主导标准的制定和普及,除了针对本次金融危机中监管机构对系统重要性金融机构的监管乏力,无法实施有效控制问题之外,更是籍此有效地维护本国了的国际竞争力等金融利益。

然而,随着全球金融一体化的发展,我国金融业势必要进一步参与到国际金融体系中,同时,在跨境监管合作问题方面,国际社会对中国的期望值不断提升。然而现实却是,一方面,我国的金融话语权与经济开放发展水平的严重不匹配;另一方面,则是金融全球化发展,使我国面临的跨境监管形势愈加具有挑战性。国际规则更多反映了发达国家的利益主张,比如本次危机后,国际金融监管议题主要在加强监管和抑制金融过度创新方面,对发展中国家金融发展不足等问题关注很少。我国金融话语权的缺失还表现在:人民币国际地位与中国经济实力不符;金融定价权缺失,包括金融基准利率、大宗商品的货币定价权;[①]跨太平洋伙伴关系协定(TPP),包含美日澳12个国家,以及跨大西洋贸易和投资伙伴关系协定(TTIP)包括美日及欧洲等国家,可能造成全球投资和贸易规则的重塑等。

3.落后监管协调与我国高速发展的金融经济形势不符

我国已经成为仅次于美国的世界第二大经济体,众所周知,金融兴,则经济兴,反之亦然,二者的良性互动,才是国家竞争力源泉。高速发展的社会经济,需要高效的金融资源配置。良好的金融监管协调机制能够维系金融环境的稳定与活力,方能实现国民经济的持续、健康发展。而当下我国的金融监管的国际协调能力不足,距离较为完善的监管国际协调的形成,具备全方位、多层次的沟通渠道,为时尚远。虚弱的金融监管的国际协调机制,不仅掣肘我国的金融机构"走出去"发展战略和跨境金融交易的发展,同时也难以有效防范系统性金融风险,从而无法为我国社会经济发展提供稳定

---

① 参见万泰雷、李松梁、黄鑫:《国际金融监管合作及中国参与路径》,载《国际经济评论》2014年第3期。

的金融环境。

第二节　混业经营趋势下我国金融监管协调机制的目标与价值定位

一、混业经营趋势下我国金融监管协调机制的目标

金融监管协调机制作为一个运行系统,需要有特定的目标指向。综观各国,一般将维系金融稳定、提升金融效率作为金融监管协调机制运行的目标。对于后发金融体的我国而言,实现金融稳定和金融效率两大目标,在混业经营形势下,具有特别的意义。

(一)首要目标——防范系统性风险,稳定金融体系

我国构建金融监管协调机制,既有其现实必要性,也有深刻的理论支撑。随着我国金融业在经济体中分量和影响因子的提升,防范系统性风险,维护金融安全,愈加需要有效的监管协调。

第一,我国监管协调机制的首要目标,是守住不发生系统性、区域性风险的底线,同时确保金融体系的稳健与安全。这是由当今我国社会经济形势——混业经营趋势迅猛,金融创新层出不穷,金融全球化加强——决定的。

在金融机构效率追求、金融市场客户多元化需求等内在动力驱动下,在外国混业经营金融机构的示范竞争效应下,我国的混业经营蓬勃发展。与此同时,不同金融行业之间的跨业投资加快、多种形式的金融控股公司逐步形成(如上海国际集团)、互联网金融使得混业经营更加便利。混业经营为代表的金融创新,愈加使金融系统成为一个开放的、动态的、非线性的复杂系统,这背后是有着魔鬼面孔的金融风险,包括业务交叉风险、道德风险、杠杆效应、内幕交易、利益冲突、金融企业并购风险、互联网风险等,需要协调不同金融行业的监管,防范金融风险,实现金融体系秩序的优化。

2008 年金融危机的爆发,从反面彰显了全球经济一体化,已经到了祸福相依的程度,世界各国或地区之间的经济相互依赖性进一步提高,联动性增强。各国之间的相互联系是现实存在的,可人们的思维、社会和金融机

构、法律和社会制度却仍然是本地化的。卢梭(Jean-JacquesRousseau)说过,“市场是天生自由的,各国各地的市场都有自己的一套框架。全球化使全世界各市场形成一张比较完整的网,然而货币和财政政策、市场不同部门的管理和监督却因国家和司法机构管辖权的不同而相互割裂……”①因而加强金融监管的国际协调,防范系统性金融风险,维护本国及相关经济体金融稳定,既是中国作为负责任大国担当和形象的需要,也是营造良好的国内经济发展环境,防范混业经营这一新的金融经营形式产生或有风险的需要。

第二,防范系统性风险,稳定金融体系作为首要目标,也是由我国当下的金融发育水平和金融监管能力,以及金融法治水平和投资者文化决定的。

经过十余年的发展,我国的混业经营渐有模样,但与发达经济体相比,我国的混业经营乃至金融业整体的发育水平,仍处于初步阶段。2008 年金融危机之所以对我国金融业影响较小,也是由于我国金融业受到较为严格的管制保护,换言之,我国的金融业尚不具备遭受危机的资格。然而,混业经营乃大势所趋,与之相伴的是金融创新层出不穷,互联网金融异军突起的形势,而国内的金融机构普遍存在内部管理和风险控制能力较弱的现状下,混业经营将对我国金融稳定带来较大冲击。

反观我国的金融监管体制,改革开放仅三十多年,且金融改革长期滞后于经济体改革,而当下的监管体系形成也不过十余年的时间。而相比美国,其市场经济发展已有二百多年,金融监管也积累了八十多年的历史经验。此外,在混业经营大势下,我国以分业经营为框架构建的分业监管体系,面对新的金融经营组织形式,经验不足已是不争的事实。长期以来,我国的金融监管就存在过度管制、压抑金融创新,重市场准入、轻持续监管,监管手段单一、强制性措施为主,监管效率低下等问题。在实践中,往往扮演被动应付的事后诸葛亮角色。而混业经营需要超前性和预警性的监管,这就给金融监管当局的引导和控制能力提出了严峻挑战。

囿于较短的金融发展历程和金融监管水平所限,我国的金融法治尚不健全,健康的投资者文化还在培育之中,这进一步提示将防范系统性风险,

---

① 转引自[马来西亚]沈联涛:《十年轮回——从亚洲到全球的金融危机》,杨宇光、刘敬国译,上海远东出版社 2009 年版,第 346 页。

维护金融稳定作为金融监管协调首要目标的重要意义。理性、成熟、健康的投资者文化,我国尚在培育过程中,加之投资渠道狭窄和内幕交易泛滥,过度投机和羊群效应在我国投资者身上屡见不鲜。而一旦发生系统性金融风险,脆弱的投资者遭受较大损失,甚至倾家荡产,将直接影响社会稳定。我国自 2015 年 5 月 1 日起正式实施的存款保险制度,其中要义之一就是革新商业银行无风险这一传统观念,提高公众的金融风险意识。

(二)次要目标——提升监管水平,提高金融效益

混业经营之所以成为大势所趋,背后即是资本逐利驱动,金融机构扩张经营边界,将触角伸及其他金融行业,在全球布局经营网络。而各国当局更是出于提高本国国际竞争力的需要,助推混业经营。通过协调不同金融行业监管部门的职权、信息共享和监管行动,促进金融机构有效降低经营成本,包括提交报告信息、接受检查的成本,金融创新产品的审查成本等,同时通过金融风险预警,风险机构的及时处置等,维系较为稳定的金融环境,从而提升整个社会的金融效益。

混业经营的本质是金融创新,通过对跨领域金融业务或产品风险、收益、期限等的重新组合,提供更加多元的套期保值或规避风险的金融业务或产品,从而促进整个社会金融资源的优化配置。而我国金融业长期存在金融压抑现象,不仅制约了金融机构的业务扩张和集团发展,同时也通过对融资效率的阻碍,制约了我国国民经济的活力和持续发展。因而我国的金融监管协调,需要鼓励混业经营形势下的金融创新,如移动互联网、大数据、云计算等新兴信息技术对传统金融形态的重塑等,还有针对小微企业、三农等传统金融忽视角落的普惠金融。

混业经营对金融资源的配置效率在很大程度上取决于金融监管的效率。金融监管效率的一个重要体现就是有关各方的利益平衡。① 在本次金融危机后,国际社会的金融监管体制改革实践中,纷纷把加强对金融领域消费者和中小投资者的保护作为重要着力点,就是体现。在我国的金融监管协调中,需要把握监管的合适力度,一方面,监管协调注意把握金融行业的

---

① 参见赵立平:《"超级央行"模式脱离中国国情》,载 http://opinion. caixin. com/2016 - 02 - 26/100912889. html,2016 年 2 月 26 日访问。

平衡,银行业、证券业、保险业、信托业、基金业协同发展。特别是作为直接融资形式的资本市场,与我国实体经济密切相关,通过逐步解除禁止银行体系发展直接融资方式的管制政策,加快银行业混业经营,鼓励直接投资业务的创新,以解决银行贷款资金短期化和实体经济发展资本长期化之间的矛盾,可能是中国情景下解决实体经济高负债率的可行思路与破解途径。①另一方面,伴随金融混业经营而来的金融控股公司等大型金融机构,可能造成金融垄断,监管需要妥善处理金融竞争与金融垄断之间的关系。资本逐利,而垄断可以获得最大金融效益。但对金融体系而言,垄断有可能导致金融机构自恃规模庞大,滋生大而不倒的逻辑,而从事高风险、高收益业务行为的道德风险加剧。此外,金融垄断还可能造成金融产品研发能力下降,金融技术停滞不前等金融效益损失,以及可能带来的消费者社会福利下降。

二、混业经营趋势下我国金融监管协调机制的价值定位

价值包含着主观判断,因而深受各种因素影响。在混业经营趋势下的金融监管协调机制,普遍追崇安全价值、效率价值和公平价值。然而,囿于金融发育水平、金融业结构、金融监管法治程度和国际竞争力等差异,各个国家或地区注重价值的基点和初衷大相径庭。对于我国而言,混业经营经营逐步发展、WTO对我国金融业十年保护期已届大限、金融压抑普遍存在的客观现实、国有产权占主导地位的形势下,强调金融监管协调机制的安全、效率和公平价值,具有其独特旨意。

(一)安全价值

2008年美国次贷危机演变为全球性的金融危机后,金融国际化备受质疑,国际社会更加关注金融安全。金融安全是一个多维度的概念,不同的学者从不同的学科背景出发,对之有不同的认识。

学者陈松林认为金融安全是利害冲突着的金融利益团体之间在互动过程中实现的,使各方利益达到均衡的稳定、规范的状态。② 此种观点认为金

① 参见张杰:《“高债务—高税负—通缩”背景下中国实体经济的发展困局及破解思路》,载《江苏社会科学》2016年第1期。

② 参见陈松林:《中国金融安全问题研究》,中国金融出版社2002年版,第13页。

融安全是金融利益主体彼此之间互动博弈的结果。学者汤凌霄认为金融安全包括金融机构的安全、金融市场安全、由金融机构和金融市场构成的金融体系的安全,以及金融调控部门保持币值稳定,金融管理部门对金融体系稳定与安全的有效维护等。[①] 学者吴婷婷认为,在金融国际化大背景下,一国金融体系稳定运行是金融安全的重要体现,金融安全与金融国际化、金融主权密切相关,关键在于维护本国核心金融主权。[②] 可见,金融安全的内涵十分丰富,基本可以归结为:金融机构能够正常提供流动性,优化资源配置;而金融市场有序运行,金融体系能够抵御国内外风险的冲击;金融安全允许适当的金融风险存在;金融安全相关部门政策独立有效。

金融安全与金融风险如同一枚硬币的两面,两者都与不确定性紧密相关。不同的是,金融安全是通过减少不确定性获得,而金融风险则是由不确定性引起。金融安全中有金融风险的存在,而金融风险中也存在金融安全的种子。混业经营也是如此,在对我国的金融经济体带来金融风险的同时,也有降低金融风险的因子。一方面,通过国内外金融监管协调机制的构建与完善,以防范系统性、区域性风险,维系我国的金融安全。具言之,通过监管职权的分工与制衡,减少监管领域的空白、重叠现象。而监管信息的共享,有助于及时识别系统性风险以及其他对我国金融体系的潜在威胁。此外,通过协调监管行动,提高危机预防和及时处置能力。另一方面,混业经营本身也创造金融安全的价值。有研究表明:混业经营程度较低时,可有效降低金融机构的系统性风险值,而超过一定程度的混业经营,会导致金融机构系统性风险值的上升。而在我国现阶段,加深混业经营的程度有利于降低我国银行业的系统性风险。[③]

(二)效率价值

自20世纪90年代初粗放式的混业经营导致我国金融秩序混乱,进而架构起对应分业经营的分业监管体制后,监管部门普遍存在"谈风险色变"

---

① 参见汤凌霄等:《中国金融安全报告》,红旗出版社2009年版,第7页。

② 参见王艳娇、吴婷婷:《金融国际化与金融安全问题》,载《高校理论战线》2011年第1期。

③ 参见彭建刚、邹克、蒋达:《混业经营对金融业系统性风险的影响与我国银行业经营模式改革》,载《中国管理科学》2014年第S1期。

的心理和思维,强调金融稳定的重要性,对金融行业存在过度管制,对金融创新的态度也比较排斥。这种监管方面限制金融竞争、保障金融安全的指导思想,虽然对于我国金融机构的有序运行、整体性金融的稳定与安全的维护有重要意义。但是这种观念已经越来越不适应金融混业经营和金融国际化的发展需要,严重损害了我国的金融效率——不仅影响了金融系统的整体效率,而且对金融系统各功能之间的内在联系造成割裂——削弱了我国金融业的竞争力。[①] 制度变迁理论认为,制度非均衡是常态,换言之,制度变迁处于动态之中。在新制度经济学观点中,制度变迁是制度的替代、转换与交易过程。[②] 制度存在于一定的市场环境中,如同商品一样,因而变化的市场环境,需要新的制度满足需要。在我国当下的经济金融形势下,混业经营、互联网金融和更深程度的金融全球化是金融监管要面临的市场环境,在这种形势下,金融监管协调需要回应这一变化,在监管职权、信息共享、监管行动等方面予以协调,积极提供制度供给,满足变化了的市场环境对制度的需要。而制度变迁的基本原则则是通过预期收益与成本的比较,对制度予以选择。金融监管不仅要防范金融风险,确保金融稳定,同时,也要为金融混业经营保驾护航。

而我国之选择所以加入 WTO,从 2006 年开始进行混业经营的探索试点,均是出于对效率的追求——制度的供给者选择新制度以实现制度收益最大化的动机使然。换言之,混业经营之所以推进了金融业组织形式的变迁,其根本驱动因素是预期效率提高和收益增加。[③] 混业经营相比分业经营,具有效率优势,这也是英国、日本、美国等主要西方发达国家纷纷由分业转向混业经营的重要考量。换言之,金融混业经营对金融监管的需求,从理念层面到机制构成,都需要不断跟进革新。而与之相适应,无论是强制性,还是诱致性监管变迁,都应以推动金融发展为根本。

换言之,混业经营所带来的效率优势必须要有相应的制度环境的支持,

---

① 参见上海财经大学财经研究所·中国经济研究中心,国民经济安全研究:《金融安全与金融监管》,上海财经大学出版社 2010 年版,第 173 页。

② 参见魏崇辉:《新制度经济学意识形态理论批判与我国意识形态安全研究》,中央编译出版社 2014 年版,第 71 页。

③ 参见郑明高:《中国金融业混业经营的路径选择》,中国经济出版社 2012 年版,第 20 页。

否则,提升的效率可能远低于因风险增加造成的损失。此外,“混业经营对金融资源配置的效率取决于金融监管的效率,两者呈现出正相关性,即较高的金融监管效率对混业经营的资源配置效应具有正向作用,而较低的金融监管效率对混业经营的资源配置效应则有反向作用”。[①] 因而就我国而言,近期来看,需要完善金融监管协调机制与之配套,以防范、化解与混业经营相伴生的金融风险积累。

(三)公平价值

经济法的公平价值,其衡量标准不是个体的绝对价值,而是以整个社会为基点的公平。在 2008 年金融危机后,强调金融监管协调机制的公平价值,在我国国有产权占主导地位的金融体系和金融转型期情势下,具有非常重要的意义。

首先,我国金融监管协调需要树立宏观审慎监管理念和有序清算机制,破除大而不倒的逻辑,维持金融市场结构的多样性和稳定性。2008 年金融危机后,国际社会掀起一股金融监管改革的浪潮,通过分析各国和地区的金融监管改革方案,可以发现其中一个主要发展趋势就是:加强宏观审慎监管,防范系统性风险。宏观审慎监管理念要求关注金融系统的整体情况,特别是具有系统重要性的金融机构(并不限于银行)和金融工具。这些机构在之前大而不能倒的金融监管逻辑下,诸多金融机构铤而走险,过度从事高风险、高收益、高杠杆的业务,造成金融风险积累,并通过金融机构之间的支付结算关系、参股等,形成链条,给金融体系造成极大的威胁。金融监管协调秉承公平价值理念,大型金融机构因其市场地位和系统重要性,通过隔离业务活动和附加审慎性要求,[②]加强监管。自 2015 年 11 月 FSB 公布的全球系统性重要银行中,我国四家国有大型银行中国工商银行、中国农业银行、中国银行、中国建设银行均在列。而我国银行业存量资产占金融业资产的 90% 以上,中农工建交五大国有银行占银行业总资产 43%,即其总资产占全社会金融资产的 40% 左右,其系统重要性不言而喻,市场集中度过高。

---

① 曹建华:《混业经营与金融监管:基于效率的视角》,载《山东社会科学》2012 年第 8 期。

② 参见王国刚、胡滨:《宏观审慎监管理论及实践研究》,中国社会科学出版社 2013 年版,第 6 ~ 7 页。

因而我国的金融监管协调需要切实加强宏观审慎监管,特别是对金融控股公司等大型金融集团。

其次,金融监管协调需要保护投资者和金融消费者。国际金融监管改革的另一个主要趋势是加强对投资者和金融消费者的保护,如美国在美联储下设消费者保护局,统一消费者保护责任。投资者和金融消费者是金融市场的重要参与主体。而在我国,理性、成熟的投资者文化尚未培育完全,金融消费者存在较为严重的投机心理,加之我国境内投资渠道单一、境外投资受限较大,而金融法制不健全等现实,诸多金融消费者和投资者的权益极易受到侵害。监管协调不仅要关照市场中金融机构的利益和发展,也要关照投资者和金融消费者的福利和金融权利。金融监管协调推动投资者教育和投资者保护工作的协调开展,建立健全合格投资者制度,将公平价值落到实处。2015 年 5 月,我国存款保险制度的推出,就是保护存款人利益的关键之举。完善、健全金融监管协调机制,也需要协调投资者保障基金、保险消费者和存款人之间的保护工作。

最后,金融监管协调,要做到"监管标准中立"和"共同而有区别"的担当。其一,在金融混业过程中,银行业、证券业和保险业等金融行业之间的界限,渐趋模糊。此时,金融监管从更具稳定性的金融机构的功能角度入手,即功能监管,更具科学性。金融监管协调在监管中应坚持"同一性质的金融业务受同一标准的监管",为金融机构之间的公平竞争创造良好的市场环境,同时抑制监管套利的产生。其二,不同国家或地区的金融发展历程长短有别、金融混业程度深浅不一、法治水平不同,面临的金融问题也不同。西方国家是金融监管不足,金融创新过度,需要重点关注金融稳定;而我国等发展中国家,存在的问题则是金融创新不足和滞后的监管理念,特别是相较金融市场的发展而言,需要推进金融创新和监管理念的市场化。[①] 因此,在我国参与的金融监管国际协调过程中,需要从我国的金融业发育水平和监管能力的实际出发,以区域合作和"金融合作"为突破口,承担协调责任。一方面,作为崛起的大国,深度参与到国际金融监管协调中,提升国

---

① 参见万泰雷、李松梁、黄鑫:《国际金融监管合作及中国参与路径》,载《国际经济评论》2014 年第 3 期。

际话语权;①另一方面,也要注意学习借鉴发达金融体的监管技术,以及如何推动和引领国际监管协调,以维护我国的金融安全和金融利益。

第三节 混业经营趋势下完善我国金融监管协调机制的具体建议

一、金融监管机构的职权分工与制衡机制的完善建议

探因金融监管职权分工与制衡机制的构建,既有金融监管主体多元化,不同金融行业监管目标差异的外部因素,也有监管主体存在激励约束机制不畅通,监管主体有限理性的内部因素。金融监管机构职权分工与制衡机制的不同结构,决定了各个国家金融监管协调的不同架构,其对金融机构、金融市场,乃至整个金融体系的稳定性与长远发展的影响,不可小觑。前述第二章撰文以我国德隆集团为例,分析了金融监管机构职权分工与制衡不当对金融效率和金融稳定的影响。

通览世界各国,特别是发达经济体,通过立法明确分工、协调监管,设立协调机构、消弭监管重叠,构建本国的金融监管职权分工与制衡机制。制度变迁理论认为,社会机制的建设始终在变动中,因而金融监管协调也需要从本国金融业发育水平和监管能力的实际出发,达致监管协调机制的供给与需求之均衡。近年来,日渐迅猛的混业经营和2008年全球金融危机,在一定程度上解构和重塑了金融监管协调安排,一方面,宏观审慎监管和功能监管的理念被着重提出,更加关注整个金融系统的风险,而不仅仅是单体机构的风险;另一方面,全球金融危机显现了金融经营全球化和国别式碎片化监管之间的矛盾,国际社会需要加强金融监管协调与合作,共同防范风险。

就我国而言,作为后发经济金融体,既要注意学习发达经济体金融监管协调的最新理念和监管技术方法,也要尊重我国处于初步阶段的混业经营发展状况、金融业普遍存在的金融压抑、未完全融入国际金融市场的封闭状

---

① 参见路妍、孙刚:《金融危机后的中美金融监管合作研究》,载《国际经贸探索》2010年第9期。

态和金融机构普遍内部控制和风险管理机制不够健全等一系列金融国情。2017 年 7 月召开的金融工作会议,国务院决定设立金融稳定发展委员会,金融稳定发展委员会办公室设在央行。该举措一定程度上回应了当下我国混业经营情势下金融监管协调不力的现实,对于提升金融监管的权威性、有效性具有重要意义。此前对我国金融监管协调机制的构建,学者们也给出了不同的建议,大致可以分为三类,逐一分析:

第一类,新设"金融监管协调委员会"或"金融管理局"等金融监管协调机构。如刘卫东学者主张:就金融监管协调机制的常设机构,可以设立"监管协调委员会"。人事方面,委员会主任由央行行长兼任,副主任则由我国三大金融金融业监管机构的主席分别兼任。由该委员会监管跨行业的交叉性创新,同时,其他监管机构予以支持、配合。① 李明镜、齐萌认为可以在《中国人民银行法》第 9 条授权的基础上,②由国务院设立一个专门的金融监管协调委员会。③ 郭春松等学者认为要"两步走":第一步,建立适合我国目前"一行三会"分业监管的金融监管协调机制,央行设金融政策协调委员会;第二步,建立我国"一行一局"(央行,金融监管局)的金融监管协调机制。④ 学者刘相友也持类似观点,设立一个由国务院直接领导的人民银行牵头的常设机构,该常设机构由各个部委参加但高于一般部委规格——金融监管协调委员会。⑤ 学者徐鹏程建议设立金融管理局,其"对外代表国家监管部门,通过协调机制与央行、财政部,推进信息共享和职责交叉等事宜的处理。对内组织监管机构,协调解决由混业经营引致的分工合作争议。"⑥

就顺应我国混业经营的大潮而言,新设"金融监管协调委员会"或"金

① 参见刘卫东、晏艳阳:《完善我国金融监管协调机制的思路》,载《现代经济探讨》2009 年第 6 期。

② 第九条国务院建立金融监督管理协调机制,具体办法由国务院规定。

③ 参见李明镜、齐萌:《论我国金融监管协调机制的反思和完善》,载《现代管理科学》2012 年第 11 期。

④ 参见郭春松:《基于分业监管格局下建立金融监管协调机制的思考》,载《福建论坛》(人文社会科学版)2007 年第 6 期。

⑤ 参见刘相友、梁锐、李成:《基于博弈理论的金融监管协调机制与整体效率研究》,载《统计与决策》2010 年第 1 期。

⑥ 徐鹏程:《金融业混业经营趋势下的金融监管》,载《商业时代》2008 年第 12 期。

融管理局”等金融监管协调机构，固然便宜，但并非最佳时机。其一，我国混业经营尚处于初级阶段，现有的金融监管架构通过协调，以功能监管尚能满足监管需要。其二，新设监管机构，需要考虑路径依赖和改革成本因素，新设监管机构将会增加变更的动荡和社会成本，而提升我国监管有效性的关键并不是权力划分、机构设置和干部任命，机构变更并不能代替深层次的改革。从当前设立金融稳定发展委员会决策看，金融稳定发展委员会办公室设在央行，并未赋予其完全独立央行或者银监会、证监会、保监会三会的主体地位，从政策层面考量，无意对当下的金融监管框架做大幅改动。

第二类，维持现有金融监管协调模式，构建央行牵头的功能性监管模式。学者廖凡、戴典是这种观点的主张者。学者廖凡认为我国的监管协调处于起步试错阶段，通过分析不同监管体制下监管协调机制的利弊，他主张建立由央行牵头、不同监管机构相互独立而又紧密协调的功能性监管模式。[①] 学者戴典提出建立“双层五位”金融监管体制，“双层”指国务院和“一行三会”两个层面；“五位”指五个机构——国务院、央行和三会。由央行负责协调三会落实政策，并定期向国务院报告情况。[②]

此类建议意识到金融混业经营已成为不可回避的全球化趋势，系追求效率的金融机构拓展盈利空间和提升竞争力的自然选择，因而需要对当下的金融监管协调机制予以完善。同时我国当下分部门的监管模式有合理性和自身生长逻辑，不可能短期内改变，而构建央行牵头的功能性监管模式，有相应的法律支持，符合国情，同时变革成本较小。

第三类，超级央行模式，包括以下三种方案：央行下设货币政策委员会、金融稳定委员会和金融行为监管局；央行之外设独立的金融行为监管局；央行负责宏观审慎政策和系统重要性金融机构监管，在央行之外设独立的审慎监管局和行为监管局。[③] 如金融研究所副所长卜永祥认为，中央银行统

---

① 参见廖凡：《我国金融混业监管的模式选择与协调机制》，载《证券市场导报》2006 年第 11 期。

② 参见戴典：《我国金融监管体制转型建议及其法律框架——以混业经营趋势为视角》，载《管理评论》2008 年第 8 期。

③ 参见赵立平：《“超级央行”监管适合中国国情吗？》，载 http://www.cs.com.cn/xwzx/jr/201602/t20160224_4909677.html，2016 年 2 月 25 日访问。

筹货币政策与金融监管是现阶段金融管理体制改革的唯一出路。[①] 沈建光也持同样的观点,统一至央行的方案,符合国际化发展方向,同时可使央行获得信息优势,降低最终贷款人的救助成本,实现宏观审慎管理。[②]

这种方案的支持者,一方面考虑到央行作为我国货币政策的制定者,具有金融信息统合的天然优势——对于我国金融体系数据有强大征集能力及有力技术支持,从而通过金融大数据更好地推进金融监管,回应了我国金融监管协调中信息不畅的现实。另一方面学者多以宏观审慎监管,金融监管框架改革的最新国际趋势为由。然而,英美等国强化系统性重要机构监管系针对本次危机暴露的主要缺陷,而我国对系统性重要主体的监管始终是有效的,可见当下的主要问题不是这个,而是监管空白与重复和监管套利。此外,将货币政策和金融监管完全赋予央行,将会发生严重的利害冲突,难以保证货币政策的中性,而过多关照系统重要性金融机构,将损及中小金融机构的利益。日本三十余年的金融监管史,也证明了金融监管部门与央行必须分而治之的逻辑。1985~1989 年,央行极度放松政策和大藏省的金融监管放松政策,造成市场流动性过剩,导致日本出现房地产泡沫和股价泡沫;1989~1991 年,央行实行急速收缩货币政策,而大藏省同时加紧监管,导致泡沫破裂,日本经济停滞;2001~2008 年,央行和金融厅(将金融监管权从大藏省分离)分别独立负责货币政策和金融监管,辅之以良好协调,使日本成功度过金融危机。[③] 由于在 1985~1991 年,货币政策和金融监管基本皆由大藏省把持,导致二者协同一致,给日本金融体系甚至经济发展带来灾难。这也以实践证明:央行和金融监管归属统一机构,容易导致步调一致的货币政策和金融监管政策,不利于金融体系和经济的长期稳定与发展。

我国 2017 年设立了金融稳定发展委员会,以此视角观察、展望,我国采取的金融监管协调机制:

---

① 参见卜永祥:《金融监管体制改革研究问题与方向》,载 http://news.china.com/domestic/945/20160223/21586783_all.html,2016 年 2 月 25 日访问。

② 参见沈建光:《中国金融监管新框架:走向超级央行?》,载 http://m.ftchinese.com/story/001065046?ccode=2G158001,2016 年 2 月 25 日访问。

③ 参见李奇霖:《一部日本金融监管史:政策收紧对经济与金融体系会是灾难吗?》,载 http://www.360doc.com/content/17/0606/10/146925_660413879.shtml,2017 年 6 月 7 日访问。

(一)近期:赋权金融稳定发展委员会,做实金融监管协调机制

赋权金融稳定发展委员会的监管协调角色,将协调监管与功能性监管相结合,是我国近期金融监管体制改革的选择。具言之,明确金融稳定发展委员会的金融监管协调权力,包括协调银监会、证监会和保监会之间的金融监管,也包括"统筹协调货币政策、财政政策与产业政策"等,同时引导专业金融监管机构的监管理念由"机构监管"向"功能监管"转变,划分交叉性金融产品监管权限,增强金融监管协调的权威性、有效性。

首先,从金融经营模式与金融监管体制的对应关系分析,并非混业经营必须要统一监管,也可以分业监管。如从我国香港的实践经验来看,香港实行混业经营,但由香港金融管理局、证期局、保监处以及公积金计划管理局四大监管机构实行分业监管。[①] 监管机构之间通过谅解备忘录,加强机构间的协调沟通,保证监管效率,渐少监管空白。我国分业监管的架构,自2003年银监会成立以来,运行已有十余年。银监会、证监会和保监会等专业监管机构,已经积累了一定的监管经验,监管能力大幅提高。在混业经营大潮中,对于各类交叉性金融产品,基本上都有出台相应的监管规章予以规制。如对商业银行代理销售保险业务的监管,监管文件有:2000年保监会发布的《保险兼业代理管理暂行办法》、2006年保监会与银监会共同发布的《关于规范银行代理保险业务的通知》、2008年保监会下发《保险兼业代理机构管理规定(征求意见稿)》、2008年保监会《关于提示人身保险银邮代理业务风险的通知》、2010年银监会发布的《关于进一步加强商业银行代理保险业务合规销售与风险管理的通知》和《关于加强银行代理寿险业务结构调整促进银行代理寿险业务健康发展的通知》、2011年保监会与银监会共同发布的《关于印发〈商业银行代理保险业务监管指引〉的通知》、2014年1月,保监会、银监会和银监会联合发布的《关于进一步规范商业银行代理保险业务销售行为的通知》等,对兼业代理关系(包括合作对象的选择、销售人员、代理协议等)、经营规则(包括代销保险产品、代理费用、银行保险销售模式及销售行为等)予以规范。而对金融控股公司的监管,设立了

---

① 参见中国财富管理50人论坛编著:《中国财富管理市场制度设计研究》,经济管理出版社2015年版,第259页。

主协调人监管制度,由央行从整体层面对其进行监管,管控金融风险。可见,我国的分业监管体制在对混业经营的监管探索过程中,已锻炼出一定的监管能力,并积累了一定的监管经验。此外,协调使得利益集团俘获行政过程或使其相互斗争变得更难,而且协调优于合并,并将促进行政过程中的信息整合。[①] 因此,我国可以选择完善分业监管基础上的金融监管协调机制,应对混业经营对监管体制提出的挑战。

其次,确立金融稳定发展委员会负责协调,既是统筹金融改革发展和监管的需要,也是呼应了我国金融监管协调机制"无主"实情的需要。一定程度而言,我国设立金融稳定发展委员会,并将其办公室设在央行,也是顺应国际金融改革形势的选择。2008 年国际金融危机后,国际社会更加关注宏观审慎监管,并特别突出了央行的宏观审慎政策职能和权限。美国成立了金融稳定监管委员会,赋予美联储系统性风险监管的职能。而英国,由英格兰银行承担防止系统性风险和金融业的日常监管——成立金融政策委员会(FPC),负责维持金融系统的稳定性;成立审慎监管局(PRA)——负责金融机构日常监管。一方面,由金融稳定发展委员会负责金融监管协调,契合金融监管政策与货币政策的差异性。金融监管政策较为具体微观,由专门的金融监管机构负责,与金融监管行为的多发性特点相适应。人民币政策较为宏观,具有中立、持续性,由央行(货币政策委员会)负责,符合稳定币值的调控目标。另一方面,囿于我国银监会、证监会、保监会相同的行政级别,互不隶属的现实国情,多年来的金融监管协调流于形式。现由金融稳定发展委员会专司金融监管协调,可以有效解决我国银行业、证券业、保险业之间的监管冲突问题,提高金融监管协调实效。

最后,金融监管机构实现金融监管理念向功能监管转变,是我国蓬勃发展的混业经营对监管体制的客观要求。机构监管理念,是指在决定金融主体应归属的监管部门时,以金融机构的性质为判断基础的思维模式。换言之,被监管金融主体的性质,是划分各个监管部门管辖范围的标准与依

---

① Jody Freeman, Jim Rossi. Agency Coordination in Shared Regulatory Space, *Harvard Law Review*, 2012, 125(5), p. 1210.

据。[①] 机构监管对应的开展专业化经营的监管对象，即分业经营的金融经营模式，同时监管体系也高度专业化。客观而言，分业监管在一定历史时期内，有效地维护了金融体系的稳定与安全。在历史上，多数国家的金融监管都是在机构监管的基石上发展起来的。我国也不例外，20世纪90年代初的自然混业经营，囿于不健全的金融法治和落后的监管，造成我国金融秩序混乱不堪。由此，我国建立起证监会、保监会和银监会分业监管机制。

然而，随着混业经营的深入，传统金融行业之间的界限逐渐模糊，机构监管理念不足之处愈加显现。以机构监管容易导致监管标准不一，如银行和证券公司都从事证券业务，监管部门分别为银监会和证监会，一般而言后者比前者的监管标准要宽松许多。而金融控股公司，更可以通过业务转移、关联交易等转移金融业务或产品，实现监管套利。此时，功能监管的理念被提出。功能监管理念，强调相似的功能应当接受相同的监管，以金融机构的基本功能为出发点。功能监管理念更具前瞻性，相较机构的性质而言，金融体系的功能更具稳定性，同时随着金融创新的推进，金融业务种类界限会更加模糊。风险管理和金融监管的生命就在于前瞻性的把握。因此，以功能为切面，划分监管活动予以监管，能够确保监管的稳定性。此外，功能监管理念下，监管标准中立，有助于推动金融机构间的公平竞争，促成金融市场结构的完善与稳定。对我国而言，当下处于混业经营的初级阶段，通过转变专业监管部门的监管理念，进行功能监管，能够较好地解决可能出现的监管空白、监管重叠和监管反复问题。

（二）远期：银监会、证监会、保监会三会并入金融稳定发展委员会，形成“一行一会”监管模式

混业经营将成为我国未来金融业发展的主要形态，这也是顺应全球化背景下的总体趋势使然。因此，从长远来看，“三会”并入金融稳定发展委员会，从央行分立，予以混业监管——按照功能监管的原则负责各个金融分支领域的监管，承担维护系统性金融稳定、防范和化解系统性金融风险的职责，形成“一行一会”监管模式，是我国金融监管体制必然的历史选择。法律发展的重心不在立法，不在法学，也不在司法判决，而在社会本身。金融

① 参见卢亚娟主编：《金融风险与管理》，中国金融出版社2012年版，第170页。

监管体制,作为法律组成的一部分,必须回应我国金融发展的阶段性需求——“金融监管体系要有适应性,根据本国的金融体系发展水平、结构变化和风险变迁动态演进,特别是监管资源的配置能够与时俱进地捕捉风险”。①

首先,适应混业经营监管的需要,设立金融稳定发展委员会,将三会监管功能合一,能够有效解决监管空白、监管重叠和监管套利问题,促进监管效率提升。在混业经营的蓬勃发展趋势下,横跨金融行业界限的产品或业务不断涌现,由各色金融机构发行的各类理财产品存量规模不断提高。对于这些创新金融产品的金融监管,由三会协调监管,负责市场准入、现场检查、危机处理等,在混业经营一定的发展程度下,监管是可行的,同时也能将风险维系在可控范围内。然而,随着混业经营的深入发展,混业金融产品结合数学建模,以及互联网、大数据、云计算等信息技术,风险、收益的分布变化更加多元复杂,并在金融业呈现全面发展之势时。我国金融监管协调机制将面临捉襟见肘的窘困——监管部门协调成本过高、压抑金融创新、金融机构监管负担过于沉重等不经济现象频现。彼时,需要撤销三会,设立金融稳定发展委员会,统一负责金融业行为监管,保护金融消费者利益。

此时,由于不存在证监会、保监会和银监会等专业监管机构,导致监管冲突的多元化监管主体和差异性的监管目标等原因已不存在,同时三会间的协调成本也不存在,将提高监管效率。学者张伟和刘志荣通过对比分析美国分业监管时期和混业监管时期的破产机构损失降低率、金融机构总产值占 GDP 的比例、银行贷款和资本市场规模的增长率等数值,发现在金融混业经营条件下,向统一监管过渡的混合监管模式的监管效率高于分业监管模式的监管效率。②

其次,成立金融稳定发展委员会,而不是将三会并入央行,能够使央行维持中性的货币政策。其一,货币政策与金融监管之间的不可调和性。央行若既负责货币政策的制定与执行,又负责金融监管,将产生较为严重的角

---

① [荷]凯勒曼、德汗、德弗里斯编著:《21 世纪金融监管》,张晓朴译,中信出版社 2015 年版,第 9～10 页。

② 参见张伟、刘志荣:《混业经营条件下金融监管效率的比较研究》,载《华东经济管理》2008 年第 12 期。

色冲突。① 由中央银行同时负责宏观货币政策和金融监管,将使金融监管的专业化受到极大的制约。此外,央行有可能在调整利率和制定货币政策时,因金融监管者的角色,维护金融机构的利益。而“当宏观经济情势要求银根放松时,央行可能同时放松对金融监管,或者反之,从而造成货币政策与金融监管同步震荡,导致宏观经济的剧烈波动,而这已成为各国的共识”。② 其二,央行职能过于集中,容易产生道德风险,同时影响监管效率,阻碍专业分工与整体协调的平衡。若将金融监管的职权赋予央行,央行将集聚前所未有的巨大资源,包括人力、物力、财力和权力等,同时机构具有自我强化的趋势,相关的利益集团更有自我扩张的天然属性,从而影响金融监管有效性和我国金融的健康发展。

最后,成立金融稳定发展委员会,能够有效降低央行与金融监管机构之间的协调成本,同时更好地开展国际金融监管协调与合作。在金融监管仅有一个金融稳定发展委员会负责的情况下,央行与金融监管之间的关系协调,将变得相对简单和容易处理,兼顾金融系统稳定性的维护和监管效率的提升这两个监管目标。同时二者之间的协调沟通成本,如构建信息的共享与交换机制,也因三会合一,大幅降低。此外,在对外交往中,特别是国际金融监管的协调与合作中,统一由金融稳定发展委员会作为我国金融监管代表发出声音、参与金融监管的讨论、决策,更有效率。

(三)监管争端解决

囿于各个金融监管主体部门利益和监管目标的客观差异,在监管实践中,难免就同一监管对象的监管权限和监管政策,出现不一致,从而产生监管争议。而我国监管协调机制缺少监管争端解决制度。在2008年金融危机后,美国出台了《多德—弗兰克法案》,成立了金融稳定监管委员会FSOC,负责解决成员机构之间的争议。对此,我国可以效仿美国的争端解决机制。近期而言,在金融稳定发展委员会设立争端解决委员会。由央行、证监会、银监会、保监会、发改委、外汇局、财政部等组成。就争端解决委员

① 参见张增帆:《关于银监会设立的经济法律思考》,载《北方工业大学学报》2004年第2期。

② 刘志云、卢炯星:《金融调控法与金融监管法关系论》,载《西南政法大学学报》2005年第4期。

会提请解决,作出建议、建议的形式等则程序性事项,则规定如下:

第一,向争端解决委员会提起建议请求。当就某一金融控股公司、非银行金融公司或者交叉性的金融活动或产品,两个及两个以上的监管部门存在争议时。争端解决委员会判定争议所涉监管成员已经确实相互协商,但未能达成一致,无法在没有委员会干预的情况下予以解决,即用尽争端解决委员会外的救济。而且该争议所涉监管成员已向其他争议监管成员发出通知,表示希望通过委员会解决争议,在上述通知后15天后,向委员会书面请求解决争议。第二,争端解决委员会作出建议。争端解决委员会须在收到争议解决请求后的合理时间内,阅览争议所涉监管机构提供的相关信息后,予以建议:同意其一主张或者采用折中方案。第三,建议的形式和程序。建议须以书面形式作出,并说明原因,同时须经争端解决委员会成员2/3以上投票通过,以保证建议的公允。

二、金融监管信息征集与共享的完善建议

金融业,就某种意义上而言,属于信息行业。对于金融监管当局来说,其监管工作的进行及实效,取决于所掌握金融信息的质与量。① 信息对于金融市场的运行至关重要,因为(金融)市场充满了价格风险。② 从信息角度分析本次金融危机的产生与蔓延,可以发现:金融机构方面,在利益驱使下,在未全面获得交易对手方信息时,盲目参与交易,导致对损失估计不足,甚至难以承担;金融监管方面,由于错综复杂的金融机构之间在全球或全行业甚至跨行业的投资参股等权属关系,金融监管当局未能充分掌握金融市场数据信息,导致监管行动迟缓或不当。因此,在本次金融危机后各国的监管改革方案中,都着重强调金融信息的征集与共享安排。

由于金融监管中多头监管主体的存在,和金融监管政策的密切相关性,决定了金融信息共享的必要性。然而,信息共享平台缺乏、数据格式要求不一的现实,不仅加重了金融企业的负担,更制约了监管效率的提高。《中共

① 参见王国刚、胡滨:《宏观审慎监管理论及实践研究》,中国社会科学出版社2013年版,第57页。

② Bradley C. M., Information Society Challenges to Financial Regulation, *University of Toledo Law Review*, 2006, 37(2), p. 309.

中央关于制定“十三五”规划的建议》[①]中,习近平指出:国际金融危机发生以来,主要经济体都对其金融监管体制进行了重大改革,主要做法是发生以来统筹负责金融业综合统计,通过金融业全覆盖的数据收集,加强和改善金融宏观调控,维护金融稳定。[②] 2017年7月召开的金融工作会议中,就我国金融深化改革,进一步强调“要健全风险监测预警和早期干预机制,加强金融基础设施的统筹监管和互联互通,推进金融业综合统计和监管信息共享”。[③] 2008年的金融危机和混业经营的发展,使金融信息征集与共享的重要性更加突出。因而我国需要从金融监管信息征集与共享的问题入手,研究和借鉴国外统筹金融信息机制和技术等,以防范系统性金融风险的产生与蔓延。

(一)就金融信息征集与共享立法,确定各监管机构权责

近期来看,我国将保持一行三会为金融监管协调的格局,监管信息的征集与分工,可通过立法,确定证监会、保监会和银监会机构之间的权责。之所以采取立法的形式,一方面,我国缺乏澳大利亚监管机构之间的权力共享与对话的文化,以备忘录的形式确定彼此之间的权责,实效甚微。同时,我国既有《金融监管分工合作备忘录》在推动监管机构之间的信息征集与共享方面的效果,也不甚了了。另一方面,以法律的形式界定金融信息征集与共享的权责,也修正了我国政府部门以备忘录形式为其他政府部门(特别是同级)设定权利义务做法。

在信息征集与共享法律的内容方面,可以借鉴澳大利亚金融监管机构之间签订的备忘录和英国FCA、PRA之间的《谅解备忘录》,予以规定。澳大利亚包括APRA与ASIC、APRA与Treasury,APRA与RBA,ASIC与RBA,两两签订了监管合作谅解备忘录,内容包括信息共享,就混业经营而言,最需要协调的乃是APRA与ASIC。就我国而言,可以效仿其合作机制,

① 第十三个五年计划,是2016—2020年中国国民经济和社会发展规划,简称“十三五”规划。

② 程丹:《十三五规划建议:培育公开透明健康发展的资本市场》,载http://news.xinhuanet.com/fortune/2015-11/04/c_128391187.htm,2016年2月26日访问。

③ 方圆震:《全国金融工作会议在京召开》,载http://www.gov.cn/xinwen/2017-07/15/content_5210774.htm,2017年7月25日访问。

以银监会和保监会已经签订的《跨业监管合作谅解备忘录》为基础，以合作工作协议形式解决两机构之间的数据收集的联合管理工作，内容应包括信息共享、主动援助和信息条款的成本部分，包括信息征集的分工、提供、保密、防止重复收集等安排。混业经营形势下，囿于交叉性金融产品或业务的跨业属性和金融控股公司规模和种类的发展，双重监管不可避免。对此，可以借鉴英国 FCA 和 PRA 之间的《谅解备忘录》，监管机构双方定期协商征集的数据或格式的变化，包括共享数据的用途，同时促进监管者之间有效共享数据之数据系统的管理，避免双重监管数据请求，给金融机构造成不必要的报告负担。

对于金融行业整体性需要共享的数据，可有作为金融稳定发展委员会与的央行负责统合。由金融稳定发展委员会负责银监会、证监会、保监会三会之间的金融数据信息的综合统计和共享。同时，由于央行的最后贷款人角色，央行具有数据统计的先天优势。由金融稳定发展委员会和央行负责协调金融信息的征集与共享，能够有效降低监管成本。央行现有调查统计司负责搜集、汇总、分析金融信息和有关经济信息的工作，同时“负责金融业综合统计制度的制定和金融业综合统计工作的协调等，按照规定提供金融信息咨询等”。[①] 同时还有央行主管的中国金融学会金融统计研究专业委员会（调查统计司司长兼任会长，设副会长若干职，由人民银行、统计局、银监会、证监会、保监会、外汇局等单位统计部门负责人和院校统计学专家担任），其宗旨之一就是就促进和推动各金融机构开展统计业务合作，共享统计信息资源，研究制定相关工作规则。可见，就金融业信息的征集与共享，央行已有一定的机构设置安排、人力储备和统计技术经验的积累。利用现有的资源，以央行已建成的信息系统为基础，抽调央行、专业金融监管机构的各专业司局、统计部门等相关技术人员，建立综合型的数据库。[②] 换言之，央行能够担当起协调不同金融行业监管信息的征集与共享职责，同时也是央行对综合性系统风险进行全面分析的需要。

---

① 中国人民银行：《调查统计司简介》，载 http://www.pbc.gov.cn/diaochatongjisi/116219/116231/index.html，2016 年 2 月 26 日访问。

② 参见张强、佘桂荣、曾涛：《机构分设下央行与银监会多层面的协调机制建设》，载《武汉金融》2006 年第 4 期。

远期可以参考美国,设立金融稳定发展委员会统一监管信息的征集与共享工作。当我国混业经营发育水平到一定程度、监管机构更加成熟时,金融稳定发展委员会分立,负责统一监管信息的征集与共享工作,以评估我国金融体系发展状况及可能风险。同时可在金融监管局下设金融研究办公室或金融业信息中心,如同美国 OFR 机构,收集信息,同时推动报告数据和收集数据的类型与格式的标准化,提升开发和独立的分析数据的能力,为金融监管局布局监管提供有力的信息支持。

(二)近期设立检查委员会,统一监管报告格式

当下银监会、证监会和保监会,各有自己不同的部门负责(银监会是由审慎规制局负责,保监会设有专门的统计信息部,证监会则是由信息中心负责),并且拥有各自的监管信息征集系统,系统之间并不兼容,同时各个监管部门对金融信息征集的频率、格式、标准等方面的要求也都各不相同。

然而,随着我国混业经营的深入发展,金融监管部门之间对金融信息的需求,出于把握行业发展动态和防范行业风险的需要,将更加频繁而多样化。美国联邦金融机构检查委员会作为监管部门之间的协调机构,负责为监管对象开发统一的报告系统。对此,我国也可以由金融稳定发展委员会设立检查委员会。检查委员会负责三会信息部门之间的协调,促进混业经营信息的征集与共享,同时负责为受监管的交叉性金融业务或金融产品,金融机构及其控股公司,及前述机构的非金融附属机构和控股公司,开发报告系统,统一和规范监管报告格式。

(三)强化信息共享机制的技术支撑,促进监管信息共享

统一收集的金融监管信息,只有能在监管部门之间及时、高效地共享,才能有力提升监管决策的科学化。因此,畅通的信息接收和反馈机制搭建,至关重要。对此,其一,完善金融信息的基础设施建设,包括信息传递系统、信息处理系统、信息存储和备份系统、信息保密系统、信息安全系统和计算机网络系统等软硬件的开发和维护。其二,构建金融信息定期报送和非常信息通报机制,信息共享机制除了完成常规性的金融信息的交流和共享,在特殊时刻,如分析信息发现涉及其他金融行业的风险隐患和重大违规情况时,相互之间应及时通报,以免延误最佳处置时机,扩大金融损失和传染面。其三,强化信息保密和安全工作。立法明确信息保密的责任和义务,以

及共享信息的义务(包括共享信息的完整性、及时性、准确性和真实性等)和问责机制,激励监管主体共享监管信息。此外,金融监管信息中,部分内容涉及国家金融安全,一旦被国际游资或他方不当使用,将威胁我国的金融安全和金融利益,因此,应注重维护金融信息共享机制的安全性。

三、国内金融监管行动一致性问题处理机制完善建议

金融监管行动不一致,最根本的原因在于金融监管者之间在监管目标、监管文化上存在差异,并存在监管竞争。分业经营时期,金融监管行动一致性主要体现在大范围的危机处理事宜上。混业经营时期,由于跨业金融产品和金融控股公司的出现,不同金融行业之间的内部联系更加紧密,同时金融风险的滋生和传染也更具跨业性,出于执法资源和监管效率考量,需要协调不同金融监管者的监管行动。"没有执行的监管是没有效果的,而执行必须要迅速,以结果为导向。没有迅速的执行,市场会认为监管者要么对不法行为视而不见,要么以'不作为'的态度默许此类行为。"①

(一)市场准入——转变监管理念,构建备忘录和沙盒监管

市场准入是金融监管的第一道防线。混业经营情势下,涉及跨业的金融机构或金融业务的市场准入以及金融公司之间的跨业并购,所涉金融监管机构需要联合审核,共同评估金融机构的公司治理水平、风险控制能力、垄断可能性和金融产品的风险、收益分布等后,决定是否允许市场准入。一事一议的协商模式,适用于混业经营初始阶段。但随着混业经营深入发展,一事一议的协商模式,不仅增加监管协调的成本,造成更多监管资源支出,而且将制约监管效率。

树立柔性监管理念,转变以往被动响应、危机驱动式监管转向主动引导、创新驱动式监管。金融混业经营作为新型的金融业经营形式,将产生大量的金融创新产品或业务,互联网元素的加入,更使得金融科技等金融创新大量涌现。而金融创新往往在增进全民金融福祉的同时,可能背负较重的创新成本,或者造成金融风险,从而对金融消费者造成损害。因此,通过监

① 参见[马来西亚]沈联涛:《十年轮回——从亚洲到全球的金融危机》,杨宇光、刘敬国译,上海远东出版社2009年版,第317~318页。

管机构之间签订备忘录的形式、实施监管沙盒方案,创造混业经营创新与社会大众的缓冲地带,推进金融效率和金融稳定。

2008 年,我国银监会和保监会签订的《加强银保深层次合作和跨业监管合作谅解备忘录》,就准入条件、审批程序、机构数量等相关事宜予以一致性规定,就是很好的范例。英国 PRA 与 FCA 也是通过备忘录的形式,确定两者监管权责协调事宜。因而我国的银监会和保监会之间、保监会和证监会之间也可以通过签订《跨业监管合作谅解备忘录》的形式,确定跨业金融机构和创新金融业务的市场准入、审批程序、监管主体、风险处置与市场退出程序等事宜,确立审慎监管原则,健全监管协调机制,规范证券业、银行业和保险业之间开展深层次合作,提高跨业监管的有效性。

同时,可以借鉴英国的监管沙盒方案,为混业创新产品或服务打造一个深处真实环境的“安全区”,供其测试创新型的金融产品、业务或经营模式。同时减轻“安全区”的金融监管约束,降低金融创新的审查成本。在“安全区”内,金融机构可以多次测试所研发金融产品、业务及模式的可行性,包括市场接受度、可能风险点等,实现效益增长和消费者保护之间的衡平。金融机构测试监管沙盒,可以按照如下步骤进行(见图 6－2)。由我国的一行三会拟定金融机构的沙盒标准,包括范围界定、创新要求、消费者福利及保

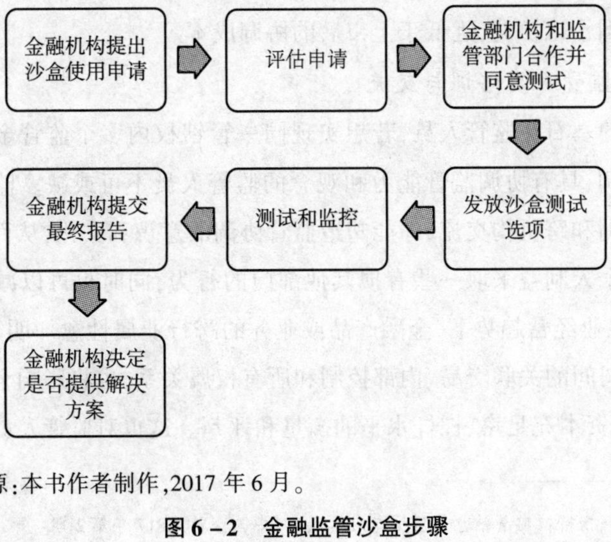

资料来源:本书作者制作,2017 年 6 月。

图 6－2　金融监管沙盒步骤

护举措、沙盒需求程度和测试准备程度等。同时由金融机构和各个监管部门就测试方案、期限、消费者保护措施等予以协商确定,金融机构须就测试的最终结果作出报告,由所涉金融监管部门共同予以评估、审核。在2017年2月《中国互联网金融安全发展报告2016》发布会上,北京市政府将对互联网金融进行监管沙盒模式试验,以“北京互联网金融安全示范产业园”为试验地,其后续进展经验值得期待和借鉴。

通过监管沙盒方案,可以有效平衡混业金融创新和金融风险之间的冲突,从而确保混业金融创新增进金融效率、市场活力的同时,保护金融消费者利益、维系我国金融体系稳定。金融机构通过监管沙盒,可以通过降低监管不确定性减少成本,缩短上市时间,同时能够帮助金融机构更好地获得融资,推进更多金融创新产品上市。对于金融消费者而言,可以有更多金融产品和服务的选择权,降低成本,提高金融服务接触面。“监管沙盒让不同监管部门在创新面世前就有机会了解伴随创新的风险,从而提前沟通协调相应机制,降低了产品面世后的监管协调成本。”[①]在监管沙盒中,各个监管部门可以提前介入金融混业创新产品、业务或经营模式的研发阶段,转变被动响应为主动引导的监管理念,部署消费者保护方案,防止出现e租宝等对消费者权益造成损害类似事件的发生。在混业金融产品或业务研发阶段,监管部门之间予以协调,远低于上市后的协调成本。

(二)监管人员培训与交流

监管的基石在监管人员,若想实现同一管辖权内多个监管金融监管机构间的协调,具有协调监管能力和观念的监管人员不可或缺。监管人员通过接受培训和跨机构交流,才能塑造监管协调的意识和文化,从而避免为了本部门或个人利益采取一些有损其他部门的行为,同时也可以减少信息不对称。[②] 混业经营趋势下,金融产品或业务的跨行业属性愈加明显,同时金融控股公司间的关联交易、内部控制和所有权属关系,也将影响金融机构承担的风险、资本充足率、杠杆水平的衡量和评判。这也对监管人员的监管素

---

① 胡滨、杨楷:《监管沙盒的应用与启示》,载《中国金融》2017年第2期。

② 参见卢春燕:《混业经营趋势下的金融监管协调机制——基于国际经验的比较与借鉴》,载《特区经济》2006年第2期。

养、监管能力和监管经验提出了挑战。

推动金融监管人员跨部门的任职交流。英国不仅包括高级管理层的人员交叉,[①]如英格兰银行的副行长是 FSA 的董事会成员,而 FSA 的主席也是央行理事会的一员,还包括基层人员之间的相互借调。鉴于我国保监会、银监会和证监会机构设置和工资待遇的差别,应在充分考虑地域、工资待遇和个人意愿的基础上,予以协调安排。同时,对于愿意参加任职交流的监管人员,给予增加薪水、休假等工作奖励,以及更多的职业发展机会。

此外,增加对金融监管人员金融工作经历的要求,减轻行政色彩,另可考虑建立有别于政府的新型管理机制,提高专业人才比例。例如,美国和香港的证券监管人员,大多有证券从业经历。美国第一任证监会主席约瑟夫·肯尼迪,出任前从事过银行业,并有投资股票成为百万富翁的经历,而肯尼迪(Joseph Kennedy)、威廉·奥威尔·道格拉斯(William Orwell Douglas)、杰罗姆·弗兰克(Jerome Frank)也都有在律师行业或者与证券有关行业的工作经历。而香港自回归前夕至今的历任证监会主席及行政总裁,基本也都有律师、银行、证监会、证交所的工作经历。因此,在录用监管人才时,可以增加对其金融业工作经历的要求,提高金融监管的专业性。美英等国的监管人员并非公务员,检查组人员按照专业分工构成。监管部门需要的是技术人才,与官僚化的政府管理体制不同。我国的金融监管机构就是典型的公务员层级制,办案组如同叠罗汉(多数监管官员配备少数监管专业人员),专业技术人才少,工作效率较低。

加强监管人员培训工作。美国的联邦金融机构检查委员会,作为其履行职权的一部分,委员会为联邦和州的金融机构检查者开展培训项目。[②]通过专业培训,监管人员能够系统快速地掌握跨业监管的技术知识和经验要点。因此,可以借鉴美国的模式,由金融稳定发展委员会协调银行业、证券业和保险业三业监管机构设立培训机构。由来自行业内的监管优秀人才和监管一线人员,以及银行家、律师、会计师和审计师等外部专家担任讲

① 参见李连友、罗嘉:《中外金融监管协同机制比较研究》,载《求索》2010 年第 3 期。

② FFIEC. About the Examiner Education Office. http://www.ffiec.gov/exam/about.htm. 2016-02-26.

师。定期评估讲课内容，以确保监管层对经济金融环境变化的认知和把握。同时，培训机构可以视条件开展在线培训课程，为监管人才学习提供便利。

（三）危机处理

“危机的蔓延可能十分迅速，具有破坏力，因而必须考虑不同部门和国家之间的内部联系。”①2008 年金融危机中，各国政府的救助时滞，可见一斑。究其原因，一方面金融监管部门过于自信，过于相信市场自身的调节机制，认为危机不可能发生；另一方面则是对金融危机的处理缺少预案，以致危机时刻处于被动地位。随着利率市场化进程的开展，我国从供给、需求和政策层面都做好了迎接混业经营的准备，混业经营将成为我国金融业发展的必然选择。与之相适应的混业经营监管也必须到位，特别是危机处理预案。澳大利亚以《特别备忘录》的形式，对危机处理中各监管机构如何协调行动，予以规制。而英国则是建立了特别处理机制 SRR，将救市举措制度化。

具体到我国，以往在危机处理方面，基本是由中央政府或地方政府出面做牵头人，协调一行三会或一行三局，予以协调处置。这种安排在混业经营趋势下，可能错失最佳处理时机，以致风险更大范围地传染扩散。我国现有的法律法规中，包括监管部门之间的备忘录等协作安排中，缺少危机联合处理的预案。在 2004 年，银监会、证监会和保监会签订的《金融监管分工合作备忘录》中，并没有涉及危机处理。同时，《中国人民银行法》也仅规定了“银行业金融机构出现支付困难，可能引发金融风险时”，央行可以对其进行检查监督；《银行业监督管理法》仅就银行业金融机构信用危机的处理规定；《保险法》中仅有关于保险公司偿付能力不足或低于规定标准时，保监会实施接管或撤销的规定；《证券公司监督管理条例》也未有涉及，然而，危机是成长必不可少的代价，有危机处理预案，面对危机时才能从容应对。此外，在我国《备忘录》之类软约束文件缺乏法律强制力，参与机构协调激励不足。对此，可以考虑出台《特别处理法》，规范金融业危机处理，包括日常跨业金融危机处理和重大金融危机处理，以在金融系统发生危机时，明晰各方责任，便利协调行动，具体内容可以包括危机监测、危机评估和践行针对

① ［马来西亚］沈联涛：《十年轮回——从亚洲到全球的金融危机》，杨宇光、刘敬国译，上海远东出版社 2009 年版，第 110 页。

危机的反应、协调行动、沟通的协调和跨境合作五个方面。

其一,危机监测。由银监会监测银行业、证监会监测证券业和保监会监测保险业,各个监管部门负责监测本辖域金融机构和金融业务。同时任何一方发现危机情况,属于他方监管职责,作为紧急事项即刻通知其他成员,并尽早就该金融机构或市场的状况和金融稳定潜在威胁的信息予以通告和建议。其二,危机评估和践行针对危机的反应。一旦重大潜在或实际金融危机得以确定,金融稳定发展委员会组织联席会议协调,评估状况,并考虑可能的反应选择。如果决策和实践直接系某成员权限,则由其负责践行。其三,协调行动。对于单个危机机构或金融体系的危机,需要一个以上的成员应对时,金融稳定发展委员会负责协调成员行动。当政府决策时,需及时告知成员。成员将协力践行政府决策。成员将就针对危机的行动进程,与政府部门保持联系。其四,沟通的协调。每一成员将在其各自的职责内,与其利益相关者进行沟通,包括公共沟通。当该举措涉及一个以上的成员时,沟通将由政府在成员间协调。其五,跨境合作。确定成员在危机时刻相互协助同类型跨境合作的责任。

四、我国参与金融监管国际协调机制的完善建议

金融监管国际协调,关系着一个国家的金融安全和金融利益,是各国参与金融监管国际协调的原始驱动力。2008 年爆发的金融危机和迅猛的混业发展趋势是金融监管国际协调的现实推动力,同时也存在各国金融监管法制和监管标准不一,需要协调的客观必要性。对于我国而言,作为全球第二大经济体、全球最大贸易国和第二大投资国背后是金融扩张发展的迫切需求——金融机构国际化,金融产品国际化和金融市场国际化。这就需要我国积极参与金融监管的国际协调,与域外国家(地区)和国际组织携手监管,共同防范系统性金融风险,维系本国乃至全球的金融稳定。①

(一)职权分工与制衡机制

"金融监管国际合作之中存在权力,权力是获取利益的基本手段,同时

① Dam, Kenneth W., Subprime Crisis and Financial Regulation: International and Comparative Perspectives, *Chicago Journal of International Law*, 2010, 10(2), p. 637.

也决定着利益的分配,所以对于利益的分割是存在不公平的。"①积极参与国际金融监管组织的改革,以及规则和标准的制定,切实维护我国金融利益。"金融监管国际标准和规则会严重影响一国经济增长和政治主权,因此决策制定结构和过程满足全球治理核心原则是必要的。"②所有需要遵守这些金融监管标准和规则的国家,应在一定程度上参与监管标准和规则的审定。国际金融监管的实践已经证明:国际金融监管体制协作松散,源自国际标准和规则在发达国家和发展中国家的不平衡效用。

推进国际金融多边机制诸如 IMF 和 WB 等机构的改革,建立更加平衡的(能充分反映各国,特别是发展中国家利益诉求)全球金融机构级多边规则体系,在此过程中,中国须注意与广大新兴和发展中经济体的协力合作。在国际金融风险预警与防范以及风险救助与处置等方面,推动 IMF 发挥积极作用,同时促进 IMF 在各个国家金融体系稳健性方面的协调工作的开展。③ 积极参加巴塞尔委员会、国际证监会、国际保险监督官协会、金融稳定理事会、国际清算银行、国际货币基金组织、世界银行和 G20 等各个国际金融监管机构的活动,在国际性金融监管规则的提议和商定过程中,发挥我国金融话语权,强调我国的监管现实与需求,从而创造协调参与条件。

以区域金融监管协调与金砖国家的监管协调为突破口,积累参与国际金融监管协调的经验。有研究显示,国际协调的难易程度和国家间的差异度成正比。与 G20 监管协调相比,我国与区域国家和金砖国家的相似度更高,从而协调成本更低,同时监管协调的目标较为一致。因此,我国可以区域协调和金砖国家的监管协调为突破口,参与金融监管国际协调和全球标准制定。在国际金融监管议题上,金砖国家推动了国际金融监管在机构和规则两个层面的发展。在机构层面,推动金融稳定论坛升级为金融稳定理事会,推动扩展 G10 为 G20,而在规则层面,促进巴塞尔协议Ⅲ的达成,抑制金融过度创新等金融市场自由化过快的进程等,这打破了发达国家垄断国际金融监管的局面和金融市场自我监管的神话。④ 在区域协调中要注意

① 赵然:《金融危机背景下的金融监管国际合作》,河南人民出版社 2013 年版,第 200 页。
② 杨文云:《金融监管法律国际协调机制研究》,上海财经大学出版社 2011 年版,第 29 页。
③ 参见林俊国:《金融监管的国际合作机制》,社会科学文献出版社 2007 年版,第 235 页。
④ 参见朱杰进:《金砖国家合作机制的转型》,载《国际观察》2014 年第 3 期。

维护区域的核心利益，将金融监管协调与区域跨境贸易与投资、区域金融安全网结合起来。在金砖国家协调中，注意联合发出声音，提升议题的重要性，维护区域和以金砖国家为代表的新兴经济体的利益。

(二)监管信息的征集与共享

同期性全球金融市场动荡，不仅彰显了日益加深的全球金融一体化的程度，同时也表明各个国家和地区的金融交叉融合已然十分紧密。与之相伴随的是金融风险在各个国家和地区之间的转移、扩散。这就提出了加强监管信息征集与共享的重要性。事实表明，监管信息在系统性风险的预警、防范和救助中，发挥着非常关键的作用。而信息不对称会导致跨境金融机构风险增大，进而通过跨国金融机构传染至全球。[①] 随着我国混业经营的发展和人民币国际化趋势的推进，加强与域外国家和国际组织的监管信息征集与共享，推进全球 LEI 系统实践与推广，提高金融市场尤其是金融衍生交易的透明度，对于我国宏观审慎监管、全面分析和监测系统性金融风险，必不可少。

加强三会与域外国家或地区金融监管当局的协调，建立定期信息交换制度和定期会晤机制，[②]以提升监管的协调性。通过签署备忘录和跨境磋商会议的形式，增进与其他国家金融监管机构的往来，推动建立定期信息交换制度，提升信息共享的效率和质量，加强高级管理任职情况的审核。特别是要加强与外资金融机构母国的合作，以对等互惠为原则，及时、全面地获取外资金融机构的信息。

参与 LEI 系统规则的制定和推广，同时表达中国的利益诉求。LEI 系统，契合了危机后通过微观金融数据提高金融市场透明度的监管理念，同时也是加强创新性交易监管的必然要求。涵盖金融市场全部参与主体的全球 LEI 系统的建立和推广，必将深刻影响现行的国际金融监管结构和监管规则。我国应积极参与 LEI 系统规则的制定，维护我国金融利益。第一，加大对 LEI 系统的研究和论证，全面、深入、系统地予以前期规划，密切跟踪主要

① 参见路妍：《金融危机后的国际金融监管合作及中国的政策选择》，载《管理世界》2011 年第 4 期。

② 参见陈启清：《全球化背景下的国际金融监管合作研究》，中共中央党校出版社 2009 年版，第 259 页。

发达国家的最新进程，避免短期盲目决策，推动中国LEI体系的建设和发展。第二，明确授权央行牵头推进LEI体系建设，整合我国的金融监管资源，[①]以适应大资管时代金融混业经营形势。第三，加强LEI系统的技术保障，包括LEI系统的开发和应用，金融信息系统的运营和维护等。[②] 第四，完善本地系统制度体系，优化运营环境。我国本地系统注意遵守LEI体系的国际相关标准及规范，重视服务质量和数据质量，促进本地系统网站的优化，加强我国法人机构信息安全的管理。[③]

（三）监管行动的一致性

加强我国与域外国家金融监管人才的培训合作交流，提高金融监管水平。积极与金融监管较为成熟的国家合作，共同培训金融监管人才，派员到先进监管当局学习、体验，加深对他国金融业发展、监管政策和监管制度的认知和了解。共同举办双边或多边的金融国际研讨会以及参加国际金融组织的活动，提升我国监管人员的监管能力。

加强与域外或国际社会联合监管行动的开展。联合行动包括一般性的联合行动和紧急联合行动（危机处理）。前者一般是两国或多国政府在交换信息后并在金融监管目标达成一致或基本一致后，求同存异，采取联合行动。[④] 后者则是针对突发性事件和某种金融危机，各国与国际性金融监管组织所开展的共同行动，防止以邻为壑的政策或者致使危机更加严重或蔓延的不当政策的实施。2008年金融危机后，国际社会空前加强了国际金融监管协调。这一次的危机，由美国次贷危机经由全球链条式结构的金融机构和金融产品的传导演变成世界性的经济危机。这场危机暴露了任何一国金融当局都难以提供任何对整个金融系统有责有权的监管，同样也暴露了

---

① 参见杜金富主编：《货币与金融统计学》（第3版），中国金融出版社2013年版，第322页。

② 参见王达、张佳睿：《美国主导下的全球金融市场LEI系统——最新进展与中国的参与策略》，载《现代经济探讨》2015年第6期。

③ 参见中国人民银行金融稳定分析小组编：《中国金融稳定报告2015》，中国金融出版社2015年版，第120～121页。

④ 参见祁敬宇、祁绍斌：《全球化下的金融监管》，首都经济贸易大学出版社2011年版，第179页。

国际经济和金融政策协调的不足。① 危机后，各国纷纷联合行动，包括联合降息、禁止"裸卖空"、国有化部分金融机构等举措，以增加金融市场流动性。我国随着人民币国际化和混业经营的发展，域外金融危机传导至我国的可能性也大幅提升。因此，有必要加强与域外国家关于危机处理的协调合作。

"事前的防范胜于事后救济"，建立区域化、全球性的金融风险预警机制和危机处理机制，包括金融预警系统的指标收集制度、金融风险评测系统、金融风险评估体系等，②及时披露金融风险信息。G20 伦敦峰会上指出：提升协调的有效性，包括国际和国家层面的宏观和微观审慎监管，通过搭建宏观经济和金融风险早期预警系统，以防止监管套利的监管架构。③通过双边或多边经济金融信息共享机制的建立和完善，夯实风险预警的基础。首先，通过区域监管磋商会议等，设计预警指标体系，包括"经济增长率、货币流通情况、就业率、国际收支状态、总储蓄率和股价总指数等"。④其次，关于预警界限的设置。采用国际公认的金融指标预警界限标准，对于没有国际公认预警指标界限的，则由区域成员国参照监管标准或金融稳定稳健时期的指标数值，同时根据既往金融危机中指标数据变化，予以分析测定。最后，预警结果和危机处理。首先，在危机发现阶段，及时通知他国监管部门和金融机构。任何一方发现重大金融威胁或其他危机情况时，若属于他方监管职责，作为紧急事项即刻通知其他对方，并尽快就该金融机构或市场的状况和金融稳定潜在威胁的信息予以通告和建议，避免单个金融机构风险蔓延，酿成系统性风险。同时及时通知金融机构展开自救。其次，危机评估与反应阶段。一旦重大潜在或实际金融危机得以确定，主责任国牵

① Jonathan Burks. Improving International Policy Coordination in the Wake of the Financial Crisis, *Journal of Public and International Affairs*, 2009, 20, pp. 144 – 145.

② 参见温耀原：《金融企业危机处置配套机制的法律研究》，载《北京工商大学学报》（社会科学版）2013 年第 2 期。

③ Semmler W., Young B., Lost in Temptation of Risk: Financial Market Liberalization, Financial Market Meltdown and Regulatory Reforms, *Comparative European Politics*, 2010, 8(3), pp. 346 – 347.

④ 中国人民银行南宁中心支行金融稳定课题组：《建立金融风险预警机制的若干构想》，载《南方金融》2005 年第 2 期。

头联席会议协调,评估状况,并考虑可能的反应选择。如果决策和实践直接系某国权限,则由其负责践行。再次,协调监管行动阶段,必要时可由国家出面协调监管行动。对于单个危机机构或金融体系的危机,需要一个以上的国家应对时,主责任国负责协调行动。所涉成员国需将针对危机的行动进程,彼此之间保持联系。最后,关于监管行动与公众沟通的协调。每一成员国将在其各自的职责内,与其利益相关者进行沟通,包括公共沟通。当该举措涉及一个以上的成员国时,沟通将由主责任国在成员国之间协调。

本章小结

时移势易,而今我国金融业态又一次处在演变进程中,大资管时代到来,集团综合和金融控股公司成为混业经营发展的主要趋势,而异军突起的互联网金融正日益突破传统金融经营模式。然而,反观我国的金融监管体制,监管者相互放松监管闸门,允许跨界经营、跨界业务,监管不协调及对我国金融市场扭曲导向作用也愈加显现。近期来看,金融监管协调可通过赋权金融稳定发展委员会,做实金融监管协调机制。在确保各个监管机构监管独立性的基础上,明确在监管协调机制中的监管职权分工与制衡。同时设立争端解决机制,以及时解决监管部门间的权限纠纷,提升混业经营监管的有效性。构建和完善监管信息征集与共享机制,以法律形式确立定期信息共享与交流和信息保密制度;设立检查委员会,统一报告格式等举措,确保监管部门对金融市场透明度的认知和把握,从而促进谨慎监管决策和协同监管。在监管行动一致性方面,通过签订备忘录和监管沙盒,推动市场准入和新业务审批事宜的协调;加大监管人员的培训和交流力度,提高监管能力建设。关于金融监管的国际协调,我国需从新兴发展中经济体的国情出发,注意学习西方发达经济体参与国际金融监管的方式,以区域协调和金砖协调为突破口,推动国际金融监管组织的改革,参与监管规则的制定,实现从国际规则的"接受者"到"领导者"的转变。

结束语

正如刘鹤所言:每一次金融危机都意味着政府与市场关系的严重失调,而每一次危机都意味着金融监管的失败。金融危机是魔鬼,也是天使。从一个国际金融监管体制发展的视角来看,危机是成长的代价。监管者是从有限经历中学习的,面对却是无限可能的危机。从这次金融危机中得到的教训,可能与下一次以不同形式呈现的危机,毫无关联。2008 年美国次贷危机演变成全球性的经济危机,再一次告诫世人:金融危机不可避免,没有永远的“利好”。金融危机、全球金融一体化和国内混业经营的发展潮流,正是我国的金融监管体制面临的时代背景。

制度变迁理论认为,唯有制度的供给和需求达成一致,制度才会处于稳定状态,即均衡。金融监管也是如此,新的经济金融形势对我国分业监管架构提出了变革要求。然而,我国的分业监管架构建立仅有十余年,监管能力、监管经验也仅有初步的积累。在此情形下,大幅度改革金融监管体制,设立金融监管局或超级央行,不仅将产生巨大的改革成本和政策动荡,而且对金融监管能力、监管效率、监管资源整合有着更高要求,而新体制是否能达到是存疑的,同时此举亦有损金融监管的稳定性。我国混业经营发展水平尚处于初级阶段,三会分业监管体制,已从协调监管实践中证明了生命力。金融监管协调机制安排,能够满足混业经营的监管需求。当然,不可回避的是我国金融监管协调机制安排存在诸多不足之处,无论是监管职权的分工与制衡,还是信息征集与共享安排,抑或监管行动一致性机制,均呈现"碎片化""随机性",基本停留在原则性规定层面,有违金融监管之金融效率和金融稳定目标。

籍此,笔者从金融监管职权的分工与制衡、信息征集与共享安排、监管行动一致性三个问题入手,考察分析了美国、英国、德国、澳大利亚等域外国家的金融监管协调的法律法规或备忘录、监管协调实践,以期为我国金融监管协调机制的完善,提供些许借鉴和参考。近期来看,可通过赋权金融稳定发展委员会,做实我国的金融监管协调机制。在确保监管机构监管独立性的前提下,明确监管协调机制的职权分工与制衡。设立争端解决机制以及时解决监管部门间的权限纠纷,提升混业经营监管的有效性。通过监管机构之间签订备忘录、确立定期信息共享与交流和信息保密制度,设立检查委员会、统一报告格式等举措,构建和完善我国的监管信息征集与共享机制,确保监管部门对金融市场透明度的认知和把握,从而促进谨慎监管决策和协同监管。在监管行动一致性方面,以备忘录和监管沙盒推动市场准入协调,加大监管人员的培训和交流力度、提高监管能力建设。

金融监管的国际协调与国内监管系一体两面的关系。2008 年金融危机后,国际社会更加强调和注重金融监管的国际协调。金融危机的破坏力和混业经营为国际金融监管协调的博弈,加入了新元素,激励监管当局达成"合作,合作"策略。特别是巴塞尔银行监管委员会、G20 和金融稳定理事会等金融国际组织,在机构和规则层面开始向新兴和发展中经济体倾斜。我国作为新兴发展中大国,在推进人民币国际化的过程中,既要承担维系国际金融稳定的重任、积极履行国际金融监管组织赋予的义务。另外,也要注意不断提升我国的金融监管话语权,学习西方发达经济体参与国际金融监管的方式,以区域协调和金砖协调为突破口,促进国际货币基金组织等国际金融组织的改革,参与国际金融监管组织规则的制定和修改,实现从国际规则的"接受者"到"领导者"的转变,切实维护我国金融利益和金融安全。

莎士比亚曾言:“错误不在别处,就在我们自身。”法律制度永远处于变动之中,金融监管制度也是如此,不断发展跟进,方能历史性地满足经济金融的现实发展需求,实现金融效率提升和金融稳定的金融监管目标。

参考文献

一、著作

（一）中文著作

[1]白钦先主编:《金融监管的国际协调与合作》,中国金融出版社2003年版。

[2]北京大学法学百科全书编委会编:《北京大学法学百科全书:法理学·立法学·法律社会学》,北京大学出版社2010年版。

[3]卞志村主编:《金融监管学》,人民出版社2011年版。

[4]陈磊:《基于不完全契约的表外融资研究》,中国时代经济出版社2013年版。

[5]陈敏娟:《中国金融系统性风险及基宏观审慎监管研究》,中国社会科学出版社2014年版。

[6]陈启清:《全球化背景下的国际金融监管合作研究》,中共中央党校出版社2009年版。

[7]陈松林:《中国金融安全问题研究》,中国金融出版社2002年版。

[8]陈雨露、马勇:《现代金融体系下的中国金融业混业经营:路径,风险与监管体系》,中国人民大学出版

社2009年版。

[9]陈志武:《金融的逻辑》,国际文化出版公司2009年版。

[10]单玉华:《金融伦理研究》,光明日报出版社2010年版。

[11]邓智毅:《金融效率制度性分析》,中国金融出版社2003年版。

[12]丁建臣、李言赋、赵霜茁编著:《金融监管教程》,对外经济贸易大学出版社2010年版。

[13]杜金富主编:《货币与金融统计学》(第3版),中国金融出版社2013年版。

[14]范恒森:《金融制度学探索》,中国金融出版社2000年版。

[15]方福前:《公共选择理论——政治的经济学》,中国人民大学出版社2000年版。

[16]冯果、袁康:《社会变迁视野下的金融法理论与实践》,北京大学出版社2013年版。

[17]冯玉军:《法经济学范式》,清华大学出版社2009年版。

[18]高连奎:《为何美国是老大　美利坚200年改革实录》,上海文化出版社2013年版。

[19]韩忠亮:《全球化背景下的金融监管的博弈研究》,北京大学出版社2013年版。

[20]华光彦:《消费者研究》,黑龙江人民出版社1987年版。

[21]黄瑜:《他者的境域:列维纳斯伦理形而上学研究》,中国社会科学出版社2014年版。

[22]焦莉莉:《欧盟金融监管合作与金融稳定问题研究》,中国社会科学出版社2012年版。

[23]黎四奇:《我国银行法律制度改革与完善研究》,武汉大学出版社2013年版。

[24]李保红、张莉、李芒环、魏文轩:《金融风险与金融创新》,吉林人民出版社2006年版。

[25]李成:《中级金融学》,西安交通大学出版社2007年版。

[26]李国平:《揭秘高盛》,经济日报出版社2009年版。

[27]李健、邓瑛:《防范资产型通货膨胀的货币政策新框架》,中国金融

出版社 2014 年版。

[28]李仁君主编:《微观经济学》(第 2 版),清华大学出版社 2014 年版。

[29]林俊国:《金融监管的国际合作机制》,社会科学文献出版社 2007 年版。

[30]刘真:《国际金融稳定法律机制研究》,武汉大学出版社 2013 年版。

[31]刘志云主编:《银行法学》,厦门大学出版社 2013 年版。

[32]卢亚娟主编:《金融风险与管理》,中国金融出版社 2012 年版。

[33]罗嘉:《我国金融监管协同机制研究》,经济科学出版社 2013 年版。

[34]彭兴庭:《论金融法制的变迁与国家崛起》,法律出版社 2014 年版。

[35]齐绍洲:《欧盟证券市场一体化》,武汉大学出版社 2002 年版。

[36]祁敬宇、祁绍斌:《全球化下的金融监管》,首都经济贸易大学出版社 2011 年版。

[37]祁敬宇、王刚:《后危机时代的金融监管研究》,首都经济贸易大学出版社 2011 年版。

[38]饶育蕾、张轮:《行为金融学》(第 2 版),复旦大学出版社 2005 年版。

[39]上海财经大学财经研究所·中国经济研究中心,国民经济安全研究:《金融安全与金融监管》,上海财经大学出版社 2010 年版。

[40]尚金峰:《开放条件下金融监管》,中国商业出版社 2006 年版。

[41]施继元、李杰群、尚秀芳、查建华:《房奴、房价及其治理—国际经验和中国道路》,上海财经大学出版社 2011 年版。

[42]史锦华:《金融开放对金融监管有效性影响研究》,中国财政经济出版社 2007 年版。

[43]谭燕芝:《国际金融衍生品交易——多边治理机制视角的研究》,经济管理出版社 2012 年版。

[44]汤凌霄:《中国金融安全报告》,红旗出版社 2009 年版。

[45]万峰:《金融集团监管:国际比较与中国选择》,中国金融出版社2013年版。

[46]万国华主编:《证券法学》,清华大学出版社2010年版。

[47]王东京、赵建军:《领读经济学名著》,中国青年出版社2013年版。

[48]王国刚、胡滨:《宏观审慎监管理论及实践研究》,中国社会科学出版社2013年版。

[49]王华庆:《监管之路:危机后的思考》,上海远东出版社2014年版。

[50]王旭:《人民币汇率制度与我国金融安全》,中国经济出版社2011年版。

[51]王兆星:《后危机时代国际金融监管改革探索》,中国金融出版社2013年版。

[52]王正茂主编:《金融监管的国际比较》,国家行政学院出版社2011年版。

[53]魏崇辉:《新制度经济学意识形态理论批判与我国意识形态安全研究》,中央编译出版社2014年版。

[54]巫文勇:《中国金融业监管制度改革研究:基于金融混业经营视角重新思索》,西南交通大学出版社2010年版。

[55]肖春海:《金融业混业经营条件下的金融监管》,中国财政经济出版社2003年版。

[56]熊培云:《重新发现社会》,新星出版社2010年版。

[57]徐立平:《人民币跨境业务监管研究》,中国社会科学出版社2013年版。

[58]徐艳兰、张颖主编:《西方经济学》,清华大学出版社2014年版。

[59]许传华、边智群、李正旺:《金融稳定协调机制研究》,中国财政经济出版社2008年版。

[60]阎庆民:《现代银行业监管前沿问题研究》,中国金融出版社2010年版。

[61]杨德勇:《金融经济前沿问题文库:金融效率论》,中国金融出版社1999年版。

[62]杨力主编:《金融风险管理》,清华大学出版社2014年版。

[63]杨文云:《金融监管法律国际协调机制研究》,上海财经大学出版社2011年版。

[64]杨勇:《金融集团法律问题研究》,北京大学出版社2004年版。

[65]喻平:《金融发展与居民收入差距的理论与实证研究》,中国经济出版社2012年版。

[66]袁成:《经济转型与发展研究——中国保险监管制度研究》,南京大学出版社2011年版。

[67]臧景范:《金融安全论》,中国金融出版社2001年版。

[68]张敦福主编:《现代社会学教程》(第3版),高等教育出版社2014年版。

[69]张瑾:《国际金融监管法制化研究　以主权财政富基金国际监管制度为视角》,上海人民出版社2014年版。

[70]张忠军:《金融业务融合与监管制度创新》,北京大学出版社2007年版。

[71]赵然:《金融危机背景下的金融监管国际合作》,河南人民出版社2013年版。

[72]郑明高:《中国金融业混业经营的路径选择》,中国经济出版社2012年版。

[73]中国保险监督管理委员会编:《2015中国保险市场年报》,中国金融出版社2015年版。

[74]中国财富管理50人论坛编著:《中国财富管理市场制度设计研究》,经济管理出版社2015年版。

[75]中国人民银行金融稳定分析小组编:《中国金融稳定报告2015》,中国金融出版社2015年版。

[76]中国人民银行金融稳定分析小组编:《中国金融稳定报告2016》,中国金融出版社2016年版。

[77]中国银行业监督管理委员会宣传部编著:《中国银行业监督管理委员会2014年报》,中国金融出版社2014年版。

[78]中国证券监督管理委员会编:《2014中国证券监督管理委员会年报》,中国财政经济出版社2015年版。

[79]周道许编著:《金融全球化下的金融安全》,中国金融出版社2001年版。

[80]朱崇实、刘志云:《混业经营趋势下的中国金融监管法:挑战与革新》,厦门大学出版社2013年版。

[81]朱孟楠:《金融监管的国际协调与合作》,中国金融出版社2003年版。

[82]朱立群、[意]富里奥·塞鲁蒂、卢静主编:《全球治理:挑战与趋势》,社会科学文献出版社2014年版。

(二)译著

[1][奥]尤根·埃利希:《法律社会学基本原理》,叶名怡、袁震译,江西教育出版社2014年版。

[2][法]古斯塔夫·勒庞:《乌合之众:大众心理研究》,秦传安译,哈尔滨出版社2011年版。

[3][美]R.德沃金:《法律帝国》,李常青译,中国大百科全书出版社1996年版。

[4][荷]凯勒曼、德汗、德弗里斯编著:《21世纪金融监管》,张晓朴译,中信出版社2015年版。

[5][法]孟德斯鸠:《论法的精神》,孙立坚等译,陕西人民出版社2001年版。

[6][美]埃德加·博登海默:《法理学:法律哲学与法律方法》,邓正来译,中国政法大学出版社2004年版。

[7][美]保罗·萨缪尔森:《经济学》(上册),商务出版社1981年版。

[8][美]保罗·萨缪尔森、威廉·诺德豪斯:《经济学上册》(第19版),萧琛等译,商务印书馆2012年版。

[9][美]哈威尔·E.杰克逊、小爱德华·L.西蒙斯:《金融监管》,吴志攀等译,中国政法大学出版社2003年版。

[10][美]乔治·考夫曼:《现代金融体系——货币,市场和金融机构(第6版)》,陈平等译,经济科学出版社2001年版。

[11][马来西亚]沈联涛:《十年轮回——从亚洲到全球的金融危机》,杨宇光、刘敬国译,上海远东出版社2009年版。

(三)外文著作

[1]C. Hood,H. Rothstein,R. Baldwin,*The Government of Risk*,Oxford University Press,2001.

[2] Ernst-UlrichPetersmann, *Constitutional Functions and Constitutional Problems of International Economic Law*,University Press,1991.

[3] M. Moran, *The Politics of the Financial Services Revolution*, Macmillan Press,1991.

[4]Robert Keohane. *After Hegemony*,Princeton University Press,1984.

二、论文

(一)中文论文

[1]安启雷、张伟、李耿喆:《从金融控股公司风险处置谈监管部门稳定协调机制的改革》,载《上海金融》2009 年第 11 期。

[2]安启雷:《对德隆事件及金融监管格局的重新思考》,载《西部金融》2009 年第 8 期。

[3]白宏宇、张荔:《百年来的金融监管:理论演化、实践变迁及前景展望》,载《国际金融研究》2000 年第 1 期。

[4]宾岳成:《央行主导金融监管协调机制法律研究》,北方工业大学学位论文 2010 年。

[5]曹建华:《混业经营与金融监管:基于效率的视角》,载《山东社会科学》2012 年第 8 期。

[6]曹军新:《金融监管协调机制建设的演进与重构:信任理论视角》,载《经济社会体制比较》2011 年第 6 期。

[7]陈林:《当前金融控股公司监管亟需厘清的几点问题》,载《武汉金融》2013 年第 1 期。

[8]陈晗、王玮:《美国外汇衍生品监管权限的演变及借鉴》,载《证券市场导报》2005 年第 8 期。

[9]陈启清:《竞争还是合作:国际金融监管的博弈论分析》,载《金融研究》2008 年第 10 期。

[10]陈启清:《监管竞争和监管合作:争论及启示》,载《经济理论与经

济管理》2008 年第 9 期。

[11]陈伟光、黄雯华:《全球“LEI 系统”进展及对我国影响性分析》,载《上海金融》2015 年第 6 期。

[12]崔志楠、邢悦:《从“G7 时代”到“G20 时代”——国际金融治理机制的变迁》,载《世界经济与政治》2011 年第 1 期。

[13]戴典:《我国金融监管体制转型建议及其法律框架——以混业经营趋势为视角》,载《管理评论》2008 年第 8 期。

[14]戴维、赫尔德、杨娜:《重构全球治理》,载《南京大学学报》(哲学社会科学版)2011 年第 2 期。

[15]丁昶,商敬国:《英国公平人寿事件剖析》,载《中国金融》2004 年第 16 期。

[16]丁绍宽:《我国金融控股公司监管制度之完善——写在德隆高管获罪之际》,载《法学》2006 年第 8 期。

[17]范方志:《金融监管、信息不对称与道德风险》,载《宁夏社会科学》2009 年第 6 期。

[18]方芸:《法律视角下银行重整的模式选择——以英国银行重整立法为研究对象》,载《求索》2015 年第 5 期。

[19]高秦伟:《混业经营与中国金融监管体制的发展演进》,载《中央财经大学学报》2007 年第 3 期。

[20]高志勇:《系统性风险与宏观审慎监管——基于美国银行业的实证研究》,载《财经理论与实践》2010 年第 3 期。

[21]谷秀娟:《金融混业与完善我国金融监管体系问题研究》,载《郑州大学学报》(哲学社会科学版)2004 年第 6 期。

[22]郭春松、朱孟楠:《加强金融监管的国际协调与合作》,载《上海金融》2004 年第 10 期。

[23]郭春松:《基于分业监管格局下建立金融监管协调机制的思考》,载《福建论坛》(人文社会科学版)2007 年第 6 期。

[24]哈斯:《混业经营趋势下中国金融监管模式创新研究》,载《内蒙古社会科学》(汉文版)2014 年第 1 期。

[25]贺聪、洪昊、王紫薇、葛声、陈一稀、项燕彪:《我国金融监管协调机

制的反思与构建设想》,载《浙江金融》2012 年第 4 期。

[26]何帆:《帮倒忙的国际金融监管合作》,载《国际经济评论》2010 年第 3 期。

[27]胡滨、杨楷:《监管沙盒的应用与启示》,载《中国金融》2017 年第 2 期。

[28]胡维:《大数据时代的非现场监管》,载《中国金融》2015 年第 15 期。

[29]黄薇:《全球经济治理之全球经济再平衡》,载《南开学报》(哲学社会科学版)2012 年第 1 期。

[30]黄宪、王露璐:《反思金融危机中的巴塞尔协议——基于金融理论界长期批判的跟踪》,载《国际金融研究》2009 年第 9 期。

[31]基恩斯·魏德曼、谢瑞芬、门超:《欧洲金融市场的一体化——基于中央银行的视角》,载《中国金融》2015 年第 21 期。

[32]吉姆·奥尼尔、阿莱西奥·特尔齐、许平祥:《21 世纪需要更好的 G20 和全新的 G7 + 》,载《国际经济评论》2015 年第 1 期。

[33]"金融监管域外管辖权"课题组:《欧美金融监管域外管辖权扩张影响几何?》,载《金融市场研究》2013 年第 1 期。

[34]李成、文苑:《我国金融监管协调的重点、机制和效应》,载《金融理论与实践》2007 年第 10 期。

[35]李京阳:《德国中央银行的金融统计制度》,载《上海金融》2008 年第 12 期。

[36]李堪:《金融监管域外管辖权问题研究及中国的对策分析》,载《上海金融》2013 年第 6 期。

[37]李连友、罗嘉:《中外金融监管协同机制比较研究》,载《求索》2010 年第 3 期。

[38]李明镜、齐萌:《论我国金融监管协调机制的反思和完善》,载《现代管理科学》2012 年第 11 期。

[39]李娜娜:《混业经营对我国金融监管机制的挑战与应对》,载《银行家》2016 年第 2 期。

[40]李仁真、周忆:《推进全球 LEI 体系实施的若干法律思考》,载《金

融电子化》2015 年第 1 期。

[41]李艳华、陈恒有:《我国金融监管协调制度:现状、障碍与对策》,载《兰州商学院学报》2013 年第 1 期。

[42]梁山:《德国中央银行监管角色及其对我国的启示》,载《南方金融》2012 年第 2 期。

[43]廖凡:《竞争、冲突与协调——金融混业监管模式的选择》,载《北京大学学报》(哲学社会科学版)2008 年第 3 期。

[44]廖凡:《我国金融混业监管的模式选择与协调机制》,载《证券市场导报》2006 年第 11 期。

[45]廖岷:《从美国次贷危机反思现代金融监管》,载《国际经济评论》2008 年第 4 期。

[46]刘海二、张晋芳:《互联网金融监管的政治经济学分析》,载《南方金融》2014 年第 12 期。

[47]刘建军:《欧盟统一金融市场进程与"单一护照"制度》,载《证券市场导报》2002 年第 7 期。

[48]刘科星:《美英金融监管协调机制演进的经验与借鉴》,载《西南金融》2015 年第 7 期。

[49]刘爽:《我国多元格局下金融监管协调问题研究》,西南财经大学 2008 年学位论文。

[50]刘卫东、晏艳阳:《完善我国金融监管协调机制的思路》,载《现代经济探讨》2009 年第 6 期。

[51]刘夏、蒲勇健、陈斌:《混业经营模式下的有效金融监管组织体系研究》,载《金融研究》2005 年第 9 期。

[52]刘相友、梁锐、李成:《基于博弈理论的金融监管协调机制与整体效率研究》,载《统计与决策》2010 年第 1 期。

[53]刘向民:《美联储监管之责缘何扩大》,载《中国改革》2011 年第 3 期。

[54]刘志宇:《英国财政部 2010 年〈金融监管改革新方法〉建议评述——以北岩银行流动性危机为视角》,载《金融服务法评论》2012 年第 3 卷。

[55]刘志云、卢炯星:《金融调控法与金融监管法关系论》,载《西南政法大学学报》2005 年第 4 期。

[56]卢春燕:《混业经营趋势下的金融监管协调机制——基于国际经验的比较与借鉴》,载《特区经济》2006 年第 2 期。

[57]陆磊:《信息结构、利益集团与公共政策:当前金融监管制度选择中的理论问题》,载《经济研究》2000 年第 12 期。

[58]路妍、孙刚:《金融危机后的中美金融监管合作研究》,载《国际经贸探索》2010 年第 9 期。

[59]路妍:《金融危机后的国际金融监管合作及中国的政策选择》,载《管理世界》2011 年第 4 期。

[60]马君潞、常殊昱:《美联储权力结构变迁与混业经营监管的发展趋势》,载《金融论坛》2012 年第 1 期。

[61]茅倩如:《金融危机处理与国际金融监管的合作和协调》,载《世界经济与政治论坛》2009 年第 3 期。

[62]慕刘伟、曾志耕、张勤:《金融监管中的道德风险问题》,载《金融研究》2001 年第 11 期。

[63]尼古拉斯·维伦、李想:《五年后回头看 G20 金融改革议程》,载《国际经济评论》2014 年第 6 期。

[64]潘功胜:《金融业综合经营发展与监管》,载《中国金融》2014 年第 1 期。

[65]彭建刚、邹克、蒋达:《混业经营对金融业系统性风险的影响与我国银行业经营模式改革》,载《中国管理科学》2014 年第 S1 期。

[66]邱永红:《中国企业赴美国上市的法律风险和对策》,载《法学论坛》2012 年第 2 期。

[67]邱兆祥、王修华:《试论后危机时代国际金融监管协调与合作》,载《教学与研究》2010 年第 11 期。

[68]饶波、郑联盛、何德旭:《金融监管改革与金融稳定:美国金融危机的反思》,载《财贸经济》2009 年第 12 期。

[69]荣磊:《论混业经营条件下我国金融监管协调机制的构建》,山东大学 2007 年学位论文。

[70]时辰宙:《监管套利:现代金融监管体系的挑战》,载《新金融》2009 年第 7 期。

[71]宋清华:《金融监管协调机制:国际经验与中国的选择》,载《武汉金融》2007 年第 12 期。

[72]宋婷婷:《交叉性金融创新的监管套利路径与博弈策略》,载《上海金融》2012 年第 10 期。

[73]隋平:《金融机构"大而不倒"问题及其法律规制》,载《江西社会科学》2014 年第 1 期。

[74]孙涛:《实现信息共享是提高金融监管有效性的必然选择》,载《金融理论与实践》2006 年第 3 期。

[75]孙毅、郑玉琳:《从美国次贷危机中的金融垄断看我国金融反垄断体系的构建》,载《生产力研究》2010 年第 12 期。

[76]唐宏飞:《国际金融监管协调机制的比较研究与启示》,载《区域金融研究》2014 年第 3 期。

[77]田春雷:《金融资源公平配置的法学分析——兼论中国金融法的新价值》,载《法学评论》2013 年第 3 期。

[78]万泰雷、李松梁、黄鑫:《国际金融监管合作及中国参与路径》,载《国际经济评论》2014 年第 3 期。

[79]王宝杰:《论金融监管的国际合作及我国的法律应对》,载《政治与法律》2009 年第 6 期。

[80]王达、项卫星:《静悄悄的金融统计体系革命:意义、进展及中国的参与》,载《国际经济评论》2015 年第 4 期。

[81]王达、项卫星:《论国际金融监管改革的最新进展:全球金融市场 LEI 系统的构建》,载《世界经济研究》2013 年第 1 期。

[82]王达、张佳睿:《美国主导下的全球金融市场 LEI 系统——最新进展与中国的参与策略》,载《现代经济探讨》2015 年第 6 期。

[83]王达:《美国主导下的现行国际金融监管框架:演进、缺陷与重构》,载《国际金融研究》2013 年第 10 期。

[84]王茜、张磊、夏艺华:《国际组织协调合作的挑战与机遇》,载《WTO 经济导刊》2017 年第 Z1 期。

[85]王艳娇、吴婷婷:《金融国际化与金融安全问题》,载《高校理论战线》2011 年第 1 期。

[86]王兆星:《机构监管与功能监管的变革——银行监管改革探索之七》,载《中国金融》2015 年第 3 期。

[87]王兆星:《金融综合经营与分业监管变革——银行监管改革探索之五》,载《中国金融》2014 年第 23 期。

[88]王振、王凯:《互联网金融跨界经营风险》,载《中国金融》2015 年第 1 期。

[89]文洪武:《基于现行法律框架的中国金融监管协调合作研究》,载《广东金融学院学报》2011 年第 4 期。

[90]温耀原:《金融企业危机处置配套机制的法律研究》,载《北京工商大学学报》(社会科学版)2013 年第 2 期。

[91]吴利军、方庆:《混业经营下的中国金融监管体制:国际比较与路径选择》,载《教学与研究》2012 年第 8 期。

[92]仙慧:《后危机时代的国际金融监管协调》,载《新金融》2015 年第 11 期。

[93]肖筱林、舒晓兵:《从"分业监管"到"混业监管"——德国金融监管体制的变迁》,载《生产力研究》2008 年第 12 期。

[94]谢平:《巴塞尔新协议对中国银行业监管的启示和影响》,载《浙江金融》2011 年第 2 期。

[95]徐鹏程:《金融业混业经营趋势下的金融监管》,载《商业时代》2008 年第 12 期。

[96]宣文俊:《金融危机后美国金融监管改革及其对我国的启示》,载《上海经济研究》2010 年第 12 期。

[97]阳建勋:《大而不倒、利益冲突与权义平衡——系统重要性金融机构监管制度的法理构造》,载《现代法学》2014 年第 3 期。

[98]杨松、张永亮:《新自由主义、金融危机与金融监管体制之变革》,载《法学杂志》2012 年第 1 期。

[99]叶文庆:《宏观审慎监管机构的监管权力探讨》,载《上海金融》2013 年第 3 期。

[100]尹洪波、熊海斌:《混业经营过渡时期金融监管的成本—收益分析》,载《上海立信会计学院学报》(双月刊),2008年第1期。

[101]益言:《金融改革报告:促进金融稳定的框架(摘要)》,载《中国金融》2009年第5期。

[102]余泓、胡甲庆:《混业生态环境下我国金融监管的改革与调适》,载《商业时代》2013年第27期。

[103]张波:《金融市场准入监管理念的多维视域》,载《经济导刊》2010年第1期。

[104]张涵:《金融混业下的监管协调机制》,载《中国金融》2012年第23期。

[105]张红力:《金融与国家安全》,载《中国金融》2015年第10期。

[106]张杰、金岳:《"高债务—高税负—通缩"背景下中国实体经济的发展困局及破解思路》,载《江苏社会科学》2016年第1期。

[107]张金城、李成:《金融监管国际合作失衡下的监管套利理论透析》,载《国际金融研究》2011年第8期。

[108]张孟霞:《论欧盟金融监管改革与启示》,载《政治与法律》2011年第5期。

[109]张强、佘桂荣、曾涛:《机构分设下央行与银监会多层面的协调机制建设》,载《武汉金融》2006年第4期。

[110]张清敏、李敃窥:《中国对外行为的思想根源探析》,载《外交评论》(外交学院学报)2011年第4期。

[111]张伟、刘志荣:《混业经营条件下金融监管效率的比较研究》,载《华东经济管理》2008年第12期。

[112]张增帆:《关于银监会设立的经济法律思考》,载《北方工业大学学报》2004年第2期。

[113]张忠军:《金融监管权的监督问题研究》,载《首都师范大学学报》(社会科学版)2007年第1期。

[114]张忠军:《论金融法的安全观》,载《中国法学》2003年第4期。

[115]郑丽:《金融创新与金融监管的动态博弈——兼论对我国金融监管的启示》,载《财经论丛》2006年第4期。

[116]郑睿:《澳大利亚金融监管协调机制研究》,载《吉林工程技术师范学院学报》2013 年第 11 期。

[117]中国人民银行南宁中心支行金融稳定课题组:《建立金融风险预警机制的若干构想》,载《南方金融》2005 年第 2 期。

[118]周程:《混业经营在中国:过去、现在和未来》,载《国际融资》2007 年第 3 期。

[119]周伟:《金融监管的协调论:理论分析框架及中国的现状》,载《财经科学》2003 年第 5 期。

[120]周卫江:《美国金融监管的历史性变革——评析〈多德—弗兰克法案〉》,载《金融论坛》2011 年第 3 期。

[121]周小川:《金融改革发展及其内在逻辑》,载《中国金融》2015 年第 9 期。

[122]朱杰进:《金砖国家合作机制的转型》,载《国际观察》2014 年第 3 期。

[123]朱绵茂、欧燕:《论美国金融危机后金融监管模式的变革对我国的启示》,载《浙江金融》2013 年第 11 期。

[124]朱民:《世界经济结构的深刻变化和新兴经济的新挑战》,载《国际金融研究》2011 年第 10 期。

(二)外文论文

[1]Alan M. Taylor, Global Financial Stability and the Lessons of History: A Review of Carmen M. Reinhart and Kenneth S. Rogoff's—This Time Is Different: Eight Centuries of Financial Folly, *Journal of Economic Literature*, 2012, 50(4).

[2] Annette L. Nazareth, Margaret E. Tahyar. Transparency and Confidentiality in the Post Financial Crisis World—Where to Strike the Balance?, *Harvard Business Law Review*, 2011, 1(1).

[3] Awrey D. Complexity, Innovation, and the Regulation of Modern Financial Markets, *Harvard Business Law Review*, 2012, 2(2).

[4]Blejer M.I., EconomicGrowth and the Stability and Efficiency of the Financial Sector, *Journal of Banking & Finance*, 2006, 30(12).

[5] Bottega J. A., Powell L. F. Creating aLinchpin for Financial Data: Toward a Universal Legal Entity Identifier, *Journal of Economics and Business*, 2012, 64(1).

[6] Bradley C. M., Information Society Challengesto Financial Regulation, *University of Toledo Law Review*, 2006, 37(2).

[7] Brown-Hruska S., Ellig J., Financial Markets as Information Monopolies, *Regulation*, 2000, 23(3).

[8] Chaffee, Eric C., Dodd-Frank Wall Street Reform and Consumer Protection Act: A Failed Vision for Increasing Consumer Protection and Heightening Corporate Responsibility in International Financial Transactions, *The American University Law Review*, 2011, 60(5).

[9] Christian Tietje, Matthias Lehmann, Role and Prospects of International Law in Financial Regulation and Supervision, *Journal of International Economic Law*, 2010, 13(3).

[10] Dam, Kenneth W., Subprime Crisis and Financial Regulation: International and Comparative Perspectives, *Chicago Journal of International Law*, 2010, 10(2).

[11] Daniel Hemelt. Regulatory Consolidationand Cross-Border Coordination: Challenging the Conventional Wisdom, *Yale Journal on Regulation*. 2011, 28(1).

[12] David Zaring. Finding Legal Principle in Global Financial Regulation, *Virginia Journal of International Law*, 2012, 52(3).

[13] Dietmar Baetge. The Extraterritorial Reach of Antitrust Law between Legal Imperialism and Harmonious Coexistence. Eckart Gottschalk, Ralf Michaels, Gisela Rühl, Jan von Hein (eds). *Conflict of Laws in a Globalized World*. Cambridge University Press, 2007.

[14] Eric J. Pan. Challenge of International Cooperation and Institutional Design in Financial Supervision: Beyond Trans governmental Networks, *Chicago Journal of International Law*, 2010, 11(1).

[15] Eric J. Pan. Understanding Financial Regulation, *Utah Law Review*,

2012,2012(4).

[16]Esty D,C. ,Geradin D. Regulatory Co-opetition,*Journal of International Economic Law*,2000,3(2).

[17]Finkelstein L. S. , What isGlobal Governance?, *Global governance*, 1995,1(3).

[18]George A. Walker. Financial Crisis-U. K. Policy and Regulatory Response. *International Law*,2010,44(2).

[19] George J. Benston. Universal Banking, *The Journal of Economic Perspectives*,1994,8(3).

[20]Jeroen Kremers,Dirk Schoenmaker. The US Proposals for Regulatory Reform. David Mayes, Robert Pringle, Michael Taylor. *Towards a New Framework for Financial Stability*. Central Banking Publications,2009.

[21]Jody Freeman,Jim Rossi. Agency Coordination in Shared Regulatory Space,*Harvard Law Review*,2012,125(5).

[22] John W. Head. The Global Financial Crisis of 2008 - 2009 in Context-Reflections on International Legal and Institutional Failings,"Fixes", and Fundamentals. *Pacific McGeroge Global Business & Development Law Journal*,2010(43).

[23]Jonathan Burks. Improving International Policy Coordination in the Wake of the Financial Crisis, *Journal of Public and International Affairs*, 2009,20.

[24]KulmsR. Lehman's Spill-over Effects:Cooperation v. Regulatory Arbitrage,*Peking UJ Legal Study*,2012,3(3).

[25] Macey Jonathan R. Regulatory Globalization as a Response to Regulatory Competition,*Emory Law Journal*,2003,52(3).

[26]Markham, Jerry W. , Merging the SEC and CFTC - a Clash of Cultures,*University of Cincinnati Law Review*,2009,78(2).

[27]Matthew C. Turk. Reframing International Financial Regulation after the Global Financial Crisis:Rational States and Interdependence,not Regulatory Networks and Soft Law,*Michigan Journal of International Law*,2014(36).

[28] Peterson R. J., ProceduralVersus Substantive Coordination in International Financial Market Oversight. ASIL Annual Meeting Proceedings. *American Society for International Law* ,2012,106(1).

[29] Pierre-Hugues Verdier. The Political Economy of International Financial Regulation,*Indiana Law Journal*,2013,88(4).

[30] Robert B. Ahdieh. Visible Hand:Coordination Functions of the Regulatory State,*Minnesota Law Review*,2010,95(2).

[31] Scott K. E., TheDual Banking System:A Model of Competition in Regulation,*Stanford Law Review*,1977,(13).

[32] Semmler W., Young B., Lost inTemptation of Risk:Financial Market Liberalization, Financial Market Meltdown and Regulatory Reforms, *Comparative European Politics*,2010,8(3).

[33] Stavros Gadinis. The Politics of Competition in International Financial Regulation, *Harvard International Law Journal*,2008,49(2).

[34] Stijn Claessens, Geoffrey R. D., Underhill, Xiaoke Zhang. The Political Economy of Basle II:The Costs for Poor Countries, *The World Economy*,2008,31(3).

[35] Trachtman J. P., Recent Initiatives in International Financial Regulation and Goals of Competitiveness, Effectiveness, Consistency and Cooperation, *Northwestern Journal of International Law & Business*,1991,12(2).

[36] Xiaobo Fan. What Will the Financial Order Be in a Decade?, *Revue Juridique Themis*,2011,45(3).

三、资料汇编

(一)法律文件

[1]《中华人民共和国保险法》

[2]《中华人民共和国商业银行法》

[3]《中华人民共和国银行业监督管理法》

[4]《中华人民共和国中国人民银行法》

[5]《中华人民共和国证券法》

[6]《中华人民共和国存款保险条例》

[7]《金融资产管理公司监管办法》

[8]《证券公司监管管理条例》

[9]《保险机构投资设立基金管理公司试点办法》

[10]《证券公司股票质押贷款管理办法》

[11]《中国银行业监督管理委员会与中国保险监督管理委员会关于加强银保深层次合作和跨业监管合作谅解备忘录》

[12]《中国银行业监督管理委员会、中国证券监督管理委员会、中国保险监督管理委员会在金融监管方面分工合作的备忘录》

[13] Banking Act 2009.

[14] Gramm-Leach-Bliley Act.

[15] Dodd-Frank Wall Street Reform and Consumer Protection Act of 2010.

[16] Memorandum of Understanding between the Financial Conduct Authority (FCA) and the Prudential Regulation Authority (PRA).

[17] Memorandum of Understanding between HM Treasury, the Bank of England and the FSA.

[18] Memorandum of Understanding on Financial Distress Management Between the Members of the Council of Financial Regulators.

[19] Annex1: Regulatory processes, enforcement and legal intervention.

(二)电子文献

[1]保监会:《关于保险资产管理公司开展资产管理产品业务试点有关问题的通知》,载 http://www.circ.gov.cn/web/site0/tab5225/info236232.htm,2016 年 3 月 14 日访问。

[2]保监会:《关于长春农村商业银行股份有限公司保险兼业代理资格的批复》,载 http://www.circ.gov.cn/web/site0/tab5239/info231714.htm,2012-12-27,2016 年 2 月 1 日访问。

[3]保监会:《中国保监会、中国银监会关于进一步规范商业银行代理保险业务销售行为的通知》,载 http://www.circ.gov.cn/web/site0/tab5225/info3901375.htm,2016 年 2 月 2 日访问。

[4]保监会:《中国保监会召开首次保险监管国际联席会议》,载 http://www.circ.gov.cn/web/site0/tab5207/info149266.htm,2017 年 5 月 28 日访问。

[5]保监会:《中国银监会、中国保监会正式签署——关于加强银保深层次合作和跨业监管合作谅解备忘录》,载 http://www.circ.gov.cn/web/site0/tab5207/info62608.htm,2016 年 2 月 2 日访问。

[6]北青网:《招商银行伦敦分行获批成立为股份制银行首家》,载 http://news.163.com/16/0201/01/BEN1O7VV00014AED.html,2016 年 2 月 6 日访问。

[7]卜永祥:《金融监管体制改革研究问题与方向》,载 http://news.china.com/domestic/945/20160223/21586783_all.html,2016 年 2 月 25 日访问。

[8]陈建奇:《中国金融改革滞后探因》,载 http://www.ftchinese.com/story/001055534?page=3,2015 年 4 月 6 日访问。

[9]陈龙:《如何理解"互联网+金融"》,载 http://www.cnfinance.cn/magzi/2015-05/04-21420_2.html,2015 年 5 月 5 日访问。

[10]陈听雨:《欧系统性风险委员会开始运作_经济观察_中证网》,载 http://www.cs.com.cn/hw/03/201101/t20110121_2755152.html,2015 年 4 月 8 日访问。

[11]程丹:《十三五规划建议:培育公开透明健康发展的资本市场》,载 http://news.xinhuanet.com/fortune/2015-11/04/c_128391187.htm,2016 年 2 月 26 日访问。

[12]佚名:《多德—弗兰克法案》,载 http://www.sec.gov/about/laws/wallstreetreform-cpa.pdf,2015 年 3 月 19 日访问。

[13]工商银行:《工行积极支持中德产能合作》,载 http://www.icbc.com.cn/icbc/%e5%b7%a5%e8%a1%8c%e9%a3%8e%e8%b2%8c/%e5%b7%a5%e8%a1%8c%e5%bf%ab%e8%ae%af/%e5%b7%a5%e8%a1%8c%e7%a7%af%e6%9e%81%e6%94%af%e6%8c%81%e4%b8%ad%e5%be%b7%e4%ba%a7%e8%83%bd%e5%90%88%e4%bd%9c.htm,2017 年 5 月 31 日访问。

[14]工商银行:《中国工商银行2016年业务综述》,载http://www.icbc-ltd.com/icbcltd/%E5%85%B3%E4%BA%8E%E6%88%91%E8%A1%8C/%E5%85%AC%E5%8F%B8%E7%AE%80%E4%BB%8B/,2017年5月31日访问。

[15]桂衍民、张欣然:《证保合作大幕开启 平安证券首获“保单开户”试点》,载http://www.p5w.net/stock/news/zonghe/201603/t20160309_1378155.htm,2017年5月28日访问。

[16]国务院:《第九次中美保险会谈及中美保险监管研讨会举行》,载http://www.gov.cn/gzdt/2014-02/22/content_2618442.htm,2014年2月22日访问。

[17]国务院:《证监会公布“基金公司特定客户资产管理试点办法”》,载http://www.gov.cn/gzdt/2007-11/30/content_822038.htm,2016年3月14日访问。

[18]国务院:《国务院关于同意建立金融监管协调部际联席会议制度的批复》,载http://www.gov.cn/zwgk/2013-08/20/content_2470225.htm,2015年3月13日访问。

[19]国务院:《国务院关于推进资本市场改革开放和稳定发展的若干意见》,载http://www.gov.cn/gongbao/content/2004/content_63148.htm,2016年2月1日访问。

[20]韩雪萌:《首届中英银行业监管磋商会议举行》,载http://www.gzjrw.com.cn/zgjrxw/53870.html,2016年2月3日访问。

[21]和讯网:《金融监管协调机制重启 协调“大金融”发展》,载http://news.hexun.com/2013-09-02/157638728.html,2014年12月5日访问。

[22]李路阳:《分享澳大利亚金融监管成功经验》,载http://www.ifmbj.com.cn/meiyuezazhi/fengmianzhuanfang/201007/20-558.html,2015年3月19日访问。

[23]李奇霖:《一部日本金融监管史:政策收紧对经济与金融体系会是灾难吗?》,载http://www.360doc.com/content/17/0606/10/146925_660413879.shtml,2017年6月7日访问。

[24]李文龙:《完善中央和地方金融监管协调机制》,载 http://bank.hexun.com/2015-03-02/173641576.html,2015 年 3 月 19 日访问。

[25]刘东凯,陈寅:《胡锦涛抵达墨西哥洛斯卡沃斯出席 G20 第七次峰会》,载 http://news.hexun.com/2012-06-17/142555614.html,2015 年 5 月 7 日访问。

[26]聂日明:《大一统金融监管?先了解当前金融监管复杂体系再说》,载 http://www.360doc.com/content/15/1214/00/29498940_520200722.shtml,2016 年 2 月 1 日访问。

[27]潘功胜:《鼓励创新发展　分类适度监管》,载 http://www.cnfinance.cn/articles/2014-11/27-20425.html,2015 年 3 月 20 日访问。

[28]全国金融标准化技术委员会秘书处:《LEI 中国本地系统发码名录》(截至 2017 年 2 月),载 http://www.cfstc.org/publish/main/14/20170301122611643328100/1488342339692.pdf,2017 年 5 月 31 日访问。

[29]人民网:《中资银行在一带一路沿线国家设 62 家一级机构(一带一路·合作共赢)46 万人通过孔子学院等学习汉语》,载 http://politics.people.com.cn/n1/2017/0512/c1001-29269999.html,2017 年 5 月 31 日访问。

[30]沈建光:《中国金融监管新框架:走向超级央行?》,载 http://m.ftchinese.com/story/001065046?ccode=2G158001,2016 年 2 月 25 日访问。

[31]王涛:《金融监管协调机制获批　混业监管可待?》,载 http://news.xinhuanet.com/fortune/2013-08/21/c_117029012.htm,2014 年 12 月 10 日访问。

[32]现代快报:《交行收购中保康联人寿 51% 股权　银行参股保险公司开闸》,载 http://bank.hexun.com/2009-09-08/120999515.html,2016 年 2 月 1 日访问。

[33]《美英欧等六大央行联合降息应对金融危机》,载新华网:http://gb.cri.cn/19224/2008/10/08/3285s2274129.htm,2016 年 1 月 25 日访问。

[34]《“德隆危机”风险处置落幕》,载新华网:http://news.xinhuanet.com/newscenter/2008-02/19/content_7631927.htm,2015 年 5 月 28 日

访问。

[35]《二十国集团领导人杭州峰会公报》，载新华网：http://news.xinhuanet.com/world/2016－09/06/c_1119515149.htm，2017 年 4 月 8 日访问。

[36]《李克强：存款保险制度今年出台》，载新华网：http://news.xinhuanet.com/politics/2015lh/2015－03/15/c_127582463.htm，2015 年 3 月 15 日访问。

[37]《西方央行联手降息应对金融危机》，载新华网：http://finance.sina.com.cn/stock/usstock/c/20081008/23265369010.shtml，2016 年 1 月 25 日访问。

[38]新浪财经：《入股首创安泰　北京银行或成首家混业经营城商行》，载 http://finance.sina.com.cn/money/bank/bank_hydt/20100205/00367371446.shtml，2016 年 2 月 21 日访问。

[39]银监会：《第六次中美银行业监管磋商在美成功举行》，载 http://www.cbrc.gov.cn/chinese/home/docView/F86D6F57762949B1AD60994A7671E5A7.html，2017 年 5 月 30 日访问。

[40]银监会：《银监会跨境监管合作交流》，载 http://www.cbrc.gov.cn/chinese/home/docView/3F12453704164A619DAED7AC40256B63.html，2017 年 5 月 31 日访问。

[41]银监会：《银监会发布〈关于外资银行开展部分业务有关事项的通知〉》，载 http://www.cbrc.gov.cn/chinese/home/docView/4F795C7C308A4AEA84095F79285BE114.html，2017 年 5 月 31 日访问。

[42]银监会：《银监会签署的双边监管合作谅解备忘录和监管合作协议一览表》，载 http://www.cbrc.gov.cn/chinese/home/docView/4D8A8839DD6444C1B766A5545124EFDD.html，2017 年 5 月 30 日访问。

[43]银监会：《联合论坛金融集团监管原则》（中文译稿）》，载 http://www.cbrc.gov.cn/chinese/home/docView/19B74BC9C551412095C4B6EA1418077A.html，2015 年 3 月 13 日访问。

[44]银监会：《尚福林在中国建设银行国际监管联席会议上强调　全面加强系统重要性银行的监管》，载 http://www.cbrc.gov.cn/chinese/

home/docView/BC8B8DC29EE64476AE6BCF6EAA3EBFE9. html,2016 年 2 月 6 日访问。

[45]银监会:《银监会、证监会、保监会召开第二次监管联席会议》,载 http://www. cbrc. gov. cn/chinese/home/docView/203. html,2016 年 2 月 2 日访问。

[46]银监会:《银监会发布〈金融租赁公司管理办法〉》(修订),载 http://www. cbrc. gov. cn/chinese/home/docView/2007020169D03FD2327291B6FF81B109681AFD00. html,2016 年 2 月 1 日访问。

[47]银监会:《中国银监会关于印发商业银行并表管理与监管指引的通知》,载 http://www. cbrc. gov. cn/chinese/home/docView/27E97E0235134CBDBD5AD4F5AD0A4D42. html,2016 年 2 月 4 日访问。

[48]银监会:《中国银行业监督管理委员会 2015 年报》,载 http://zhuanti. cbrc. gov. cn/subject/subject/nianbao2015/11. pdf,2016 年 4 月 1 日访问。

[49]赵立平:《"超级央行"监管适合中国国情吗?》,载 http://www. cs. com. cn/xwzx/jr/201602/t20160224_4909677. html,2016 年 2 月 25 日访问。

[50]赵立平:《"超级央行"模式脱离中国国情》,载 http://opinion. caixin. com/2016 - 02 - 26/100912889. html,2016 年 2 月 26 日访问。

[51]招商银行:《私人银行(新加坡)中心开业 招行私行全球化布局再落一子》,载 http://www. cmbchina. com/cmbinfo/news/newsinfo. aspx?guid = bd7ed706 - 11a5 - 4445 - 8cb7 - 6613c0ddca42,2017 年 5 月 31 日访问。

[52]证监会:《中国证监会与迪拜金融服务局、爱尔兰金融服务监管局及奥地利金融市场管理局签署〈证券期货监管合作谅解备忘录〉》,载 http://money. 163. com/08/1230/13/4UDP312300251OFT. html,2015 年 5 月 5 日访问。

[53]证监会:《证券公司客户资产管理业务试行办法》,载 http://www. csrc. gov. cn/pub/zjhpublic/zjh/200804/t20080418_14517. htm,2016 年 3 月 14 日访问。

[54]中国贸易金融网:《投行混业趋势:“银保合作”模式_热点聚焦》,载 http://www. sinotf. com/GB/News/1001/2016 - 03 - 01/0NMDAwMDE5ODI0NQ. html,2017 年 5 月 28 日访问。

[55]中国国际金融法网:《沃尔克规则的主要内容、实施进展及最终规则》, 载 http://chifl. shufe. edu. cn/upload/htmleditor/File/131226012907. pdf,2015 年 10 月 3 日访问。

[56]中国山东网:《险资运用管理新规发布　意在松绑保险资金投资》,载 http://finance. sdchina. com/show/2997387. html,2014 年 12 月 5 日访问。

[57]中国人民银行:《调查统计司简介》,载 http://www. pbc. gov. cn/diaochatongjisi/116219/116231/index. html,2016 年 2 月 26 日访问。

[58]中国人民银行:《央行施行〈商业银行中间业务暂行规定〉》,载 http://www. pbc. gov. cn/bangongting/135485/135491/135597/1011024/index. html,2016 年 2 月 1 日访问。

[59]中国人民银行:《中国人民银行　中国银行业监督管理委员会　中国证券监督管理委员会公告〔2005〕第 4 号》,载 http://www. pbc. gov. cn/bangongting/135485/135491/135597/999293/index. html,2016 年 2 月 1 日访问。

[60]中国统计局:《中国理念官方数据(通货膨胀率)》,载 http://www. 360doc. com/content/13/0217/16/578165_266168085. shtml,2016 年 2 月 1 日访问。

[61] Basle CommitteeOn Banking Supervision. Core Principles for Effective Banking Supervision. http://www. bis. org/publ/bcbs30a. pdf, 2016 - 01 - 25.

[62] Bis. History of the Basel Committee. http://www. bis. org/bcbs/history. htm,2016 - 04 - 01.

[63] Bis. Joint Forum History. http://www. bis. org/bcbs/jfhistory. htm, 2016 - 01 - 22.

[64] Bottega, John A. And Powell, Linda F. Creating a Linchpin for Financial Data: The Need for a Legal Entity Identifier. http://ssrn. com/

abstract = 1723298 orhttp://dx. doi. org/10. 2139/ssrn. 1723298. 2015 - 12 - 02.

[65] CFR. Charter, http://www. cfr. gov. au/about-cfr/charter. html, 2017 - 4 - 22.

[66] David Degraw. The Wall Street Pentagon Papers: Biggest Scam In World History Exposed: Are The Federal Reserve' s Crimes Too Big To Comprehend?. http://pubrecord. org/nation/8622/pentagon-papers-wall-street/, 2015 - 05 - 29.

[67] Dessa Glasser. Ofr Applauding Progress on the Global LEI Initiative. https://financialresearch. gov/from-the-management-team/2012/01/19/applauding - progress-on-the-global-lei-initiative/, 2016 - 01 - 22.

[68] FCA. Introduction to Gabriel. https://www. fca. org. uk/publication/documents/introduction-to-gabriel. pdf. 2017 - 05 - 08.

[69] FCA. Regulatory sandbox. https://www. fca. org. uk/firms/innovate-innovation-hub/regulatory-sandbox#apply. 2017 - 06 - 06.

[70] FCA. The FCA Data Strategy-How We Will Manageand Use the Data We Collect. http://www. fca. org. uk/your-fca/documents/corporate/the-fca-data-strategy-how-we-will-manage-use-data, 2015 - 12 - 08.

[71] FFIEC. About the Examiner Education Office. http://www. ffiec. gov/exam/about. htm, 2016 - 02 - 26.

[72] FFIEC. Call Report Modernization, http://www. ffiec. gov/find/, 2016 - 03 - 11.

[73] Financial Stability Board. Guiding Principles on the Temporary Funding Needed to Support the Orderly Resolution of a Global Systemically Important Bank ("G-SIB"). http://www. fsb. org/2016/08/guiding-principles-on-the-temporary-funding-needed-to-support-the-orderly-resolution-of-a-global-systemically-important-bank-g-sib/, 2017 - 05 - 22.

[74] Financial Stability Board. FSB Recommendations to Strengthen Oversight and Regulation of Shadow Banking. http://www. fsb. org/2011/10/r_111027a/, 2017 - 05 - 22.

[75] Financial Stability Board. Policy Recommendations to Address Structural Vulnerabilities from Asset Management Activities. http://www.fsb.org/2017/01/policy-recommendations-to-address-structural-vulnerabilities-from-asset-management-activities/, 2017-05-22.

[76] Financial Stability Board. Progress in the Implementation of G20/FSB Recommendations - June 2012. http://www.fsb.org/wp-content/uploads/r_120619ee.pdf? page_moved=1. 2017-05-28.

[77] Financial Stability Board. Standards and Processes for Global Securities Financing Data Collection and Aggregation. http://www.fsb.org/2015/11/standards-and-processes-for-global-securities-financing-data-collection-and-aggregation - 3/. 2017-05-26.

[78] Group of 30. About. http://group30.org/about, 2016-03-11.

[79] G20. Declaration of the Summit on Financial Markets and the World Economy. http://www.g20.utoronto.ca/2008/2008declaration1115.html, 2016-01-13.

[80] G20. London Summit - Leaders' Statement 2 April 2009. http://www.g20.utoronto.ca/2009/2009communique0402.pdf, 2016-01-27.

[81] Henry C. Wallich. Institutional Cooperationin the World Economy. https://fraser.stlouisfed.org/docs/historical/federal%20reserve%20history/bog_members_statements/wallich_19830505.pdf, 2015-03-12.

[82] IOSCO. IOSCO Approves the Enhanced Standard for Cross-Border Enforcement Cooperation. http://www.iosco.org/news/pdf/IOSCONEWS456.pdf. 2017-05-22.

[83] Legal Entity Identifier (LEI) - Timeline of Major Events. https://www.treasury.gov/press-center/press-releases/Documents/081211%20LEI%20Major%20Timeline%20of%20Events.pdf, 2015-12-02.

[84] Leiroc. Update by the LEI ROC. http://www.leiroc.org/publications/gls/roc_20170112-1.pdf. 2017-05-26.

[85] Luci Ellis. Macroprudential Policy: A Suite of Tools or a State of Mind?. October 2012. http://www.rba.gov.au/speeches/2012/sp-so-

111012. html,2015 - 10 - 04.

[86] Martin Čihák, Asli Demirgüç-Kunt, Maria Soledad, Martinez Peria, Amin Mohseni-Cheraghlou. Bank Regulation and Supervision around the World: A Crisis Update. http://www-wds. worldbank. org/external/default/WDSContentServer/WDSP/IB/2012/12/05/000158349 _ 20121205130523/Rendered/PDF/wps6286. pdf,2016 - 01 - 25.

[87] OFR. Legal Entity Identifier-Frequently AskedQuestions. http://financialresearch. gov/data/legal-entity-identifier-faqs/,2015 - 12 - 04.

[88] OFR. Office of Financial Research Issues Statement on Progress to Date and Next Steps Forward in the Global Initiative to Establish a Legal Entity Identifier (LEI). http://financialresearch. gov/press-releases/2011/08/12/office-of-financial-research-issues-statement-on-progress-to-date-and-next-steps-forward-in-the-global-initiative-to-establish-a-legal-entity-identifier/, 2015 - 12 - 04.

[89] OFR. OFR Statement on Legal Entity Identification for Financial Contracts. http://www. regulations. gov/#! documentDetail; D = TREAS-DO - 2010 - 0008 - 0001,2015 - 12 - 02.

[90] ROC. LEI ROC Progress Report on the Global LEI System and Regulatory Uses of the LEI. http://www. leiroc. org/publications/gls/lou _ 20151105 - 2. pdf,2016 - 01 - 22.

[91] Tiernan A. M., Weathering the global Financial Crisis: Reflections on the Capacity of the Institutions of Australian Governance. http://papers. ssrn. com/sol3/papers. cfm? abstract_id = 1665974,2015 - 10 - 10.

[92] The Economist. ReformingFinancial Regulations in America: Better Broth, Still too Many Cooks. http://www. economist. com/node/13862497, 2015 - 05 - 14.

[93] SEC. 2016 Annual Report., https://www. sec. gov/about/secpar/secafr2016. pdf. 2017 - 05 - 11.

(三)其他资料

[1] Beck T., Demirguc-Kunt A., Levine R., BankConcentration and

Crises. National Bureau of Economic Research,2003.

[2] Bernanke B. S. , Regulation andFinancial Innovation. *Speech to the Federal Reserve Bank of Atlanta's 2007 Financial Markets Conference on 'Credit Derivatives:Where's the Risk*. 2007.

[3] Bryan A. , Garner. *Black's Law Dictionary* (*8th Ed.*), Thomson West,2004.

[4] Hans Tietmeyer. *International Cooperation and Coordination in the Area of Financial Market Supervision an Surveillance*. Berlin: Deutsche Bundesbank,1999,(5).

[5] Julia Black. *Restructuring Global and EU Financial Regulation: Character,Capacity and Learning*. Financial Regulation and Supervision in the New Financial Architecture,Italy:Taormina,2010(5).

[6] Meissner C M,Bordo M D. *Financial Crises*,1880 - 1913:*The Role of Foreign Currency Debt*. ESRC World Economy and Finance Research Programme,Birkbeck,University of London,2006.

[7] AUSTRALIA:Financial System Stability Assessment.

四、常用官方网站

[1]澳大利亚证券和投资委员会,http://www.asic.gov.au/。

[2]澳大利亚审慎监管局,http://www.apra.gov.au/Pages/default.aspx。

[3]巴塞尔协议Ⅲ(Basel Ⅲ),http://www.bis.org/bcbs/basel3.htm。

[4]G20 峰会,http://www.g20.utoronto.ca/summits/index.html。

[5]国际证监会,http://www.iosco.org/。

[6]金融稳定委员会(FSB),http://www.fsb.org/。

[7]美国联邦储备委员会,http://www.federalreserve.gov/。

[8]美国证券交易委员会,http://www.sec.gov/。

[9]美国联邦金融机构检查委员会,http://www.ffiec.gov/。

[10]美国金融研究办公室,https://financialresearch.gov/。

[11]世界银行组织,http://www.worldbank.org/。

[12]英国立法网,http://www. legislation. gov. uk/。

[13]英国审慎监管局,http://www. bankofengland. co. uk/pra/Pages/default. aspx。

[14]英国行为监管局,http://www. fca. org. uk/。

[15]中国保险监督管理委员会,http://www. circ. gov. cn/web/site0/。

[16]中国人民银行,http://www. pbc. gov. cn/。

[17]中国银行业监督管理委员会,http://www. cbrc. gov. cn/index. html。

[18]中国证券监督管理委员会,http://www. csrc. gov. cn/pub/newsite/。

后　记

昔我往矣，杨柳依依。白驹过隙间，博士生活迅疾而逝，来到句号最后一笔。

我心不舍，是芙蓉湖荡漾波纹，是鹅姐悠闲自在，是思源谷睡莲惊艳，是白城沙滩共海水絮语，还是羊蹄甲潋滟着四季。厦门太美，环岛路风情，鼓浪屿故居，中山路老味道。时间久了，一座城市的色彩、味道和声音，就会浸染到你生命的底色里。厦大太美，柠檬桉、假槟榔、白千层、凤凰木走着轮回，落叶抽新芽；木芙蓉，虎刺梅，锦绣杜鹃，山茶走着四季，花谢花又开。难忘去法学院的那段路，左边一路扶桑，右手一路炮仗花，厦大幼儿园的孩童嬉闹，还有一弧海水，一树蓝花楹。每次走过，都忍不住感叹，愿在此处看木瓜老去，看人淡如菊。

我心忐忑，面对厦大，直觉自己没有好好奋斗，以致没有像样的成果回馈她。厦大对我们太好，我们像宠坏的孩子。在清明游泳馆畅游，在音乐厅旋转，在上弦场奔腾，在建南会堂庆祝，在高尔夫球场挥洒，在图书馆奋斗……吾之素年，谁予锦时；吾之素时，谁予锦爱。

我心感激，感激恩师刘志云老师，教我为人处事，教我钻研学术，教我游山玩水怡情自然，教我恪尽职守兢兢业业。感谢我的好友一青先生，你打开了我生命的另一扇窗,你唤醒了我过往所有沉寂的时光。感谢我的郭俊芳师姐、王彬师兄、梁家全师兄、何剑锋师兄、孟翔韬学长、杨春娇学姐、谷世英师兄、刘文献师兄、陈智鹏师兄,你们带给我诸多关于人生和学术的启迪,感谢你们在我低落、困难时的鼓励和帮助。感谢我的同专业的松哥(杨武松)、玉姐(敖玉芳)、谭哥(谭砚)、帮俊姐(宋帮俊)、玲姐(赵玲)、林子(林烺),一路走来,有你们,我才不孤单。感谢我的同学胡婧、刘志一、郑旸、贾占旭、童航、李飞龙等,是你们的欢笑与陪伴,多彩丰富了我的博士生活。

感谢上苍安排,邱先生走进我的生命,感染我以热情和勇敢,包容我,体贴我,温暖我,愿与子成说。

感谢家人给我的支持和关怀,我知道那是安静的、永远的、伟大的、美丽的力量。世事奈何,祖母已远走,孙女才学业结束,年华轮转,愿您他乡有花常伴,有爱相随。

二〇一七年六月十日

于茂岭山畔

图书在版编目(CIP)数据

混业经营趋势下金融监管协调机制研究 / 仙慧著
. --北京:法律出版社,2017
ISBN 978-7-5197-1275-4

Ⅰ.①混… Ⅱ.①仙… Ⅲ.①金融机构-金融监管-研究-中国 Ⅳ.①F832.39

中国版本图书馆 CIP 数据核字(2017)第 207707 号

金融法学文库	**混业经营趋势下金融监管协调机制研究** **HUNYE JINGYING QUSHIXIA JINRONG JIANGUAN XIETIAO JIZHI YANJIU**	仙 慧 著	策划编辑 黄琳佳 责任编辑 黄琳佳 装帧设计 马 帅

出版 法律出版社
总发行 中国法律图书有限公司
经销 新华书店
印刷 三河市龙大印装有限公司
责任校对 杨锦华
责任印制 陶 松

编辑统筹 学术·对外出版分社
开本 720 毫米×960 毫米 1/16
印张 19.5
字数 292千
版本 2017 年 9 月第 1 版
印次 2017 年 9 月第 1 次印刷

法律出版社/北京市丰台区莲花池西里 7 号(100073)
网址/www.lawpress.com.cn
投稿邮箱/info@lawpress.com.cn
举报维权邮箱/jbwq@lawpress.com.cn
销售热线/010-63939792
咨询电话/010-63939796

中国法律图书有限公司/北京市丰台区莲花池西里 7 号(100073)
全国各地中法图分、子公司销售电话:
统一销售客服/400-660-6393
第一法律书店/010-63939781/9782 西安分公司/029-85330678 重庆分公司/023-67453036
上海分公司/021-62071639/1636 深圳分公司/0755-83072995

书号:ISBN 978-7-5197-1275-4
定价:55.00 元
(如有缺页或倒装,中国法律图书有限公司负责退换)